EVEREST
Gipfel ohne Gnade

EVEREST
Gipfel ohne Gnade

VON BROUGHTON COBURN

EINFÜHRUNG VON TIM CAHILL
NACHWORT VON DAVID BREASHEARS

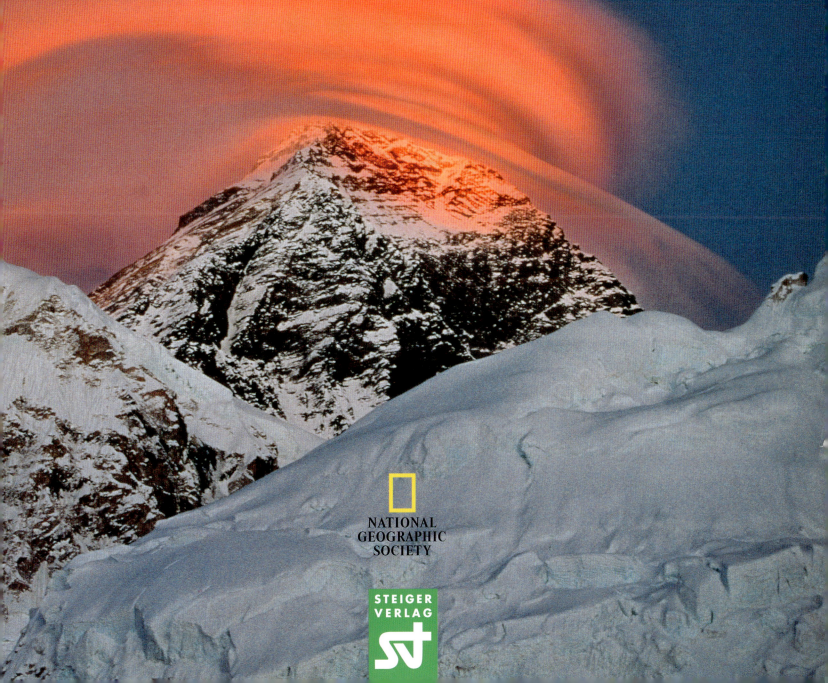

NATIONAL GEOGRAPHIC SOCIETY

STEIGER VERLAG

*Dem Ehrwürdigen Ngawang Tenging Zangbu gewidmet,
dem Wiedergeborenen Lama des Klosters Tengboche*

Der MacGillivray-Freeman-Film »*Everest*« wurde insbesondere gefördert von:
National Science Foundation*

und
Everest Film Network

Science World British Columbia   Museum of Science, Boston
Fort Worth Museum of Science and History   National Museum of Natural Science, Taichung
Houston Museum of Natural Science   Denver Museum of Natural History

*(Die darin vertretenen Ansichten sind die der Autoren und nicht notwendigerweise die der Foundation.)

Copyright © 1997 MacGillivray Freeman Films

Die Deutsche Bibliothek - CIP-Einheitsaufnahme

Everest : Gipfel ohne Gnade / National Geographic Society. Von
Broughton Coburn. Einf. von Tim Cahill. Nachw. von David
Breashears. - Augsburg : Steiger, 1998
Einheissacht.: Everest <dt.>
ISDN 3-89652-143-8

Vorhergehende Seiten:

Seiten 2–3
Unerreichbar wie der mythische Olymp erscheint der auf diesem Bild wolkenfreie Everest, der sich über den Nuptse-Lhotse-Grat erhebt und vor den Bergsteigern auf einem Vorgebirgspfad an der traditionellen südlichen Zugangsroute zur Khumbu-Region und zum Everest auftürmt.

Seiten 4–5
Die eisige Straße zu den unteren Ausläufern des Everest: Vor den kahlen Flächen des Western Cwm (Westkars) – einer breiten, gletscherreichen Verlängerung des Khumbu-Tals – erscheinen die Bergsteiger auf dem Weg zum Lager II wie Zwerge.

Seiten 6–7
Wie von innen heraus glühend ducken sich die von Laternen erleuchteten Zelte der Bergsteiger im Basislager auf den Boden – in der Höhe knapp zwei Kilometer unterhalb der mondbeschienenen Bergrücken von Everest (links) und Nuptse.

Seiten 8–9
Oft ist er mit einer Wolkenkappe bedeckt. Der Everest bestimmt seine eigenen Wetterverhältnisse – und lockt als die äußerste Herausforderung die Bergsteiger an. Bisher haben über 4400 Menschen seinen Gipfel zu erreichen versucht, aber nur rund 700 ist es gelungen.

INHALT

EINFÜHRUNG VON TIM CAHILL: 12

PROLOG: 18

ERSTES KAPITEL: Ein Berg, von dem man träumt 22

ZWEITES KAPITEL: Mit der Yak-Kolonne zum Basislager 64

DRITTES KAPITEL: Auf dem Gletscher zu Hause 98

VIERTES KAPITEL: Der Berg, der sich aus dem Meer erhob 130

FÜNFTES KAPITEL: Die Katastrophe tritt ein 160

SECHSTES KAPITEL: Rückkehr in die Todeszone 188

SIEBENTES KAPITEL: Chomolungma hat ein Licht in mir entzündet 208

NACHWORT VON DAVID BREASHEARS: 242

ANHANG: 248

EINFÜHRUNG

SORGEN AUF DEM DACH DER WELT

Von Tim Cahill

Ich saß an meinem Schreibtisch, arbeitete an einem Dokumentarfilm über den Mount Everest und bewegte mich in den geistigen Regionen der Wissenschaft und des Heiligen. Da läutete das Telefon, und mein Faxgerät gab sein elektronisches Antwortsignal von sich. Die Nachricht kam von Broughton Coburn, einem Freund und Kollegen, der in Wilson, Wyoming, lebt. Seine Information beruhte, wie ich später erfuhr, auf dem Bericht einer anderen Kollegin, Audrey Salkeld, und war direkt über Satellit aus Nepal gekommen. Schreckliche, tragische Neuigkeiten breiteten sich Zeile für Zeile auf dem Papier aus:

Von: Broughton Coburn
Bericht 2 / 11. Mai
Tragödie
Am Mount Everest hat sich eine Katastrophe ereignet. Breashears ist...

Boten aus der Höhe? Raben – von denen die Sherpas glauben, sie seien Überbringer von Vorzeichen – kreisen über Gebetswimpeln, die einen traditionellen Schrein beim Everest-Basislager schmücken.

13

Und ich wartete darauf, daß die nächste Zeile herauskam – es schien eine Ewigkeit zu dauern. David Breashears war der Mitregisseur und -produzent sowie Kameramann des Großformat-Dokumentarfilms »Everest«, an dem ich arbeitete. Darin geht es um ein Team von Bergsteigern, die den Versuch unternehmen, am Südsattel des Mount Everest das höchste Globale Positionierungssystem (GPS) und die höchste Wetterstation der Erde zu installieren. Wenn die Bedingungen es zuließen, würden sie versuchen, den Gipfel zu erreichen und das erste IMAX®-Kamera-Filmmaterial vom höchsten Punkt der Erde mitzubringen. Niemand hatte das zuvor in Angriff genommen, denn jeder wußte, daß es unmöglich war.

Jeder – außer David Breashears, der gerade jetzt tatsächlich die Klettersequenzen irgendwo an dem Berg drehte. Ich hatte mich mit ihm vor ein paar Monaten getroffen. Dieser Mann war ein unermüdlicher Arbeiter, er war ganz und gar professionell. Er war für den Geschmack mancher Leute auch zu leidenschaftlich, zu angestrengt – besessen. In all den Tagen, während denen wir die Grundzüge des Drehbuchs erarbeiteten, lernte ich David Breashears durchaus respektieren und bewundern. Wir arbeiteten gut miteinander. Ich will es nicht übertreiben: Aber das, was ich fühlte, als sich das Faxpapier aus meinem Gerät schob, war wie ein Blitzschlag – peng. Einfach so. Das Herz pocht, und der Atem geht einem rauh durch die Kehle.

Breashears, fuhr das Fax fort, *ist in Sicherheit, aber er hat sich der Rettungsaktion angeschlossen.*

Das gesamte Team – die Bergsteiger und die Filmleute – schien wohlbehalten zu sein. Aber acht andere Menschen waren im Schneesturm umgekommen. Und ein weiterer hatte sich am Tag zuvor zu Tode gestürzt.

Etliche quälende Tage lang im Mai 1996 verfolgte die ganze Welt mit, wie Schrecken und Triumph einander auf der windgepeitschten, schneeverwehten Bühne am höchsten Berg der Erde jagten – als wäre es eine klassische griechische Tragödie.

Ich hatte mehrere Monate lang an dem Drehbuch für *»Everest«* gearbeitet und festgestellt, daß es eine seltsame Aufgabe ist, einen Großformat-Film zu schreiben. Es ist nicht so wie bei Video-Aufnahmen, wo man fast alles zu jeder Zeit und von einem Augenblick auf den anderen filmen kann. Weil die IMAX-Kamera so schwer ist, die Kamera-Einstellungen so kompliziert sind und das Filmmaterial soviel kostet, kann man nur eine äußerst begrenzte Zahl von Szenen und Einstellungen planen; und aus ebendiesem Grund muß der Drehplan sehr präzise im voraus erarbeitet werden. Dann weiß der Regisseur genau, wohin sich die Kamera wenden muß und was von Bedeutung sein wird. Das auch für einen Dokumentarfilm vorweg erstellte Drehbuch soll vermeidbare Kosten senken oder sparen helfen. In der Praxis ist es allerdings so, daß die Filmleute an die Arbeit gehen und natürlich nichts sich so ereignet, wie es geplant war und wie es geschrieben wurde. Es bieten sich andere, eindrucksvollere Motive als die vorgesehenen, die Ereignisse donnern wie Lawinen über die ausgetüftelten Szenen hinweg, und die Wirklichkeit beweist, daß sie mächtiger ist als die am Schreibtisch ersonnenen Einstellungen. Wenn das Aufnahmeteam vom Drehort mit Szenen und Geschichten zurückkehrt, die überhaupt nichts mit dem ursprünglichen Skript zu tun haben, muß das gesamte Drehbuch von vorn bis hinten so umgeschrieben werden, daß alles wieder zusammenpaßt.

SORGEN AUF DEM DACH DER WELT

Mein Plan war es, Wissenschaft mit Abenteuer, ja sogar mit Humor zu verbinden. Der Humor sollte die Spannung bei einem Unternehmen auflösen, bei dem es doch um Leben oder Tod ging. Diese Komik bezog sich hauptsächlich auf eine Art Dosenfleisch. Einer der Bergsteiger unserer Expedition, der »Standhafte Ed« Viesturs, ein Mann, von dem alle glaubten, er gehöre zu den stärksten Extremhöhen-Bergsteigern der Erde, liebte Dosenfleisch. Er hatte den Mount Everest bereits zuvor bestiegen – dreimal sogar, zweimal ohne zusätzlichen Sauerstoff, aber niemals ohne zusätzliches Dosenfleisch. Er nannte es seinen Extremhöhen-Brennstoff. Ich hatte die lustige Sache mit dem Dosenfleisch in zwei Entwürfe für den Drehplan eingeführt. Steve Judson und ich schrieben an dem Drehbuch für MacGillivray Freeman Films, seit langem Produzenten großformatiger Kinofilme. Der Film wurde zum Teil von der National Science Foundation subventioniert und sollte vor allem in IMAX-Filmtheatern in Museen gezeigt werden. Die NSF forderte einen in hohem Maße genauen, streng wissenschaftlichen Inhalt. Zu diesem Zweck vertiefte sich eine ganze Riege von wissenschaftlichen Beratern – Geologen, Physiologen, Ethnologen – in jeden Entwurf und löste dann einen wahren Schneesturm von Korrekturen, Vorschlägen und manchmal aufgebrachten Kommentaren aus.

Ich erinnere mich, daß mich ein gewisses Maß an Verzweiflung ergriff, als ich die Notizen der unterschiedlichen Berater auf meinem Skript sah. Ganz klar – die Geologen forderten mehr Geologie; die Physiologen wollten mehr Physiologie; die Ethnologen verlangten mehr Ethnologie. Brad Washburn, der angesehene emeritierte Direktor des Boston Museum of Science, fand, daß der Film zu stark naturwissenschaftlich ausgerichtet wäre, wo doch die Ersteigung des Mount Everest das letzte große Abenteuer auf der Erde sei. Als Filmemacher sollten wir uns lieber auf das Abenteuer konzentrieren und die Wissenschaft nur dort in den Film einfließen lassen, wo es sich anbietet.

Das war nun genau der entgegengesetzte Rat. Unglücklicherweise stimmte ich allen zu, auch einem der an dem Projekt beteiligten hervorragenden Geologen, der einen früheren Entwurf meines Skripts mit Kommentaren zu meinen geologischen Schnitzern versehen hatte. Für einen Augenblick hatte er dabei auch sein eigenes Fachgebiet verlassen und geschrieben: »Dosenfleisch – also, ich bitte Sie!«

Der Mann hatte wohl recht. Zu diesem Zeitpunkt befand sich das Bergsteigerteam bereits im Basislager am Everest, akklimatisierte sich und wartete auf eine Unterbrechung des schlechten Wetters, um den Aufstieg beginnen zu können. Sollten sie wirklich ihre Zeit mit der Aufnahme einer Dosenfleisch-Szene verschwenden? Ich ging das Manuskript noch einmal durch und strich alle Bezüge auf Fleisch in Konservendosen heraus. Diese dosenfleischfreie Drehbuchfassung wurde über Satellit und E-Mail direkt an das Everest-Basislager geschickt.

Das Bergsteigerteam bestand aus zwei Frauen – Araceli Segarra aus Spanien und Sumiyo Tsuzuki aus Japan – und zwei Männern – Ed Viesturs aus den USA und Jamling Norgay aus Indien, einem Sherpa und zugleich Sohn von Tenzing Norgay, dem ersten Menschen, der (mit Sir Edmund Hillary) je auf dem Gipfel des Everest gestanden hatte.

Einen Monat nach dem Eintreffen des endgültigen Drehplans im Basislager kam die Meldung von der Tragödie am Everest piepsend aus meinem Faxgerät. Unser Team, das wurde rasch klar, befand sich in Sicherheit. Es dauerte aber fast zwölf Stunden, bis ich erfuhr, daß Jon Krakauer (ein Freund und Kollege vom Magazin *Outside*) auch überlebt und sogar den Gipfel am selben Tag erreicht hatte, an dem zahlreiche andere Bergsteiger in einem Schneesturm auf dem höchsten Berg der Erde umgekommen waren.

Das Verhalten des Filmteams war beispielhaft. Breashears, sein Kameraassistent Robert Schauer und Ed Viesturs bargen einen Toten und halfen das Leben zweier verletzter Bergsteiger retten. Außer der schweren, sperrigen IMAX-Kameraausrüstung führte das Filmteam auch zwei Video-Kameras mit sich. Es lag auf der Hand, daß diese Tragödie auf weltweites Interesse stoßen würde. Doch die Filmleute entschieden sich dafür, Menschenleben zu retten, anstatt ein voraussichtlich äußerst gewinnträchtiges Video aufzunehmen. So erwies sich selbst der von seiner professionellen Aufgabe besessene David Breashears als Held, Sumiyo Tsuzuki half bei der Versorgung verletzter Bergsteiger im vorgeschobenen Basislager, und Araceli Segarra entwickelte eine Idee, für eine der am höchsten hinaufführenden Hubschrauber-Rettungsaktionen der Welt.

Zu diesem Zeitpunkt mußte das Team absteigen – oder sterben. Oberhalb von 7000 Meter Höhe kann sich der Körper einfach nicht mehr akklimatisieren. Emotional und physisch erschöpft kehrte das Team zum Basislager am Fuß des Khumbu-Gletschers zurück und nahm an einem Trauergottesdienst für die umgekommenen Bergsteiger teil. Inzwischen näherte sich die Monsunzeit, und mit ihr kam das Ende aller Hoffnungen, den Berg in diesem Jahr ersteigen zu können. Es mußten Entscheidungen getroffen werden.

Greg MacGillivray, der Chef von MacGillivray Freeman Films und zugleich Mitregisseur und -produzent des Films, stand mit dem Team über Satellitenfunk in Verbindung. Seine Anweisungen war einfach und schlüssig: Nichts – keine Förderungsmittel und kein beruflicher Ehrgeiz – war ein weiteres Todesopfer am Berg wert. Rückschauend darf man aber annehmen, daß Breashears niemals einen Rückzug in Betracht zog. Sobald sich die Bedingungen verbesserten, würde er seinen wissenschaftlichen Auftrag erfüllen und den Gipfel zu erreichen versuchen. Sowohl das Filmteam als auch die Bergsteigergruppe waren unerhört erfolgreich. Jamling Norgay ehrte das Andenken seines Vaters auf dem Gipfel des Everest, und Araceli Segarra war die erste Spanierin, die den Berg bezwang. Ed Viesturs erreichte zum viertenmal den Gipfel – und zwar abermals ohne zusätzlichen Sauerstoff. Breashears wiederum machte Filmgeschichte: Er brachte das erste hochwertige, großformatige Filmmaterial vom Gipfel des Mount Everest herab. Er hatte zwei volle Filmrollen belichtet und dabei Erfrierungen und Schlimmeres riskiert, weil er die Filmmagazine mit bloßen Händen wechseln mußte.

Unterdessen wurden die Todesfälle am Mount Everest weltweit ausgeschlachtet. Sie waren das Hauptthema abendlicher Nachrichtensendungen, Vor allem als die Bergsteiger-Experten mit ihren Meinungen daherkamen, wurde so mancher Zeigefinger erhoben.

Oft sprach man das Problem der Motivation an. Die Bergführer waren doch, so wurde gesagt, geldgierig und nahmen Klienten mit, die auf dem Everest einfach nichts zu suchen hatten. Bestimmte Bergsteiger – vor allem jene, die bis zu 65 000 Dollar pro Nase für die Chance zahlten, ihr Leben an dem Berg aufs Spiel zu setzen – wurden als geltungssüchtig bezeichnet. Einige Sherpas sagten, der Berg sei zornig. Viele westliche und japanische Kritiker stimmten dem zu.

Wem – so wurde gefragt – »gehöre« der Berg eigentlich? Waren bergsteigerische Fertigkeit, Ausdauer und Willenskraft genug? Gab es eine spirituelle Komponente des Bergsteigens? Quälende Fragen.

Als die Cutter von MacGillivray Freeman Films Breashears wahrhaft historisches Filmmaterial bearbeiteten, wurde deutlich, daß die vollständige Geschichte nicht in einem Kinofilm von 40 Minuten Dauer würde erzählt werden können. Viel besser könnte ein Buch die wissenschaftlichen Aspekte, die Streitfragen, den Triumph und die Tragödie darstellen, dazu die vielen Ereignisse, die man nur ungern auf dem Fußboden des Schneideraums liegen lassen wollte.

Es bedurfte eines Textautors. Broughton Coburn war es, den naheliegenderweise die Wahl traf. Seit über 17 Jahren lebt er – mit kurzen Unterbrechungen – in Nepal. Mit Breashears hatte er an dem »*Everest*«-Film gearbeitet und für die Logistik und die Übersetzungen gesorgt. Er ist selbst Bergsteiger, und er kam 1973 mit dem Friedenskorps nach Nepal, nachdem er in Harvard promoviert hatte. Als praktizierender Buddhist und Erforscher der Sherpa-Kultur und -Traditionen beriet er mich beim Drehbuchschreiben und unterhielt sich mit mir am Telefon über verschiedene Themen, darunter über die »richtige Motivation«.

Ich darf sagen, daß »Brot« und sein Freund Jamling Norgay uns allen, die wir an dem Film mitarbeiteten, dabei halfen, das Volk der Sherpas und die spirituellen Aspekte des Bergsteigens und Kletterns zu verstehen. Und davon handelt schließlich die Geschichte dieses Buches: Handlungsfäden voller Heldentum und Tragik sowie mit wissenschaftlichem und spirituellem Gehalt werden miteinander verflochten und um die beunruhigenden Fragen nach Motivation und Zweck des Ganzen gewunden. Brot Coburn ist wie kein anderer dazu berufen, sich mit solch schwierigen Themen auseinanderzusetzen und Antworten auf die quälendsten dieser Fragen zu geben.

EVEREST: GIPFEL OHNE GNADE

PROLOG

Am Morgen des 10. Mai konnte man den steilen, messerscharfen Bergrücken, der den Südgipfel des Mount Everest mit dem Hillary Step verbindet, vom 2200 Höhenmeter darunter gelegenen Lager II aus klar erkennen. Hohe Wolken rasten am Gipfel vorüber, und Höhenstürme fegten über den Südostgrat, wobei sie ein fernes, unheilvolles Grollen von sich gaben. ¶ Am zeitigen Nachmittag richteten David Breashears und Ed Viesturs ihre Ferngläser auf den Südgipfel und machten sechs oder sieben Bergsteiger aus, die über den Grat gingen. Unmittelbar vor ihnen warteten etliche andere Bergsteiger am Fuß des Hillary Step, eines gefährlichen, schroffen, senkrechten Stückes von 12 Metern, das über Fels und Schnee zum Gipfel führt und jeweils nur von einem einzigen Bergsteiger passiert werden kann. David und Ed erfuhren später, daß die Seile zur Sicherung der Bergsteiger am Hillary Step an diesem Morgen erst später fixiert worden waren, als die Bergführer Rob Hall und Scott Fischer es geplant hatten. ¶

Verkehrsstau unter dem Gipfel. Weil die Fixseile verspätet montiert wurden, drängen sich die Bergsteiger am 10. Mai 1996 unterhalb des Hillary Step, eines 12 Meter über Eis und Fels in die Höhe führenden tückischen Teilstücks, das jeweils nur von einer Person erklettert werden kann.

19

Selbst wenn die Seile beizeiten fixiert werden, ergibt sich hier ein zeitraubender Engpaß, wenn zu viele Bergsteiger gleichzeitig am Hillary Step ankommen.

David und Ed blickten durch ein Fernrohr und berechneten die Aufstiegsgeschwindigkeit der Bergsteiger und ihren Bedarf an Sauerstoffflaschen. Ihre Sauerstoffvorräte würden bis zum Ansturm auf den Gipfel ausreichen, wenn das Wetter gut bliebe. Trotzdem zeichnete sich Besorgnis auf Eds Gesicht ab. Es war an diesem Tag schon sehr spät für die Bergsteiger, um noch den Gipfel in Angriff zu nehmen. Weil man selbst unter besten Wetterbedingungen für den Weg von Lager IV zum Gipfel des Everest und zurück 18 Stunden benötigt, versuchen fast alle Bergsteiger, den Gipfel vor Mittag zu erreichen. Die Bergsteiger aber, die Ed und David beobachteten, würden mit großer Wahrscheinlichkeit erst im schwindenden Licht des späten Nachmittags absteigen können – eine möglicherweise äußerst gefährliche Situation.

»Sie klettern bereits seit 14 Stunden und sind immer noch nicht am Gipfel. Warum sind sie denn nicht umgekehrt?« fragte Ed Breashears. Der gab keine Antwort. Viesturs war immerhin froh, daß nicht er dort oben mit den Bergsteigern Schlange stehen mußte.

Ed und Paula Viesturs waren bereits in den beiden vorhergehenden Jahren mit der Gruppe des Neuseeländers Rob Hall auf dem Everest gewesen. Paula unterhielt sich mit Helen Wilton, Halls Mitarbeiterin im Neuseeland-Basislager. Sie warteten mit Spannung auf Nachrichten vom Gipfel, und gegen 13.25 Uhr kamen Jubel- und Hochrufe aus dem Verpflegungszelt der »Mountain Madness«-Gruppe des Amerikaners Scott Fischer – seine Bergführer und Klienten hatten sich

Rechts: Vor dem symmetrischen Tawoche als Hintergrund kennzeichnen Steinhaufen und Mani-Steine (mit eingemeißelten Mantras) entlang des Pfades diesen Aussichtspunkt als einen »Kraftplatz«.

soeben per Funk vom Gipfel gemeldet. Fischer selbst hatte gesagt, er habe heute einen langsamen Tag. Er hatte den Gipfel noch nicht erreicht, wollte aber trotzdem weiter langsam aufsteigen, anstatt die Klienten beim Abstieg führen zu helfen. Er begegnete ihnen, als sie bereits abstiegen.

Aber weder Rob Hall noch seine Klienten hatten zu dieser Zeit den Gipfel schon erreicht. Gegen 14.30 Uhr empfingen Paula und Helen Halls Funkruf vom Gipfel. Er berichtete, es sei stürmisch; und diejenigen aus seinem Team, die den Gipfel erreicht hatten, befänden sich bereits auf dem Abstieg, nur nicht Doug Hansen. Er könne Hansen langsam herankommen sehen, und er habe sich entschlossen, auf dem Gipfel auf Hansen zu warten. Paula war verwundert, daß Rob noch so spät mit einem Klienten auf dem Gipfel sein wollte – was im Widerspruch zu seiner eigenen Grundregel stand, daß sein Team keinesfalls später als bis 14.00 Uhr absteigen müsse.

Paula fühlte sich versucht, in den Jubel einzustimmen, dachte aber, das sei verfrüht. Sie machte sich Sorgen wegen Hansen und wußte nur zu gut, wie gefährlich und tückisch der Everest sein kann. Im Jahr davor kletterte Chantal Mauduit hinter Ed Viesturs und brach bei ihrem Versuch, als erste Frau den Berg ohne zusätzlichen Sauerstoff zu bezwingen, am Südgipfel zusammen. In einer äußerst schwierigen Rettungsaktion mußten die Sherpas, Ed, Rob Hall und zwei weitere Bergsteiger sie über den Gipfelgrat zum Lager IV am Südsattel hinunterschleppen und abseilen. Bei dieser Besteigung war Ed ebenfalls Halls Klienten Doug Hansen begegnet, der unterhalb des Südgipfels ins Taumeln geriet.

»Halt mich auf dem laufenden«, sagte Paula zu Helen, als sie in ihre Küche im Basislager zurückkehrte, um das Abendessen zu machen.

ERSTES KAPITEL

EIN BERG, VON DEM MAN TRÄUMT

*»Wir hatten eine ganze Bergkette gesehen, zuerst die weniger hohen, dann die
höheren Gipfel, bis schließlich – noch viel höher, als die kühnste Phantasie erträumen
konnte – der Everest-Gipfel selbst erschien.«*

GEORGE MALLORY

»Wer den Everest bei schönem Wetter erlebt, dem erscheint er gnädig«,
meint David Breashears, Leiter der *»Everest«*-Filmexpedition. »Aber Mitte
der achtziger Jahre, vor den zahlreichen Ersteigungen, vereitelten heftige
Stürme drei Saisons hintereinander jede Besteigung. Hier können die Ver-
hältnisse sich so ändern, daß man nichts mehr sieht und zu keiner Bewegung mehr fähig ist, Zelte zerfetzt werden und die beste High-Tech-
Ausrüstung der Welt nichts mehr nützt.« ¶ Trotzdem übt er auf viele eine
unwiderstehliche Anziehungskraft aus. Über 150 Menschenleben forderte
der Berg bisher – jeder Dreißigste, der aufstieg, beziehungsweise jeder
Fünfte, der den Gipfel erreichte, kehrte nicht zurück. Die meisten von
ihnen liegen noch am Berg. ¶ Nicht immer brachte der Everest soviel

*Links: Eine Schneefahne, das Markenzeichen des Everest, weht vom Südostgrat nach Osten – sicherer Hinweis auf einen stetigen
starken Gipfelwind. Vom Lhotse aus aufgenommen, zeigt das Bild die Aufstiegsroute des Filmteams vom Südsattel über den
Südostgrat zum Gipfel.*

Unglück. Soweit bekannt ist, dachte man erst spät an eine Ersteigung – lange nach dem in der Mitte des 19. Jahrhunderts von den Briten durchgeführten »Great Trigonometrical Survey of India«, dem ungeheuer aufwendigen Versuch, ganz Indien und den Himalaja kartographisch zu erfassen. Die Briten erkannten ihn als den höchsten Berg der Welt, bestimmten seine Höhe und gaben ihm einen Namen: »Mount Everest« – zu Ehren des früheren Leiters des »Survey of India«, George Everest.

EIN UNGEWÖHNLICHER PLAN

Lange schon war der Filmproduzent Greg MacGillivray, Pionier auf dem Gebiet der Großformat-Kinematographie mit IMAX, von der Erforschung und Ersteigung des Everest fasziniert. Vor allem die spannende Geschichte menschlicher Leistung und Heldenhaftigkeit gegenüber unüberwindlichen Hindernissen fesselte ihn. Eingehend befaßte er sich mit Filmen über Everest-Besteigungen. Aber seinem Gefühl nach konnten sie die Pracht dieser Bergwelt und das Abenteuer ihrer Ersteigung nur ungenügend wiedergeben. Es mußte noch besser möglich sein, IMAX könnte es schaffen. In IMAX-Kinos hört das Publikum synchronisierten digitalen Ton aus sechs Kanälen. Die Szenen werden auf eine bis zu acht Stockwerke hohe und dreißig Meter breite Leinwand mit zehnmal höherer Auflösung als bei einem 35-mm-Normalfilm projiziert.

»So wie die Breitwand sich ideal für die Landschaften in John Fords Western der fünfziger Jahre eignete, so paßt die eher vertikale Ausrichtung der IMAX genau für den Everest«, meinte MacGillivray.

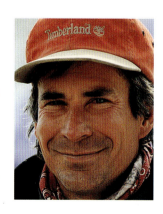

Rechts und unten: Mit bloßen Händen legt auf 6500 Meter Höhe Expeditionsleiter David Breashears (mit roter Kappe) gemeinsam mit Kameramann Robert Schauer auf Lager II einen neuen Film ein.

Im Juni 1994 sprach MacGillivray David Breashears an, ob er zu einer Koproduktion mit ihm über den Everest Lust hätte und auch die Expedition dorthin organisieren würde.

Breashears war der Mann der Wahl. Er hatte schon 18 Himalaja-Expeditionen hinter sich, als erster Amerikaner den Gipfel des Everest zweimal erfolgreich bestiegen und bereits acht Filme über den Berg und dessen Umgebung gedreht. MacGillivrays Vorschlag reizte ihn, aber die große IMAX-Kamera auf den Gipfel zu schleppen, hielt er für ausgeschlossen.

Breashears war immer zu einem Abenteuer bereit, sofern es nicht zu waghalsig schien. Deshalb wollte er MacGillivray davon überzeugen, für die Dreharbeiten am Berg ein handlicheres Format, etwa einen 35-mm-Film zu wählen. »Die Sache interessiert mich«, antwortete Breashears. Schon elf Jahre zuvor hatte er die ersten Fernsehbilder live vom Gipfel des Everest übertragen. Von damals wußte er, daß eine Normalfilm-Kamera kaum größer als eine Videokamera ist.

Aber MacGillivray bestand darauf: Für ausnahmslos alle Aufnahmen mußte es die IMAX sein. Bei kleineren Formaten würden sie auf den großen Leinwänden der Vorführsäle in den Museen, die auf diese großformatigen Filme eingestellt sind, nicht zur Geltung kommen. Die Transportprobleme sah er wohl, wollte aber von seiner Idee nicht abrücken. Die Herstellerfirma sollte eben eine kleinere Kamera bauen und dann auch die entsprechenden Geldmittel für eine solche Expedition zur Verfügung stellen.

Breashears war einverstanden und begann, die genauen Angaben für eine modifizierte IMAX-Kamera

DIE UNFASSBARE HÖHE DES EVEREST

VON ROGER BILHAM, PROFESSOR FÜR GEOLOGIE AN DER UNIVERSITY OF COLORADO, BOULDER

Wir schreiben das Jahr 1847. Wolkenlos ist der Morgenhimmel. In einem gemauerten Turm am Ganges sitzt ein Vermessungsoffizier des »Survey of India« und stellt einen schweren Messingtheodoliten scharf ein. Im Okular des Geräts taucht, auf den Kopf gestellt, ein etwa 160 Kilometer entfernter schneebedeckter Berg auf. Der Geodät trägt »Gipfel XV« und rechts daneben acht Zahlen in einer Reihe ein – den genauen Winkel zwischen Horizont und höchstem Gipfelpunkt. Dann geht er zu »Gipfel XVI« über.

Zu Beginn des 19. Jahrhunderts unternahmen die Briten mit dem »Great Trigonometrical Survey of India« das umfangreichste Vermessungsprojekt in der Geschichte. Ziel war es, ganz Indien, von der Südküste bis zu den Bergen im Norden, mit höchster Genauigkeit kartographisch zu erfassen. Die Präzision hing von den Triangulierungsnetzen des Theodoliten ab, die das Land von Erhebung zu Erhebung kreuz und quer überzogen. Wo sich keine Erhebungen boten, wurde alle 16 Kilometer mühsam ein Aussichtsturm errichtet, um über die Urwaldriesen hinauszusehen und die Krümmung der Erde wahrzunehmen. In den unwegsamen Sümpfen und Wäldern lösten Elefanten die sonst eingesetzten Ochsenkarren ab und trugen die gesamte Vermessungsausrüstung und den 500 Kilo schweren »Großen Theodoliten«. So gelangen schließlich Ansichten der Gipfel XV und XVI und anderer Himalaja-Berge von fünf weiteren Standorten aus.

Nach Abschluß der Vermessung wurden die Daten von »Computern« – mit Logarithmentafeln, Bleistiften und Unmengen von Papier ausgestatteten Mathematikern – ausgewertet. An einem langen Tisch saßen zwei unabhängige Gruppen von Mathematikern einander gegenüber und wirkten, stets eine nach der anderen, an jeder einzelnen Berechnung mit. Am anderen Ende des Raums wurden beide Ergebnisse von Mathematikern verglichen. Die Berechnungen enthüllten immer höhere Gipfel, bis sie schließlich bei 29 002 Fuß, also 8840 Metern, für Gipfel XV anlangten.

Der inzwischen berühmte Satz an den Teamleiter: »Sir! Soeben habe ich den höchsten Berg der Welt entdeckt«, läßt die Erregung während der sonst so ereignislosen jahrelangen Arbeit erahnen. Als geeigneten Namen für Gipfel XV wurde der des Pioniers der Geodäsie in Indien, Sir George Everest, vorgeschlagen.

Obwohl diese frühen Beobachtungen bis auf ein dreißigmillionstel Grad genau waren,

ergaben sie auch manche Fehlschätzungen der Höhe. Selbst heute läßt die Höhe des Everest sich nicht mit letzter Genauigkeit festlegen.

Um die Höhe eines entfernt stehenden Berges zu bestimmen, bedarf es dreier Korrekturen. Als erster Faktor ist die Erdkrümmung zu berücksichtigen. Sie läßt sich zwar einfach berechnen, 1852 war die Gestalt der Erde jedoch noch nicht so gut bekannt. Zum zweiten muß man die sichtbare Position des Gipfels mit der Brechung des Lichts abstimmen, das in einem spitzen Winkel von den eisigen Gipfeln in die dichtere heiße Luft über der Gangesebene eintaucht. Aus der Entfernung läßt die Lichtbrechung durch die Atmosphäre den Berg viel höher wirken, als er ist.

Und schließlich, drittens, hat jede Vermessung vom Meeresniveau auszugehen, das aber nicht überall völlig gleich ist. Würde man vom Meer aus einen Kanal zum Fuß des Everest graben, zöge die Anziehungskraft des Himalaja-Massivs das Wasser darin aufwärts. Das wußten die damaligen Vermessungsingenieure. Denn sie bemerkten, daß die Nivellierblasen ihrer Theodoliten sich – relativ zu den Fixsternen – zunehmend nach Süden verschoben, je mehr sie sich dem Himalaja näherten. Das bedeutete, daß das Geoid – die theoretische Fortsetzung des Meeresniveaus im Gebirge – sich nach oben wölbte. Das Geoid zu schätzen, war die problematischste Korrektur, denn der »Survey of India« erhielt keine Erlaubnis, die hierfür notwendigen Messungen in Nepal durchzuführen. Also

mußten das Gewicht und daraus die Anziehungskraft des Himalaja und des Hochlands von Tibet geschätzt werden.

Immer wieder wurden diese ersten Daten durch neue Korrekturen berichtigt. Im Jahr 1950 durften die indischen Geodäten Nepal betreten. Zwischen 1952 und 1954 führte B. L. Gulatee, Direktor der Abteilung für Geodäsie und Forschung, in einem Umkreis von 48 Kilometern um den Everest Geländeaufnahmen durch. Dabei benutzte er ein ungewöhnliches System überkreuzter Vierecke. Seine Messungen ergaben 29 028 Fuß (8848 Meter), mit einer Fehlerquote von 10 Fuß (3 Meter).

Die unterschiedliche Schneehöhe auf dem Gipfel ließ eine noch genauere Bestimmung unmöglich erscheinen – mit der Ausnahme, daß nun Bergsteiger den Everest erklettern und vermessen konnten. Theoretisch. Eine chinesische Gruppe stellte am Gipfel ein Meßgerät auf und bestimmte die Höhe – bei 1 Fuß (30,48 Zentimeter) Abweichung – mit 29 029 Fuß über dem Gelben Meer. Neben dem Meßgerät ließ eine Stange sich nicht weiter als 3 Fuß (1 Meter) in den Schnee treiben. Die Messungen des »Survey of India« von 1954 und die chinesischen von 1975 stimmten überein. Damit schien die Höhe des Everest endgültig geklärt.

Ein Jahrzehnt später überflogen mit GPS-Sendern ausgestattete Satelliten erstmals den Himalaja (»GPS« steht für Global Positioning System, ein weltweites Lagebestimmungssystem). Mit Hilfe von Laserprismen und GPS-

Auf einer schneefreien Kuppe oberhalb des Basislagers stellt der Geologe Roger Bilham einen GPS-Empfänger auf. Damit lassen sich geographische Breite und Länge des Standorts genau bestimmen und tektonisch bedingte Veränderungen feststellen.

Empfängern stellte eine italienische Gruppe von Geodäten fest, daß der Everest und der K2 geringfügig höher waren, als vom »Survey of India« angegeben.

Inzwischen legte der erfahrene Kartograph Bradford Washburn in Amerika letzte Hand an eine detaillierte Karte vom Everest, die von einem Forschungsfond des Bostoner Museum of Science gefördert und von der National Geographic Society veröffentlicht wurde. Er und die Swissair Photo + Vermessungen AG aus Zürich werteten die neuen GPS-Daten sorgfältig aus, waren sich aber des entscheidenden Schwachpunkts völlig bewußt: Die GPS-Methode kann die Entfernung vom Gipfelschnee bis zum Erdmittelpunkt exakt feststellen, läßt aber die Erdkrümmung völlig außer acht. Jede neue Höhenbestimmung des Everest müßte daher auf frühere Schätzungen des Geoids zurückgreifen. In der Karte der National Geographic Society wurden 29 028 Fuß (8 848 Meter) beim Gipfel eingetragen.

Bradford Washburn ist davon überzeugt, daß der Gipfel wesentlich mehr Schnee trägt, als die Italiener und die Chinesen annahmen – vielleicht 15 bis 20 Fuß (4,50 bis 6 Meter). Im Jahr 1992, zum Frühlingsausgang, traf er Vorkehrungen für eine weitere Messung. Die Bergführer Pete Athans und Vern Tejas sollten eine lange Eisschraube in den Schnee am Gipfel des Everest treiben, um die Schneehöhe zu messen und die Daten des Laserprismas dadurch zu ergänzen. Schon nach etwa einem Meter Schnee durchdrang Washburns Schraube eine dicke Eisschicht – hier war die Stange der Chinesen und die der Italiener wohl steckengeblieben – bis in 7,5 Fuß (etwa 2,30 Meter) Tiefe, länger war die Schraube nicht.

Im September 1992 trieb ein italienisch-chinesisches Team mehrere Sonden in den Schnee am Everestgipfel. Sie erreichten 8,4 Fuß (2,50 Meter) Tiefe, und als neue Höhe des Everest gab man 29 023 Fuß (8 846 m) bekannt. Hatten diese Sonden vielleicht eine noch tiefere Eisschicht erreicht? Im Mai 1997 hoffte Washburn dies mit einer das Eis durchdringenden Radarsonde zu klären. Sie würde bis zum Fels des Gipfels gelangen. Aber in dieser Saison waren die Bergsteiger außerstande, das sperrige Gerät mitzunehmen.

Die Höhe des schneebedeckten Gipfels und die Höhe der Schneeschicht ist bis auf etwa 2 Zentimeter genau meßbar. Nur bei der Bestimmung des Geoids beträgt die mögliche Abweichung bis zu 1 Meter. Genauer läßt es sich erst anhand zahlreicher Messungen zwischen Tibet und den Ozeanen bestimmen.

auszuarbeiten. Was viele vor ihm mühsam erfahren hatten, sah auch er bald: Bei der IMAX ist nichts einfach.

»Das Gewicht ist bedenklich«, sagte Breashears, sichtbar besorgt. Die Risiken, über 8000 Meter zu steigen, waren wohlbekannt – und beängstigend, das wußte er von früheren Expeditionen her. Einen blinden und erschöpften Bergsteiger hatte er den Südostgrat hinabgeführt, und von überall auf diesem Berg hatte er Tote geborgen. Die meisten dieser Kletterer waren – zumindest indirekt – Opfer der extremen Höhe. Auf dem Everest ist die Sicherheitsspanne außerordentlich gering.

Greg MacGillivray und David Breashears wollten einen unterhaltsamen Bildungsfilm produzieren. Ein Beraterteam von zehn ausgewählten Wissenschaftlern sollte die einzigartigen Besonderheiten um den Everest zusammentragen und aufbereiten. Diese Berater hatten sich schon längere Zeit mit dem Himalaja beschäftigt, und sie entwarfen das Bild eines ungewöhnlichen und dynamischen Berges: Die Geologen beschrieben den Everest keineswegs als geologisch ruhendes, störungsfreies Denkmal, sondern als einen Berg in Bewegung. Die Meteorologen erklärten, der Himalaja und das mit ihm verbundene Hochland würden wahrscheinlich weltweit das Wetter beeinflussen. Die Physiologen stellten fest, daß mit dem Gipfel des Everest die absolute Grenze menschlicher Überlebensfähigkeit erreicht ist. Und die Ethnologen schilderten die reiche Kultur der Sherpas, dieses findigen Volkes, das seit mehr als vierhundert Jahren im Schatten dieser Berge lebt.

Ed Viesturs, der erfahrene Bergsteiger und stellvertretende Expeditionsleiter, stand schon viermal auf dem Gipfel des Everest. Nun ist der »Standhafte Ed« dabei, die 14 höchsten Gipfel der Welt – ohne Sauerstoffgerät – zu besteigen.

Innerhalb eines Jahres wurde ein erfahrenes Team zusammengestellt. Zu den insgesamt 37 Teilnehmern zählten vier Bergsteiger, vier Filmemacher, zwei Helfer für das Basislager, 24 Sherpas und drei Berater.

ERSTES ZIEL: KATMANDU

Vor dem Jahr 1950 näherten Expeditionen sich dem Everest über Tibet. Nepals natürliche Barrieren und seine Isolationspolitik hatten das Land von der übrigen Welt abgeschnitten. In diesem Jahr begann es jedoch seine Grenzen zu öffnen. Für Bergsteiger hatten sich damit die Tore zu einem magischen und in seinen Gebirgsdimensionen entmutigenden Königreich aufgetan. Acht der zehn höchsten Berge der Welt liegen in Nepal (oder an der Grenze zu Tibet und Sikkim), und bis in die fünfziger Jahre waren noch alle unerstiegen.

Anfang März 1996 brachen die Mitglieder der »*Everest*«-Filmexpedition nach Katmandu, Nepals malerischer Hauptstadt, auf.

Als das Flugzeug zur Landung ansetzte, zeigte sich die Hälfte des zu Nepal gehörenden Himalaja. Vom Dhaulagiri bis zum Everest tauchten die eindrucksvollsten Berggipfel der Welt wie eine geisterhafte Erscheinung auf. Anmutige schneeüberzogene Berghänge und bewaldete Hochtäler winkten verführerisch.

Die Maschine überflog einen Paß, dahinter sahen wir Katmandu. Wie Höhenlinien einer Landkarte umsäumten Getreide- und Reisterrassen das Katmandutal.

Ein Blick aus dem Taxifenster ließ erkennen, daß diese alte Stadt sich im Übergang vom 12. zum 20. Jahrhundert befindet. Asphalt und Neon scheinen vergängliche und künstliche Requisiten. Es wirkte so, als könnten die Kühe in den Straßen, die umherziehenden Sadhus, die jahrhundertealten Tempel und die steinernen Gottheiten sich jeden Moment erheben und mit einem Wischer den ganzen Putz des modernen Zeitalters wegfegen.

Die Expeditionsteilnehmer, die im Hotel »Yak and Yeti« eintrafen, boten einen etwas ungewohnten Anblick. »Aus welchem Land kommt diese Expedition?« erkundigte sich ein Hotelgast. »Spanien, Japan, Österreich, Großbritannien, Indien, Nepal und USA« mußten für den Anfang genügen. Auf dem Rezeptionspult lag ein bunter Stapel abgegriffener Pässe.

BERGSTEIGER, FILMEMACHER UND BERATER

Bei seiner Auswahl der Bergsteiger wußte David Breashears, daß Erfahrung und Verträglichkeit in der Gruppe sich wohl kaum vereinen ließen. Zweieinhalb Monate würden die Mitglieder der Gruppe gemeinsam verbringen. Er und Greg MacGillivray wollten aber ein internationales Team, und sie wollten erstklassigen Bergsteigern, die dazu sonst vielleicht nie Gelegenheit hätten, die Chance einer Everest-Besteigung bieten.

Als stellvertretenden Expeditionsleiter wählte Breashears den amerikanischen Bergsteiger und dreifachen Everestbezwinger Ed Viesturs, der den Berg gern ein drittes Mal ohne künstliche Sauerstoffzufuhr ersteigen wollte. Nach seinem Studienabschluß an der Washingtoner Universi-

Der Österreicher Robert Schauer aus Graz, zweiter Kameramann, filmte bereits zahlreiche Besteigungen und drehte Abenteuerfilme, bevor er zur Gruppe stieß. Seine Arbeit bezeichnet er als »Spaß, sie ist aber auch frustrierend. Ich versuche, eine so innige Beziehung zur Kamera zu entwickeln, daß ihre Handhabung völlig automatisch abläuft.«

Folgende Seiten:
Über die »Menge« erhebt sich entfernt der Everest, auch seine nächsten Nachbarn tauchen auf – der Lhotse, der Lhoste Shar und unzählige weitere wolkenverhüllte Bergspitzen.

tät 1981 begann Ed eine Veterinärausbildung und arbeitete für das RMI (Rainier Mountaineering Institute), das Führungen auf den 4392 Meter hohen Mount Rainier anbot. Innerhalb von zwölf Jahren stand er 187mal auf dem Gipfel des Mount Rainier. Außerdem erstieg er den Denali und den Aconcagua, ehe er 1987 zur Besteigung des Everest eingeladen wurde. Wegen seiner Ausdauer und seiner Professionalität gaben Freunde ihm den Spitznamen »Standhafter Ed«. Viesturs zählt als einziger Amerikaner zu jenen sechs Bergsteigern, die die sechs höchsten Gipfel der Welt ohne Sauerstoffgeräte erreichten. Mit seinem »Unternehmen 8000« will er versuchen, die 14 höchsten Gipfel der Welt (alle Gipfel über 8000 Meter) ohne zusätzlichen Sauerstoff zu besteigen – neun gelangen ihm schon. »Es geht mir nicht darum, berühmt zu werden, sondern es ist mein persönliches Ziel«, erklärt Ed dazu.

»Das Zusammensein mit Ed ist unter anderem deshalb so angenehm, weil man das Gefühl hat, es mit einem höheren Wesen zu tun zu haben«, faßte Breashears zusammen. »Seine Kraft, sein Durchhaltevermögen und seine Verläßlichkeit sind ganz außergewöhnlich.«

Paula Viesturs, Eds Frau, hatte bei einer früheren Expedition schon einmal im Basislager gearbeitet, daher bestimmte Breashears sie zur Leiterin des Basislagers.

Während die anderen den Everest erstiegen, würde sie sich, als Wandrerin und beginnende Bergsteigerin, um Nachschub, Transport und die

Organisation im Basislager kümmern.

Die Physiotherapeutin Araceli Segarra aus Lleida in Katalonien nahm Breashears ebenfalls in sein Team auf. Er hatte sie im Vorjahr auf der Nordseite des Everest kennengelernt. Araceli ist vielseitig und beherrscht die Eis- und die Felskletterei. Im Jahr 1992 erstieg sie den 8013 Meter hohen Shisha Pangma über die Südwand im alpinen Stil (also ohne Sauerstoffgeräte und ohne Träger), und 1995 kam sie auf der Nordwand des Everest bis auf 7800 Meter. Gelänge ihr der Gipfelsieg, wäre sie die erste Katalanin – und Spanierin –, die den Everest bestieg.

Die Höhlenforscherin und Alpinistin Araceli Segarra, 27, bereicherte das Team mit jugendlicher Energie. Die gebürtige Katalanin kann sich »nichts Schöneres vorstellen« als die Felskletterei.

Araceli kam durch das Höhlenerforschen zur Kletterei. Jahrelang kletterte sie in den ausgedehnten Höhlensystemen der spanischen Kalkgebirge. Ihre Begeisterung und ihr Optimismus übertrugen sich auf die ganze Gruppe. »Am liebsten klettere ich mit Freunden, einfach aus Freude daran. Ich genieße es. In einer Steilwand denke ich nicht ans Fallen, sondern ich tanze, tänzerisch verbinde ich die Bewegungen. Zusammen mit Freunden kann ich mir nichts Schöneres vorstellen.«

Der bergsteigerische Leiter der Expedition, Jamling Tenzing Norgay, stammt aus dem indischen Darjeeling in Westbengalen. Er ist ein erfahrener Bergsteiger und Expeditionsorganisator und zum erstenmal am Everest. Sein Vater erreichte den Gipfel des Everest gemeinsam mit Sir Edmund Hillary bei der historischen Erstbesteigung im Jahr 1953. Wie sein Vater ein frommer Buddhist, empfindet Jamling tiefe Achtung vor den Gottheiten auf und um den Everest.

»An jedem Jahrestag der Everestbesteigung durch meinen Vater, am 29. Mai, legt zumindest einer aus meiner Familie eine seidene ›kata‹, eine weiße Glücksschärpe, auf das Bild von Miyolangsangma, der Göttin des Everest, auf unseren Altar. Ihr dankte mein Vater, als er auf dem Gipfel stand.«

»Und ich hoffe, daß die Kultur der Sherpas durch den Film von dieser Expedition weithin bekannt wird«, setzte er hinzu.

Die erste Frau auf dem Gipfel des Everest war die Japanerin Junko Tabei. In den zwanzig Jahren nach diesem historischen Ereignis gelang keiner Bergsteigerin aus Japan mehr der Gipfelsieg. Breashears lernte Sumiyo Tsuzuki 1990 auf der Nordseite des Everest kennen. Davor war sie schon zweimal am Everest gewesen. Über den Nordsattel drang sie 1995 bis auf 7000 Meter vor. Sie sollte die Expedition mit der Videokamera aufzeichnen.

»Eine Expedition und das Bergsteigen erfordern hohe Konzentration, wie man sie im städtischen Alltag gar nicht kennt«, meinte Sumiyo mit scheuem, mädchenhaftem Lächeln. »Das gefällt mir daran.«

Aber noch einen geschulten Kameramann mit bergsteigerischer Erfahrung brauchte David – einen zweiten Denker (bei dem Sauerstoffmangel in der Höhe) und Helfer bei der Bedienung der modifizierten IMAX-Kamera. Und er gewann den Österreicher Robert Schauer aus Graz, Davids Pendant in Europa, als zweiten Kameramann. »Schon früher hatte ich von Robert gelesen«, sagte Breashears, »und es ist mir eine Ehre, mit ihm gemeinsam zu steigen und zu filmen.«

Schauer war Produzent und Koproduzent von 12 Bergfilmen, Abenteuer- und Dokumentarfilmen. Und er erstieg bereits fünf der 14 Achttausender der Welt. Vor 18 Jahren erreichte er als erster Österreicher den Everestgipfel.

»David hat die Gruppe mit sehr viel Einfühlungsvermögen zusammengestellt«, merkte Robert an. »Wir arbeiten gut zusammen und sprühen oft nur so vor Humor und Geist.«

Einige Tage nach der Ankunft der Teilnehmer an der Filmexpedition schleppte ein erprobter nepalesischer Helfer etliche zerbeulte Gepäckstücke in das »Yak and Yeti«. Sie gehörten Roger Bilham, Professor für Geologie an der Universität Colorado in Boulder und Berater für die Filmaufnahmen. Zwei Koffer waren übervoll mit Werkzeug, Transistoren, Superkleber, Batterien, einem Laptop-Computer und dickem Draht, der verdächtig nach verbogenen Kleiderbügeln aussah.

»Roger weiß eine Menge von allem Möglichen«, sagte David stolz. Und Ed nannte den nach Amerika übersiedelten Briten »unseren Geophysiker«. Roger hatte bereits mit der nepalesischen Regierung zusammengearbeitet, als sie zahlreiche GPS-Empfänger für Satellitensignale aufstellen ließ, die die Bewegungen der tektonischen Platten in der Nähe des Himalaja messen sollten. Entlang unserer Anmarschroute, die teilweise über der dynamischen Verbindung zwischen den eurasischen und indischen Landmassen verlief, wollte er GPS-Daten erfassen. Und er wollte den Standort der welthöchsten Wetterstation, am Everest auf etwas über 8100 Meter, prüfen und auch von dort oben GPS-Daten erfassen.

Noch ein britischer Staatsbürger stieß zur Gruppe – und zwar als Korrespondentin: die Historikerin Audrey Salkeld. Sie hatte über George Mallory und Andrew Irvine,

Jamling Norgay, Sohn einer Legende, wendet sich dem Everest zu, wenn er zu der dort wohnenden Göttin betet. Im Jahr 1953 gelang Jamlings Vater Tenzing und Edmund Hillary die historische Erstbesteigung des Berges.

MIT DER IMAX-KAMERA AUF DEM EVEREST

Entwicklung und Tests einer adaptierten Grossformatkamera

»Meiner Meinung nach ist es unmöglich, eine normale 38 Kilo schwere IMAX-Kamera bis zum Everestgipfel hinaufzuwuchten. Ebensowenig scheint mir aber eine leichte Ausführung robust genug zu sein, den harten Bedingungen am Berg standzuhalten«, meint David Breashears.

Über ein Jahr arbeiteten Kevin Kowalchuk, Gord Harris und ihr Team in der technischen Abteilung der IMAX Corporation an einer solchen Kamera. Nach Rücksprache mit Breashears mußte sie folgende Eigenschaften erfüllen:

• Das Kameragehäuse durfte nicht mehr als 11,7 Kilo wiegen. Selbst wenn man mit künstlicher Sauerstoffzufuhr steigt, ist es für einen Bergsteiger wegen der verminderten Zellatmung aufgrund des insgesamt geringen Sauerstoffangebots äußerst schwierig, mehr als dieses Gewicht über 8 000 Meter hinaufzutragen.

• Die Kamera muß 24 Stunden lang minus 40° C ertragen und dann immer noch sofort verläßlich arbeiten.

• Durch große, leicht zugängliche Knöpfe und drehbare Objektivfassungen sollte auch ein erschöpfter Kameramann filmen können, selbst bei eingeschränkter Bewegungs- und Denkfähigkeit und bei kältesteifen oder in dicken Fäustlingen steckenden Händen.

Das Technikerteam der IMAX Corporation in Toronto ging vom Kameramodell IMAX Mark II aus, veränderte das leichte und beständige Magnesiumgehäuse, vereinfachte dann die Elektronik und ließ die dreieinhalb Kilo schwere Schwungmasse weg: »Aus einem 96er Chevrolet konstruierten wir einen 56er Chevy«, sagt der Kameramann und technische Leiter Brad Ohlund, »und halbierten dabei sein Gewicht«. Mit etwas über 11 Kilogramm wiegt das Everest-Modell nun halb soviel wie die normale Mark II.

»Bei minus 40° C schrumpft das Kameragehäuse um mindestens 0,000254 Zentimeter«, erklärte Kowalchuk. »Das ist deshalb bedeutsam, weil die äußeren Aluminium- und Magnesiumteile einen anderen Ausdehnungskoeffizienten haben als die inneren Stahlteile und das den Mechanismus der Kamera blockieren könnte. Einen gewissen Spielraum haben wir daher berücksichtigt.«

Bei extremer Kälte erstarren die Schmiermittel, und der Film wird spröde. Deshalb bauten die Techniker eine Kurbel ein, mit der sich das System auch bei extremsten Witterungsverhältnissen von Hand bedienen ließ. Und sie verwendeten ein Schmiermittel, das bei minus 73° C noch zähflüssig blieb. Die üblichen Batterien fallen bei extremer Kälte aus, daher mußte ein Satz nicht wieder aufladbarer Lithium-Batterien für die Stromzufuhr der Kamera sorgen.

Komplett ausgestattet, mit Optik und einem 150-Meter-Filmmagazin, wog die Kamera nun knapp 22 Kilo. Mit 2,2 Kilo pro Magazin ist der Film allein schon schwer. Und die Kamera braucht viel Filmmaterial: Denn der Film »rast« mit einer Geschwindigkeit von etwa 1,70 Meter pro Sekunde durch die Kamera – viermal so schnell wie ein 35-mm-Film. Ein Magazin mit 150 Meter Film reicht nur für eine Dauer von 90 Sekunden.

Mit 15 Perforationslöchern an beiden Rändern eines jeden Bildes bietet der IMAX-Film das größte im Handel erhältliche Format.

David Breashears filmt mit der leichten IMAX-Kamera, bei deren Konstruktion er half.

Seine Oberfläche ist zehnmal so groß wie die eines 35-mm-Normalfilms und dreimal so groß wie die eines 70-mm-Films. Bei der IMAX durchläuft der Film die Kamera horizontal, bei anderen Filmen hingegen vertikal.

Nach einem Test der Kamera in einem Schneesturm auf einem Gipfel in New Hampshire mieteten Breashears und Kowalchuk eine Kältekammer der Verteidigungsindustrie für Tests.

»Der Raum hatte eine Temperatur von minus 45° C«, erläutert Breashears. »Daher trugen wir schon unsere Daunenkleidung für die Expedition, um sie gleich mitzutesten.« Mit bloßen Händen legten sie Film und Batterien ein und schalteten die Kamera ein. »Sie lief tadellos, immer wieder. Nun hatte ich zum erstenmal das Gefühl, unser Vorhaben sei wirklich machbar.«

Einem weiteren Test unterzogen Breashears und Kowalchuk die Kamera in Nepal. Mit 40 Trägern führten sie ein über 260 Kilometer langes Trekking durch und bewältigten dabei insgesamt einen Höhenunterschied von über 2500 Metern. Über Nacht ließen sie die Kamera, nur durch eine Nylonhülle geschützt, im Freien auf exponiertem Fels. »Jeden Morgen schaltete ich die Kamera ein«, sagt Breashears. »In 27 Tagen ging nicht eine einzige Szene wegen Funktionsuntüchtigkeit der Kamera oder der Batterien verloren.«

»Die technischen Probleme sind gelöst«, schließt Breashears. »Jetzt müssen wir das Ding nur noch auf den Gipfel bekommen.«

EIN BERG, VON DEM MAN TRÄUMT

die Erforscher des Everest, die 1924 entweder im Anstieg zum Gipfel oder beim Abstieg verschwanden, ein Buch verfaßt. Audrey war keine Bergsteigerin, war jedoch mit David Breashears 1986 schon einmal auf der Nordseite des Everest gewesen.

Steve Judson zählt zu den erfahrensten Schriftstellern und Regisseuren des Großformatfilms. Er hat schon zahlreiche Filme gedreht, aber noch keinen von der Entfernung her so »exotischen« und vom Transport her so schwierigen wie am Everest. Als Cutter und, gemeinsam mit Tim Cahill, Drehbuchautor des Films würde Steve mit dem fotografischen und technischen Berater Brad Ohlund zusammenarbeiten. Brad blickt auf eine zwanzigjährige Erfahrung als zweiter Kameramann zurück.

Steve und Brad sollten mit zum Basislager kommen und auf dem Weg dorthin David und Robert intensiv in die Geheimnisse der Großformat-Kinematographie einweihen. Danach würden David und Robert auf sich gestellt sein.

Das Team wußte, daß noch keine Besteigung des Everest ohne das dort lebende Volk der Sherpas begonnen hatte. Die meisten der 24 für die Filmexpedition verpflichteten Sherpas waren aus dem Khumbu-Gebiet – in dem die Aufstiegsroute zum Basislager lag – nach Katmandu gekommen. Wie immer hatten sie den von ihnen gewohnten Frohsinn und ihren spielerischen Humor mitgebracht.

Zu den unterhaltsamsten Mitgliedern der Gruppe gehörte Wongchu Sherpa, der Sirdar (Anführer) der Sherpas, der den Transport in Nepal leitete. Er schien sich an dem ständigen zermürbenden Kampf mit der Bürokratie um die

Entschlossen legte die Japanerin Sumiyo Tsuzuki, strahlendes Team-Mitglied und Videofilmerin, den Anstieg auf den Südsattel des Everest zurück. Und dies trotz zweier durch starken Husten verursachter schmerzhafter Rippenbrüche.

Genehmigungen zu ergötzen. Und in der Regel trug er mit seinen scherzhaften Neckereien und seiner gewitzten Schlagfertigkeit den Sieg davon.

David und Wongchu waren schon 1986 zusammen am Everest gewesen. Wongchu hatte den Everest 1995 von Norden her bestiegen und bereits bei mehreren Expeditionen als Sirdar fungiert.

WARUM BERGSTEIGEN?

Für die Sherpas ist das Bergsteigen ein Beruf, kein Sport. Pro Saison kann ein Sherpa damit 1500 bis 2500 Dollar verdienen. Das durchschnittliche Pro-Kopf-Einkommen liegt in Nepal hingegen bei 175 Dollar jährlich. Aber nur die Spitzen-Sirdars und solche, die sich eine Geldanlage leisten können, besitzen ein Haus und ein Geschäft in der Hauptstadt – wo die Grundstücke teurer als in vielen amerikanischen Villenvierteln sind.

Aus welchem Grund kommen die übrigen Sherpas zum Everest?

»Vielleicht haben sie viel Zeit und Geld und wissen nichts damit anzufangen«, schlägt ein Sherpa als Motiv vor. Obwohl das Leben der Sherpas ganz in die Religion eingebettet ist, scheinen es die Fremden zu sein, die eine beschaulichere, philosophischere Einstellung zum Everest mitbringen.

Ein Beispiel dazu liefert Tom Hornbein, wenn er schreibt: »Für Willi Unsoeld, meinen Gefährten bei der Ersteigung über den Westgrat 1963, verkörperte der Everest das Träumen, das Streben, etwas zu riskieren und über sich hinauszuwachsen, die Sorge um unsere Erde und unsere Beziehung zu ihr.«

Breashears stimmt dem zu. »Den Everest zu besteigen, bedeutet Entbehrung, Herausforderung, reine physische Schönheit, Bewegung und Rhythmus. Und es schließt ein Risiko ein. Man lernt sich selbst kennen, wie man reagiert, wenn Komfort, Wärme, tägliche Routine und die Tyrannei der Eile fehlen. Und wie man mit einer lebensbedrohenden Situation umgeht. Für die Anstrengung winken Lohn und auch tiefe Erschöpfung. Aber sogar die Erschöpfung mag ich. Ich freue mich darüber, wenn ich am Morgen aufwache und mich stärker fühle als am Tag davor.«

Natürlich kommen manche Bergsteiger als Suchende. Ihr Ziel ist es nicht so sehr, physische Hindernisse zu überwinden, als vielmehr eine neue Ebene zu finden, auf der sie sich selbst besser verstehen können. Bergsteigen im Hochgebirge ist beim modernen Menschen vielleicht der Ausdruck für den Kampf klassischer Helden, den Joseph Campbell so beschrieb: auf die Schwächen und Dämonen, die uns quälen und behindern, zugehen, ihnen mutig ins Auge sehen und sie dann überwinden. Für dieses Ziel bietet der Everest das ideale Szenarium.

Bei den Sherpas und anderen buddhistischen Völkern im Himalaja äußert sich dieses Ringen in Pilgerfahrten und täglichen Ritualen. Sie suchen die spirituelle Befreiung, begnügen sich aber damit, am Berg Verdienste zu erwerben. Die Sherpas verstehen, was die fremden Bergsteiger suchen. Aber sie glauben nicht recht, daß das Bergsteigen der beste Weg ist, es zu finden.

Manche scheinen sich wegen eines Gefühls der Macht, der außergewöhnlichen Leistung und um berühmt und beachtet zu werden, am Everest versuchen zu wollen. Die Sherpas bezweifeln, daß dies die rechten Motive für die Besteigung dieses Berges sind. Für sie reichen Glück, entsprechende Fähigkeiten und Geschick, inniger Wunsch und Geld allein nicht aus, um auf den Gipfel zu kommen. Für einen wirklichen Erfolg bedarf es einer »sauberen« Motivation. Ihr Glaube sieht den Everest und die Berge des Khumbu-Gebietes als Sitz von Göttinnen und Göttern. Die Berge gehören dem spirituellen Reich ebenso an wie dem physischen. Gemeinsam ist den Sherpas und den ausländischen Bergsteigern aber das Bewußtsein, daß der Himalaja keine Schöpfung des Menschen ist und der Mensch keinerlei Macht über ihn hat.

ES WERDEN IMMER MEHR

Auf dem Markt von Katmandu begegnete das Filmteam zufällig dem neuseeländischen Bergführer Rob Hall, der für sich in Anspruch nimmt, 39 Bergsteiger zum Everestgipfel geführt zu haben – das übertrifft die Gesamtzahl derer, die den Gipfel während der 20 Jahre nach der Erstbesteigung 1953 erreichten. Diesmal hatte er acht Gäste mitgebracht, zwei mehr als sonst.

Der amerikanische Bergführer Scott Fischer traf ebenfalls mit einer Gruppe von Bergführern und Gästen ein. Fischer hatte den Everestgipfel bisher einmal, 1994, bestiegen, und zwar ohne Sauerstoffgeräte. Bei seiner Firma »Mountain Madness« in Seattle hatten sich einige Interessenten für die Everestbesteigung angemeldet. Zu ihnen gehörte die New Yorker Abenteurerin Sandy Hill Pittman. Wenn sie den Gipfel erreichte, hätte sie alle »Sieben Gipfel« – den höchsten Gipfel jedes Kontinents – bestiegen. Ebenso zählte Pete Schoening dazu, eine Bergsteigerlegende und weithin als Held bekannt, der 1953 am K2 sechs Mitgliedern seiner Gruppe das Leben rettete. Bei einem Gipfelsieg wäre er mit 68 Jahren der älteste Bezwinger des Everest.

Inmitten des überfüllten Zentrums von Katmandu räumten die Bergsteiger und Sherpas eine Menge Ausrüstungsgepäck, Gaskartuschen und Nahrungsmittelkisten hin und her, damit Ed und Paula jeden Posten eintragen konnten. Die beiden verscheuchten die neugierigen, laut mu-

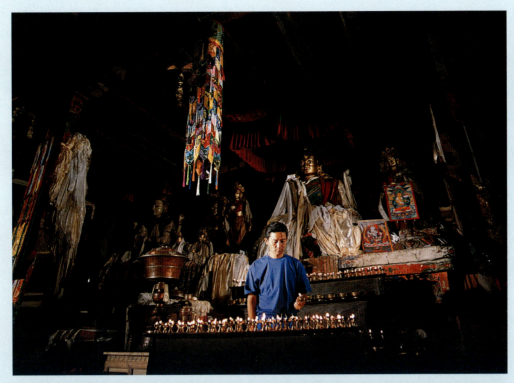 

Im Kloster beim Dorf Khumjung entzündet Jamling zu den Bittgebeten an die verschiedenen Gottheiten die traditionellen Butterlampen. Nachdem sein Vater vier Jahrzehnte zuvor die gleichen Riten vollzogen hatte, stand er schließlich siegreich (rechtes Bild) auf dem Everestgipfel.

BERGFÜHRER IN ZWEITER GENERATION

VON JAMLING TENZING NORGAY

Der 1965 geborene Jamling – das ist die Abkürzung für »Jambuling Yandak« («weltberühmt«) – war der bergsteigerische Leiter der »Everest«-Filmexpedition. Sein Vater, Tenzing Norgay, bestieg den Everest erstmals 1953, zusammen mit Edmund Hillary.

Mein Vater Tenzing Norgay war mein Mentor und Vorbild. Als Kind nahm er mich zum Trekking in den Sikkim-Himalaja mit und brachte mir dort das Klettern bei. Mit sechs Jahren kletterte ich mit ihm auf einen Gipfel.

Traditionsgemäß treten Sherpasöhne in die Fußstapfen ihres Vaters. Als ich ihm aber meine Sehnsucht offenbarte, den Everest zu ersteigen, antwortete er: »Wozu? Ich habe ihn erstiegen, also brauchen meine Kinder das nicht mehr zu tun. Du kannst dafür eine gute Erziehung erhalten und mußt nicht Lasten in die Berge schleppen und dein Leben aufs Spiel setzen.« Sein Wunsch war, uns alles zu geben.

Dennoch hielt er mich nicht vom Klettern ab, als ich damit begann. In der St. Paul's School in Darjeeling organisierte ich Vorführungen im Felsklettern. Das Klettern scheint mir im Blut zu liegen.

Bei der indischen Everestexpedition 1984 stand Bachendri Pal als erste indische Frau am Gipfel. Ich war damals 18 und wollte mich dieser Expedition anschließen. Ich hatte gehofft, der jüngste Gipfelsieger am Everest zu werden. Ich war ein Pilger, getrieben von der Sehnsucht nach der Vereinigung mit diesem Berg, der mich unwiderstehlich anzog. Das bin ich heute noch. Aber wegen der Krankheit meines Vaters nahm ich nicht teil.

Dann kam ich in die USA, um am Northland College in Wisconsin zu studieren. Das College hatte meinem Vater 1973 einen juristischen Ehrentitel verliehen.

Ich fand Amerika spannend und anregend, aber irgend etwas fehlte mir. Dann starb mein Vater, 1986, und im Herbst 1992, als meine zwei Brüder, eine Schwester und ich in den USA lebten, auch meine Mutter. Ich hatte das Gefühl, unsere Wurzeln im Himalaja begannen zu verdorren. Also entschloß ich mich zur Heimkehr.

Der Tod meiner Eltern verstärkte meine Absicht noch, den Everest zu ersteigen. Zum Gedenken an den 40. Jahrestag der Everestbesteigung durch meinen Vater organisierte ich 1993 eine kleine Expedition. In meinem Innersten wußte ich, daß es nur eine Frage der Zeit war, bis ich auf dem Gipfel stand.

Ich verlobte mich mit Soyang, mit der ich schon in Darjeeling zur Schule gegangen war. Unsere Eltern waren gut befreundet gewesen, und irgendwie hatten sie unsere Heirat arrangiert. Sogar damals, zur Schulzeit, wußte ich, daß ich Soyang eines Tages heiraten würde. Aber sie hatte keine Ahnung von meinem Traum, den Everest zu ersteigen.

henden und herumhopsenden Kühe und besahen sich die Unmengen an Expeditionsgut und den lärmenden Wirrwarr mit etwas Abstand.

»Während wir die Vorbereitungen für die Expedition trafen, organisierten wir gleichzeitig unsere Hochzeit«, sagte Paula. »Da ging's reichlich hektisch zu.«

Volle drei Monate waren sie nur damit beschäftigt, die Mengen einzuschätzen und zu berechnen, Lieferfirmen ausfindig zu machen, die Nahrungsmittel zu kaufen und zu verpacken. Drei Tonnen Expeditionsmaterial wurden in Seattle eingeschifft: 57 Nahrungsmittelkisten, 30 Frachtstücke mit Bergsteigerausrüstung (davon allein 40 Zelte und 50 Schlafsäcke), 5 Kisten mit wissenschaftlichem Gerät, über 900 Meter Seil, 75 Sauerstoffflaschen, Hunderte Rollen Toilettenpapier und 47 Büchsen Dosenfleisch. Die Filmausrüstung wurde getrennt verschifft. Propan, Kerosin, Benzin, zusätzliche Nahrungsmittel und weitere Waren sollten in Katmandu gekauft werden. Schließlich waren es 250 Frachtstücke, die mit Hubschrauber, Lasttieren oder Trägern zum Basislager geschafft werden mußten.

Ohne wissenschaftliche und ohne Filmvorhaben würde diese Everestexpedition fast eine dreiviertel Million Dollar kosten, also keine Kleinigkeit. David Breashears war entschlossen, bis zum Gipfel zu steigen. Aber er stellte gleich zu Beginn klar, daß Sicherheit und Vorsicht für ihn erstes Gebot seien und stets Vorrang vor den Zielen und dem auch finanziell enormen Einsatz der Expedition hätten. Hierin dulde er keinerlei Kompromiß.

Scott Fischer, Berufsbergführer und Expeditionsleiter aus Seattle, und sieben weitere Bergsteiger kamen bei dem plötzlich losbrechenden Sturm am Nachmittag des 10. Mai nahe dem Gipfel des Everest ums Leben.

EIN BEGEHRTER GIPFEL

Das Team hatte Glück. In diesem Jahr dauerte die Genehmigung, den Everest von Nepal aus zu besteigen, nicht so lang wie sonst. Vor 1978 durfte in jeder Saison eine bestimmte Route nur von einer Expedition begangen werden. Damals mußte man über fünf Jahre auf die Erlaubnis zur Begehung über den Südsattel, die leichteste Route, warten. Doch dann öffnete die Abteilung für Bergsteigen des nepalesischen Fremdenverkehrsministeriums die Routen auf der Everestsüdseite für mehr als eine Expedition – möglicherweise im Gegenzug zu Tibet, das mehrere Teams gleichzeitig auf der Nordseite zuließ.

Wegen der geringen Gebühr und nur wenigen Beschränkungen wuchs die Zahl der Gruppen und Bergsteiger in den achtziger Jahren – bis im Frühjahr 1993 schließlich 15 Gruppen mit insgesamt 300 Bergsteigern den Everest von der Südseite her besteigen wollten. Im Jahr darauf begrenzte das Fremdenverkehrsministerium die Erlaubnis auf vier Gruppen und erhöhte die Gebühr für eine fünfköpfige Expedition gleichzeitig auf 50 000 Dollar, jedes weitere Mitglied zahlte 10 000 Dollar, ein Expeditionsteam durfte aber nicht mehr als sieben Teilnehmer umfassen.

Im Frühjahr 1996 begrenzte die Regierung nicht die Anzahl der Teams, sondern erhöhte die Gebühr auf 70 000 Dollar für ein siebenköpfiges Expeditionsteam, für jedes weitere Mitglied der maximal zwölfköpfigen Gruppe erhob sie 10 000 Dollar. Wie nicht anders zu erwarten, steigerte die neue Politik die Staatseinnahmen. Im Frühjahr 1996 brachte die Genehmigungsgebühr für die Everestbesteigung mehr als 800 000 Dollar ein – eine stattliche Summe für einen Dritte-Welt-Staat. Viele haben sich darüber beschwert, daß nur ein Bruchteil davon in den Umweltschutz oder die Sicherheit am Berg fließt und nur ein ganz geringer Teil der Bevölkerung zugute kommt.

Für einen Gast betragen die Expeditionskosten 30 000 bis 65 000 Dollar. Die Organisation einer großen Expedition kann über eine halbe Million Dollar verschlingen. Als Charles Houston, der physiologische Berater des »Everest«-Filmteams, 1938 den K2 erstieg, kostete die ganze Expedition mitsamt der Reise 9500 Dollar. Seine zweite Expedition zum K2, 1953, kostete schon 35 000 Dollar.

Der Film über den Everest reizte die nepalesische Regierung, denn sie versprach sich eine Förderung des Tourismus davon. Und so erteilte sie dem »Everest«-Team zu Beginn des Frühjahrs 1996 eine Genehmigung. Damals hatte Breashears nicht die geringste Ahnung, daß zur gleichen Zeit – während der kurzen Schönwetterperiode im Mai – und auf derselben Route wie sein Team noch 13 weitere Gruppen den Berg besteigen wollten. Die beiden größten Gruppen, die von Scott Fischer und die von Rob Hall geleitete, würden diese eine Route allein schon mit 22 Führern und Gästen und dazu nochmal so vielen Sherpas begehen.

IM HERZEN KATMANDUS
Wie durch einen Irrgarten schlängelten sich die Teilnehmer der »Everest«-Filmexpedition durch die Menschenmenge, zum Herzen Katmandus: dem geschäftigen Basarbereich Asan Tol. Wo man in dieser Stadt auch hin will,

Der neuseeländische Bergsportausrüster Rob Hall kannte die Gefahren des Everest von zahlreichen früheren Besteigungsversuchen und Begehungen her. Doch auch er kam im Sturm am 10. Mai um; Sauerstoff und Kräfte gingen ihm aus, als er das Leben eines Kunden retten wollte.

immer kreuzt man diesen zentralen Angelpunkt mit seinen schmalen Gassen und dem verwirrenden Gemisch von Kulturen und Hautfarben.

Der Annapurna-Tempel ist gebührend von Säcken mit zum Kauf feilgebotenem Getreide umringt, denn Annapurna ist die Göttin der reichen Getreideernten. Oben ist die Sackleinwand sauber umgerollt, damit Käufer das Getreide begutachten können. Minister, Bettler, Hügelbauern aus der Umgebung und Pilger läuten die Tempelglocken und bringen den hinduistischen und buddhistischen Gottheiten ihre Opfergaben dar. Dann drängeln sie sich zwischen Rikschas, überladenen Handkarren und frei herumlaufenden Zuchtbullen, die pflanzlichen Abfall und Karton fressen, hindurch. Weihrauchduft verbindet sich mit dem Geruch faulenden Gemüses zu einem dicken Dunst.

In einer tempelnahen Gasse grüßte der selbsternannte »Weltherrscher«, ein exzentrischer Tempelpandit, David Breashears und reichte ihm spielkartengroße Bilder von Gottheiten des hinduistischen Pantheon, deren Rückseite seine »weltumfassenden Botschaften« trugen. David hörte seine Ratschläge aufmerksam an, die auch – ohne jede Ironie – die beiden Standardredewendungen des täglichen Lebens in Nepal enthielten: »O nein, Sir, das können Sie hier nicht machen!« und »Hier ist *alles* möglich, guter Mann«.

Bei den Dreharbeiten in Katmandu bestätigten sich beide Aussprüche. Sein Humor half Steve Judson, sich schnell an das Chaos in den mittelalterlichen Gassen zu gewöhnen. »Als ich

anfangs ›action!‹ befahl, blieben alle stehen und schauten mich an. Endlich klärte mich jemand darüber auf, daß der Nepali-Ausdruck ›ek chin‹ – ›Warte einen Moment!‹ bedeutet.«

Das Schwanken in der engen Altstadt von Katmandu war bereits eine schwache Vorankündigung dessen, was noch folgen sollte. Das Katmandutal liegt, wie der größte Teil des Himalaja, über einer großen geologisch aktiven Überschiebungszone. Einige der älteren Bewohner des Tales können sich noch an das große Erdbeben von Bihar im Jahr 1934 erinnern, von dem aus sie heute noch die Zeit zählen. Es hatte die Stadt verwüstet. Manche Seismologen halten das nächste »große« Erdbeben bereits für überfällig. Sollte es auftreten, betrifft es nun eine Stadt mit der seit damals zehnfachen Einwohnerzahl.

Eine letzte Gelegenheit, frisches Obst und Gemüse zu kaufen, bietet der farbenfrohe Markt im Basarbereich Asan Tol, Pflichtstopp für jede Everestexpedition.

Seiten 42–43:

Katmandus Vorort Bhaktapur schmiegt sich an den Himalaja als Hintergrund an, aus dem der 6989 Meter hohe Gipfel des Dorje Lhakpa aufragt.

Der Bauingenieur Hemant Aryal, Bürger dieser Stadt, äußert sich besorgt darüber. Er erkennt, daß die aus der Mauer vorspringenden Träger vieler Gebäude willkommenen Raum im beengten Stadtkern schufen. Weil die Träger nicht mehr als einen Meter vorspringen dürfen, gehen die Hauseigentümer oft dazu über, Mauern aus Ziegeln an den Trägerseiten hochzuziehen. Dazu kommt noch eine sehr »unterschiedliche« Mörtelqualität.

»Schon der geringste horizontale Stoß kann die Ziegel mit Leichtigkeit lockern«, schreibt Hemant Aryal. »Wenn die Leute bei einem Erdbeben aus den Häusern fliehen, empfängt sie ein wahrer Ziegelregen.«

Außerdem sind Katmandus schmale Straßen mit einem Gewirr ausgefranster Elektrodrähte »geschmückt« – sie erhöhen die schon durch die

DAS TAL VON KATMANDU

Der Sage nach entdeckte der buddhistische Patriarch Manjushri inmitten des Himalaja einen kristallklaren See, und mit einem Schwertstreich legte er ihn trocken. So entstand ein breites Tal mit Weideland und tiefgründigem Boden.

Das Katmandutal ist fruchtbar, geheimnisvoll und verwirrend. Es ist das Zentrum einer gebremsten, aber lebendigen Demokratie, ein Ort geistiger Macht, eine Auffangstelle für Expeditionen, eine wichtige Etappe der Händler. Selbst dem, der dies mit Skepsis betrachtet, teilt sich der Geist des Tals mit: eine wilde Mischung aus Weihrauch und Zinnoberrot, Teehäusern und Tempelglocken, Mönchen und Affen – und erotischem Schnitzwerk an den Verstrebungen der Tempeldächer. Schwärme von Papierdrachen jagen purpurnen Schwalben nach, und dreidimensionale Wolken nehmen – je nach der eigenen Stimmung – die Form von Dämonen oder Gottheiten an.

Schmuckbehangen und mit Turban, manchmal auch in ärmlicher, zerrissener Kleidung, ziehen Hügelbauern durch die endlosen Gassen des Basars. Mit ihrem Aufenthalt in der Stadt verbinden sie Wallfahrt und Einkaufsbummel, berühren vorbeikommende heilige Kühe mit Ehrerbietung und tauschen mit Fremden erstaunte Blicke aus. Dann bringt eine königliche Autokolonne die ganze Stadt zum Stillstand. Sie fährt entlang einer Straße mit frischem weißem Mittelstreifen – um ihn zu ziehen, wurde neun Straßenarbeitern ein einziger Pinsel zugeteilt.

Eine der reichsten Kulturen Asiens entstammt diesem fruchtbaren früheren Seebecken. Die Ursprungsbevölkerung des Katmandutals ist das Volk der Newar. Sie scharten ihre »städtischen landwirtschaftlichen« Dörfchen um die heiligen Plätze – und um eine Gesellschaft sich selbst überschätzender Clans. Sie sind nicht nur Bauern, sondern auch Priester, Handwerker, Künstler und Händler. Ihre Architektur beherrscht das Tal und beeinflußte die Gestaltung buddhistischer und hinduistischer Monumente bis nach Tibet und in das westliche China. Der Buddhismus entstand aus dem Hinduismus, und die Newar verbanden die beiden Glaubensrichtungen in einer einzigartigen künstlerischen Synthese, in ihrer hochentwickelten Ikonographie und in ihren Mythen. Buddha konnte nur in Nepal geboren sein.

Auch jüngere Einflüsse sind zu spüren. Vor 1950 durften nur wenige Fremde Nepal betreten, dazu zählten einige britische Armee-Offiziere. Sie stiegen von Bergrücken zu Tal und wieder auf den nächsten Bergrücken und beschrieben, daß Wächter immer Rauchsignale entsandten, um den nächsten Ankunftsort vor dem Eintreffen eines Fremden zu warnen. Man kann sich die Überraschung der Offiziere vorstellen, als sie in das ehemalige, 24 Kilometer breite Seebecken hinunterkamen und dort einige Autos sahen. Jeden dieser Wagen hatten Träger von Indien hereingebracht, bei einer Reparatur trugen sie ihn wieder dorthin zurück. Erst 1956 verband eine kurvenreiche Straße Katmandu mit der Außenwelt.

Für Katmandu begann die Zeit der Veränderungen: Satellitenfernsehen, Telefonzellen, Umweltverschmutzung, Bevölkerungswachstum und noch mehr Straßen hielten Einzug. Aber die Kultur, die Wolken, die Phantasie und das greifbare Bild von Manjushris Schwert wird weiterleben, nach der Zeitrechnung der Mythologie vielleicht noch »33mal eine Milchstraße von Jahren lang«.

Kermesbeeren und Terrassenkulturen bestimmen das landwirtschaftlich genutzte Katmandutal. Es ist die Heimat der Newar, eines Volkes, das für sein reiches kulturelles Erbe und seine Kunst berühmt ist.

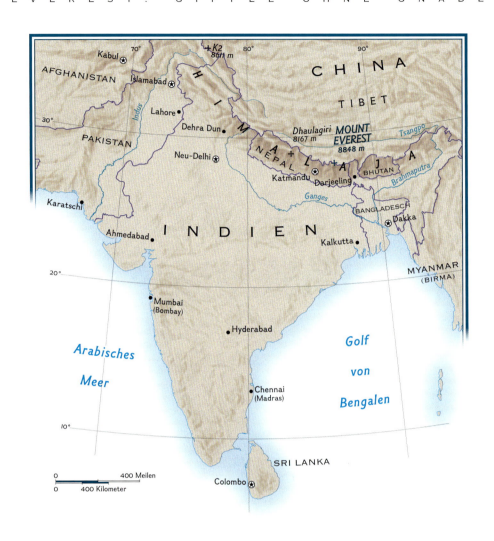

DAS DACH DER WELT
Der höchste Gipfel der Welt, Grenzberg zwischen Tibet und Nepal, ehrt mit seinem Namen Sir George Everest, der von 1830 bis 1843 den »Survey of India« leitete.

Kochfeuer bestehende Brandgefahr noch. Und nach einem Erdbeben würden die Feuerwehrwägen die mit Ziegeln verstopften Straßen nicht befahren können.

Vielleicht helfen dann Gebete. Obwohl Katmandu im Verkehr und in Fabriken erstickt, erhielten sich überall im Tal noch alte »Kraftplätze«. Wer diese geomantischen Brennpunkte spiritueller Energie aufsucht, dem bringen sie Segen, glauben die Bewohner des Tals.

Die Expeditionsteilnehmer unterbrachen das Zählen und Stapeln der Expeditionsmaterialien und besuchten den Swayambhunath-Tempel, den »Affentempel«. Jamling, Sumiyo und den Sherpas gab dies als buddhistischen Gläubigen Gelegenheit, sich auch in anderer Weise auf den Berg vorzubereiten: indem sie den Gottheiten dieser heiligen Stätte Opfer darbrachten.

Der Stupa von Swayambhunath, ein alter Sakralbau auf einem Hügel, ist sowohl den Hindus, die vor Jahrhunderten von Süden her nach Nepal einwanderten, als auch den Buddhisten heilig, die von Norden kamen. »Swayambhunath« bedeutet »selbsterhoben« – der Legende nach sei der Hügel, der den Stupa trägt, plötzlich aus dem früheren Seebecken, dem heutigen Katmandutal, aufgetaucht.

Jamling und Sumiyo schlossen sich dem täglichen Strom von Bittstellern an und erklommen die 365 Stufen zu dem Stupa. Sie beteten und warfen Getreidekörner von einem Bambustablett unter Hunderte Tauben und Rhesusaffen, die den Tempel seit langem als ihr Zuhause in Besitz nahmen. Diese Gaben des Lebens bringen »sonam«, geistige Verdienste, die zu einer günstigeren Form der Wiedergeburt beitragen. Während sie um die Halbkugel des

Während Affen umherspringen und Tauben das Heiligtum umkreisen, läutet ein junger buddhistischer Mönch eine Glocke des Swayambhunath-Tempels von Katmandu, um von diesem Ehrentempel hinduistischer und buddhistischer Gottheiten ein Zeichen zu geben.

Stupa herumgingen, drehten sie Gebetsmühlen, um Segen und Glück zu erbitten. Diese Mühlen aus Kupfer sind dicht mit Gebeten und Mantras auf Hunderten von schnörkelverzierten Reispapierstreifen angefüllt. Und man sagt, daß die Bittgebete auf den Papierstreifen mit jeder Umdrehung himmelwärts steigen. Eine Handvoll fremder buddhistischer Gläubiger hatte sich unter die einheimischen gemischt, auch sie sangen und drehten die Gebetsmühlen.

Trotz des größten Weitwinkelobjektivs hatte das Filmteam alle Hände voll zu tun, die ganze Farbenpracht und das bunte Treiben einzufangen – neugierig beäugten die Affen inzwischen die Filmaus-

rüstung. David ermahnte Brad Ohlund und Robert Schauer, Objektive oder andere Ausrüstungsgegenstände nie aus den Augen zu lassen, sonst würden sie von diesen habsüchtigen Schurken geklaut.

Jamling blieb stehen, um eine große Rolle bunter Gebetswimpel zu kaufen. Er wollte sie von einem hohen Lama weihen lassen und auf dem Gipfel des Everest entfalten.

25 000 BUTTERLAMPEN

Einige seiner Geschenke an die Götter hielt Jamling noch für den Stupa von Bodnath im Osten Katmandus zurück, das geistige Zentrum einer überwiegend tibetischen Gemeinde.

Der Steinzaun des Stupa trägt die Spuren von zahllosen Bittrundgängen, gläubigen Buddhisten und den Büffelledersohlen ihres Schuhwerks, mit dem sie durch die dünne Staubschicht schlurfen. Vor den Toren des Stupa brummt, heult und quietscht ungeduldig der Verkehr, der hier keinen Zugang hat.

Jamling spendete 25 000 Butterlampen, die für eine erfolgreiche Expedition, vor allem aber für ihren Schutz und ihre Sicherheit bei dem Stupa entzündet werden sollten. Also waren Audrey Salkeld und Paula Viesturs zusammen mit den Sherpas der Gruppe fast den ganzen 17. März damit beschäftigt, Baumwollfäden zu Dochten zu drehen und rasch flache Tonschalen aufzutreiben, die als Lampen dienen sollten. Am späten Nachmittag hatten sie es geschafft und die Lampen um die Konturen des Stupa herum arrangiert.

Die Sherpas – und mit ihnen Hunderte frommer Zuschauer – begannen die in Reihen

Ungeniert sitzt ein Rhesusaffe neben dem Baldachin aus den flatternden Gebetswimpeln des Swayambhunath-Schreins und macht dessen Spitznamen »Affentempel« alle Ehre.

46

EIN BERG, VON DEM MAN TRÄUMT

arrangierten goldgelben Lampen anzuzünden. In chinesischen Thermosflaschen hatten sie geschmolzene Butter mitgebracht, die sie nun in die Tonschalen gossen. Ein wertvolles Nahrungsmittel wie Butter nicht selbst zu essen, sondern den Göttern anzubieten, zeige, daß man bereit sei, zuerst die Götter zu speisen und dann erst an sich zu denken, erklärte Jamling.

Die viereckige Terrasse wurde von der verschütteten Butter ganz glitschig, und die Lampen entzündeten sich nur mühsam. Als die letzte Lampe brannte, stieg das ganze Expeditionsteam die schmalen Treppen zum Dach eines benachbarten Gebäudes hinauf. Alle umarmten einander und filmten die goldenen Lichter, die ihnen ein Gefühl der Ruhe, des Glücks, der Wärme und des Gleichmuts gaben, ja fast sogar das Empfinden, den Göttern nahe zu sein.

Unterhalb des Stupa blinkten die Lichter der landenden Flugzeuge der Venus zu, die ruhig über dem Sonnenuntergang am Himmel stand.

Schon beim geringsten Luftzug lassen die Lampen sich nicht entzünden, oder er bläst sie aus. Zwei Abende vorher hatten Steve und David den Stupa erkundet, und jedesmal wiesen die Aufseher darauf hin, für eine Butterlampen-Zeremonie sei es zu windig.

Ehe die Gruppe sich auf dem Hausdach versammelte, ging eine buddhistische Nonne mit breitem Lächeln auf Jamling zu. Sie neigte leicht den Kopf, zum Zeichen des Dankes, und sagte, es wäre ein gutes Omen, daß der Wind nun aufhörte, obwohl es am Nachmittag noch recht windig war. Die Götter sähen wohlgefällig auf das Geschenk Jamlings und des Expeditionsteams.

Jamling empfand die Worte der Nonne als tröstlich. Seine Frau Soyang war mit seinen Everest-Plänen nicht ganz einverstanden, und ihre Sorge blieb.

»Ich bat Soyang, mir eine einzige Everest-Besteigung zu gewähren, damit wir verpaßte Gele-

genheiten später nicht bereuten«, meinte Jamling. »Unter einer Bedingung stimmte sie zu: Ich sollte den Guru ihrer Familie, einen tibetischen Lama, um Rat fragen und ihn um ein ›mo‹, eine Wahrsagung, bitten. Der Lama Geshé Rimpoche ist für seine zutreffenden Weissagungen bekannt. Sogar die Botschaftsangehörigen in Katmandu suchen bei ihm Rat.« Jamling unterbrach sich. »Ich fürchtete, er würde mir von der Besteigung abraten.«

In dem Kloster, in dem Geshé Rimpoche lebte, stieg Jamling etliche knarrende Holztreppen hinauf. Schließlich gelangte er in einen bescheidenen Raum, der kaum Platz für einen Tisch, ein Bett und zwei oder drei Besucher bot. In kastanienbraune Brokatgewänder gehüllt, saß Rimpoche mit gekreuzten Beinen auf dem Bett. Er bedeutete Jamling, sich ebenfalls zu setzen, und rief seinen Gehilfen, der Tee bringen sollte. Dann befragte er seinen Rosenkranz. Als er von der Kette mit 108 Perlen aufsah, sprach er: »Geh nur – es wird dir gelingen, es sieht günstig aus.« Er lächelte, denn er hatte Jamlings starken Wunsch bemerkt, den Berg zu ersteigen.

Jamling bat Rimpoche noch um ein *puja*, ein Versöhnungsritual. Im Haus von Soyangs Familie, in Katmandu, führte Rimpoche die entsprechende Zeremonie durch und las im tibetanischen Almanach nach, welcher Tag für Jamlings Abreise der günstigste sei. Jamling hielt sich genau an seine Worte und wollte kein Risiko eingehen.

Am Morgen des Abreisetags übergab Geshé Rimpoche Jamling etwas Staub und geweihte Sandkörner, die er an gefährlichen Stellen verstreuen sollte – immer, wenn er unsicher oder ängstlich würde, etwa in lawinengefährdeten Bereichen oder im Khumbu-Eisbruch. Außerdem gab er Jamling ein Stoffbeutelchen mit Haar und anderen Reliquien hoher Lamas, damit er es am Gipfel niederlege. Am wichtigsten aber war

EIN BERG, VON DEM MAN TRÄUMT

das beschützende »*sung-wa*«-Amulett, das Rimpoche ihm schenkte. Es war ein Stück handgeschöpften Papiers mit astrologischen Mustern und religiösen Symbolen, exakt gefaltet und von überkreuzten bunten Fäden sauber zusammengehalten. Zum Schutz vor Schweiß und Schmutz steckte Jamling das Amulett in eine Plastikhülle und ließ es, zusammen mit einigen Tabletten für ein langes Leben, in einen gelben Brokatbeutel einnähen.

Jamling war erleichtert. Vor seiner Abreise aus Darjeeling hatte er noch den Guru seiner Familie, Chatrul Rimpoche, um Rat befragt. Der sagte ihm auch wahr. Aber Soyang gegenüber erwähnte Jamling nicht, daß diese Vorhersage beunruhigender ausfiel. »Chatrul Rimpoche riet mir nicht von dem Vorhaben ab, aber er mein-

Gebetsmühlen aus Kupfer schmücken den Swayambhunat-Tempel. Jede enthält, auf Papierstreifen geschrieben, Hunderte Gebete und Mantras. Durch ein schnelles Drehen der Mühlen würden die Bittgebete himmelwärts gesandt, sagen die Gläubigen.

te, der Everest sehe dieses Jahr etwas ungewiß aus. Daraus entnahm ich, daß er Schwierigkeiten aus den Gebetsperlen herauslas – wahrscheinlich Gefahr. Mehr sagte er nicht, nur, daß wir vorsichtig sein sollten und daß er für uns beten würde.«

Jamling war sich dessen bewußt, daß Weissagungen zwar oft zutrafen, sich aber verschieden interpretieren ließen. Am wichtigsten war daher, daß er seine reinen Absichten, die Klarheit des Ziels und die Hingabe, die Buddhisten als die »rechte Motivation« bezeichnen, auch am Berg beibehielt.

AUFBRUCH INS KHUMBU-GEBIET

Nun war die Gruppe vorbereitet – offiziell, in bezug auf den Transport, körperlich und geistig.

DER GROSSE STUPA VON BODNATH

Von Keith Dowman

Viele Jahrhunderte schon kommen unzählige buddhistische Pilger vom Hochland von Tibet und aus den Hochtälern des Himalaja, um bei dem Großen Stupa von Bodnath zu beten. Diesen Pilgern bedeutet der Stupa ein wunscherfüllendes Juwel im Herzen des Mandala, des Katmandutals. Für dessen Bewohner liegt der Ursprung des Stupa, ihres größten buddhistischen Denkmals, in den Nebeln der Vorzeit verborgen.

Reisende und Händler aus Katmandu, die den gefährlichen Weg nach Tibet antreten, holen sich hier einen Segen, bevor sie die von Räuberbanden heimgesuchten Berge überqueren. Heute

Das flackernde Licht von 25 000 Butterlampen zeichnet die eleganten Konturen des Stupa von Bodnath nach, des von Katmandus großer tibetischer Gemeinde meistverehrten Tempels. Es gehört zur Tradition, daß Gruppen, die den Everest besteigen wollen, zuerst hierher kommen und wenigstens ein paar Lampen anzünden, um die Götter mit Geschenken gnädig zu stimmen und so Erfolg und Sicherheit zu gewährleisten.

suchen buddhistische Pilger aus aller Welt den magischen Segen dieses Stupa.

Der Große Stupa ist der architektonische Ausdruck des erleuchteten Geistes der Buddhas. Seine Heiligkeit bezieht der Stupa von den in der Kuppel aufbewahrten Reliquien eines frühen historischen Buddha und eines frommen nepalesischen Königs, ebenso von den Gebeten einiger großer buddhistischer Meister aus Tibet. Gemäß der uralten Überlieferung ist dieses Denkmal »das höchste Gefäß, das den Geist vergangener, gegenwärtiger und zukünftiger Buddhas enthält; beiden, Menschen und Göttern, werden alle Wünsche erfüllt – um was sie auch bitten und welche Gebete sie auch immer dafür darbieten – und sogar die höchste Verwirklichung und geistige Macht wird ihnen zuteil ...« Tatsächlich lautet auch einer der tibetischen Namen für diesen wunderbaren Stupa »der Erhörer aller Gebete«.

Aus der Luft wirkt der Stupa selbst wie das Katmandutal, wie ein Mandala des Buddha. Seine Teile symbolisieren Aspekte des Buddhatums. Die drei geometrisch angelegten Terrassen stellen das Fundament der Meditation dar. Eine etwa einen Meter hohe runde Terrasse bildet die Basis der Kuppel.

Dieses Rund enthält 108 Nischen mit schön geformten Steingötzen vom Pantheon der Nyingma-Sekte. Die großartige Kuppel selbst hat etwa 36 Meter Durchmesser, sie versinnbildlicht den leeren Schoß, in dem alles seinen Anfang nimmt. Sie ist dick mit Tünche bestrichen und darüber mit einer doppelten Lotusblüte – großen Halbkreisen aus safrangefärbtem Wasser – als Schmuck bemalt.

Die viereckige Steinumzäunung auf der halbkugelförmigen Kuppel ist gegen den östlichen Punkt des nördlichsten Mondaufgangs gerichtet und trägt an jeder Seite das allsehende Auge des Wächters Buddha. Die 13 vergoldeten Stufen des Turmes bedeuten die zehn Ebenen des Mitleids und die drei Ebenen des tantrischen Bewußtseins auf dem Weg zum Buddhatum. Der Schirm zeigt die unumschränkte Heiligkeit des Geistes Buddhas an, und das krönende Juwel sein Vermögen, Wünsche zu erfüllen.

Die meisten Pilger gehen um den Stupa herum und murmeln dabei die Beschwörungsformeln des Tantrismus. Manche werfen sich aber auch zu Boden und vollführen den Rundgang so durch die Länge ihres ausgestreckten Körpers. Viele entzünden Butterlampen, »um das Dunkel der Unwissenheit zu erhellen«. An günstigen Tagen ist der ganze Stupa von 108 000 Butterlampen beleuchtet, um die Buddhas anzuflehen, eine bestimmte Bitte zu erhören.

Unabhängig von ihrer Art der Anbetung beschließen die meisten himalajischen Pilger darauf den Tag in einem der Teehäuser in der Nähe des allsehenden Stupa. Dieser Stupa richtet nicht und sieht keinen Gegensatz zwischen Frömmigkeit und sinnlichem Genuß.

Keith Dowman ist buddhistischer Gelehrter und lebt in Katmandu.

Nur wenige Kleinigkeiten fehlten noch: ein selbstgebastelter Rahmen für Rogers Sonnensegel, Postkarten zu unterschreiben, Dollars gegen Säcke voll Rupien zum Bezahlen der Träger und Yaktreiber einzutauschen. Wenigstens würden sie keine schweren Körbe voll Münzen mitnehmen müssen wie Charles Houston und seine Gruppe, die das Khumbu-Gebiet 1950 als erste Fremde betraten. Seit damals haben die Sherpas ihr Mißtrauen gegenüber Papiergeld längst überwunden, jetzt nehmen sie sogar schon Reiseschecks an.

Am 20. Mai versammelte sich die Gruppe am Flughafen von Katmandu. Die Teilnehmer kletterten in das Ungetüm von einem Helikopter – einen russischen Mi-17-Hubschrauber, Relikt aus dem afghanischen Krieg – und quetschten sich auf heruntergeklappten Sitzbänken entlang der Fenster zusammen. Als die Mi-17 lautstark abhob, gingen die Geräusche der Rotorblätter fast im Singsang und den »Hoppla!«-Rufen der Gruppe unter. Skeptisch schüttelte Jangbu, Hochträger und rechte Hand von Wongchu, den Kopf: »Er vibriert viel zu stark.«

Die Gruppe erfuhr, daß die Hubschrauber in der ehemaligen Sowjetunion jahrelang als Lufttaxis eingesetzt waren. Als die sausenden Rotorblätter an den Gesichtern vorbeiwischten, sah Araceli sich nervös um. »Wie viele Jahre?« schien ihr ängstlicher Blick zu fragen. Sie sah, daß die Aufziehleine eines Fallschirms zur Tür führte. Die Stoffbahn am anderen Leinenende war so abgenutzt, daß sie von dem offenbar jahrzehntelangen Gebrauch schon glänzte.

Der Hubschrauber überflog das Ende der Rollbahn, und sein Schatten hüpfte über die Reisähren. Er drehte nach links, gegen Osten, in Richtung der Landebahn von Lukla in der Region Solu-Khumbu im nördlichen Khumbu. Über dem diffusen Nebel, der das Tal bedeckte, tauchte der Himalaja auf. Seine Bergspitzen stießen förmlich in den marineblauen Himmel hinein, als würden sie durch die aufeinanderprallenden Landmassen Indiens und Eurasiens emporgeschleudert. Ähnlich dem Gleichgewicht von Gebirgsbildung und Abtragung im Himalaja hatten die starken Hubkräfte des Helikopters Mühe, den unbarmherzigen Zug der Schwerkraft zu überwinden.

Weil das Innere des Hubschraubers nicht druckfest war, flogen die Piloten tief genug, um den stürmischen Winden zu entgehen, die durch das zerfurchte Himalaja-Vorgebirge himmelwärts gelenkt wurden. Der Hubschrauber blieb auf einer Höhe um 3300 Meter, also kaum höher als sein Zielort. Er flog am 7145 Meter hohen Gaurisankar vorüber. Dieser heilige Berg ist zwar erstiegen, aber die Hindus sagen, daß Schiwa, der Gott der Zerstörung, zuoberst auf seinem schroffen Gipfel thront. Am nordöstlichen Horizont tauchte die Chomolungma auf – allgemein mit »Muttergöttin der Welt« oder »Jungfrau des Windes« übersetzt und Nepals Einwohnern als »Sagarmatha« bekannt. Er zählt zu den von den buddhistischen Sherpas meistverehrten Bergen. Aus dieser Entfernung nahm er sich klein aus, aber deutlich war eine weiße Schneefahne zu erkennen, die wie eine weiße Glücksschärpe, *kata*, vom Gipfel wehte. Der Everest! Jangbu meinte, ihm sei nicht klar, warum man einen so heiligen und majestätischen Berg wie die Chomolungma nach einem Menschen benennen wollte.

Tänzer mit Masken spiegeln die kulturelle Vielfalt in Katmandu wider. Feste kennzeichnen die Jahreszeiten und den gesamten Jahreslauf.

EIN BERG, VON DEM MAN TRÄUMT

Im Tal des Dudh Kosi (des »Milchflusses« – wegen seines durch feinstes Schuttmaterial vom Gletscher milchigtrüben Wassers) wandte sich der Hubschrauber nach Norden und folgte der Trekkingroute zum Everest nach Lukla. Von oben sah die Landebahn viel steiler aus als die acht Grad Neigung, die viele Piloten abschreckt. Sie endet direkt an einer senkrechten Felswand, und wenn Flugzeugpiloten über das Ziel hinausschießen, schließen sie mit dem Himalaja unmittelbare Bekanntschaft.

In Lukla landete 1964 erstmals ein Flugzeug, gesteuert von Emil Wick. David und andere ältere Bergsteiger erzählen immer noch von diesem legendären Schweizer Piloten, den die Firma Pilatus Porter in Nepal eingesetzt hatte, um ihr Hochleistungsflugzeug hier zu fliegen und zu warten. Einmal flog Wick über 9700 Meter hoch, direkt über dem Everest, weit über die berechnete Höchstgrenze der Maschine hinaus – und ein Passagier öffnete die Türe, um zu filmen. Diese Höhe sei nur durch Auffinden und Ausnützen der das Western Cwm bis zum Südsattel hinaufziehenden Aufwinde möglich gewesen, meinte Wick. Und nachdem das Flugzeug fast im freien Fall 6000 Meter tiefer sackte, tauchte Wick plötzlich beim Kloster Tengboche auf – unterhalb dessen Kuppeldach. Er wandte sich den teils begeisterten, teils entsetzten Insassen zu und sagte ruhig: »Mal sehen, ob ich diesmal ein paar Gebetsmühlen zum Drehen bringe.« Dann kippte er die Maschine plötzlich und stellte die Tragflächen senkrecht, um nicht die Spitzen zweier hoher Masten mit Gebetsfahnen abzuschneiden. Die Menschen am Boden flohen schutzsuchend.

Vor einigen Jahren wurde der Kolbenmotor des Flugzeugs durch einen von einer Abgasturbine ange-

triebenen Motor ersetzt – für Emil ein zweifelhafter Segen, denn turbinenbetriebene Flugzeuge darf man nicht mit der Unterseite nach oben fliegen.

Auf unsicheren Beinen kletterte die Gruppe aus dem monströsen russischen Hubschrauber. In Lukla, auf etwa 2800 Meter Höhe, war die Luft kühl und auffallend dünner. Der Duft von Wacholderfeuern, aber auch von Yak-Kot und Hubschrauberabgasen umspülte sie. Nur kurz wehte eine leichte Brise nasekitzelnder Gletscherluft von Khumbu und Tibet herüber. Es roch nach Everest.

Wenige Augenblicke später warnte eine Sirene die Neugierigen und die Tiere auf der Landebahn, und unter einer für die Sherpas prachtvollen Staubwolke – einem wundervollen Zeichen des Fortschritts – hob die Mi-17 ab.

Die Landebahn entstand im Jahr 1964. Sie sollte Anlaufstation für Baumaterial zur Errichtung von Schulen, für die medizinische Versorgung und für das 1966 von Edmund Hillarys »Himalayan Trust« erbaute Krankenhaus in Khunde sein.

Dadurch wurde eine vierzehntägige Wanderung plötzlich auf einen vierzigminütigen Flug verringert. Heute säumen einen halben Kilometer lang Unterkünfte und Geschäfte den Hauptweg aus der Stadt. Verständlicherweise setzen die Bewohner von Lukla sich gemeinsam dafür ein, daß der wachsende Reiseverkehr mit russischen Hubschraubern zum Landeplatz von Syangboche und nach Norden nicht weiter zunimmt. Syangboche liegt näher am Everest, und Trekker können Lukla nun überspringen.

FOLGENDE SEITEN:

Katmandus allgegenwärtige Märkte, diese pulsierenden Schnittpunkte von Farben und Kulturen, versprechen endlose Gelegenheiten – nicht nur beim Einkauf, sondern vor allem in bezug auf das Sehen und Gesehenwerden.

ENDLICH AUF DEM WEG
Ed, Jamling und Jangbu beaufsichtigten das Beladen der »*zopkios*«,

EVEREST: GIPFEL OHNE GNADE

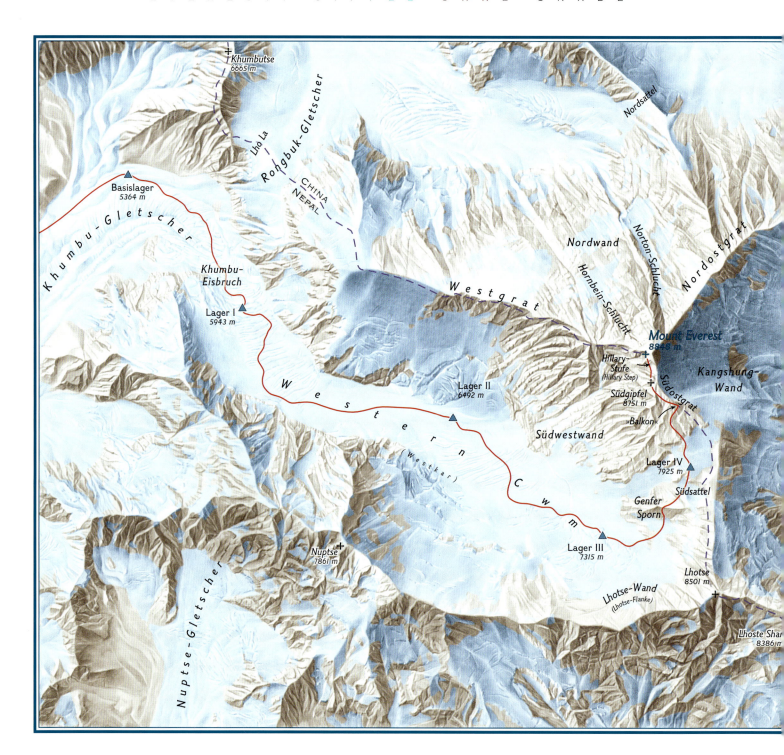

VON KATMANDU ZUR CHOMOLUNGMA

Das »Everest«-Filmteam zog einen vierzigminütigen Flug einem zweiwöchigen Fußmarsch vor und ließ sich mit dem Hubschrauber von Nepals Hauptstadt in das Dorf Lukla im Tal des Dudh Kosi bringen. Von dort beförderten Lasttiere die Ausrüstung und Lebensmittel bis zum Dorf Lobuche, dann übernahmen Träger das Expeditionsgut bis zum Basislager am Fuß des Khumbu-Eisbruchs.

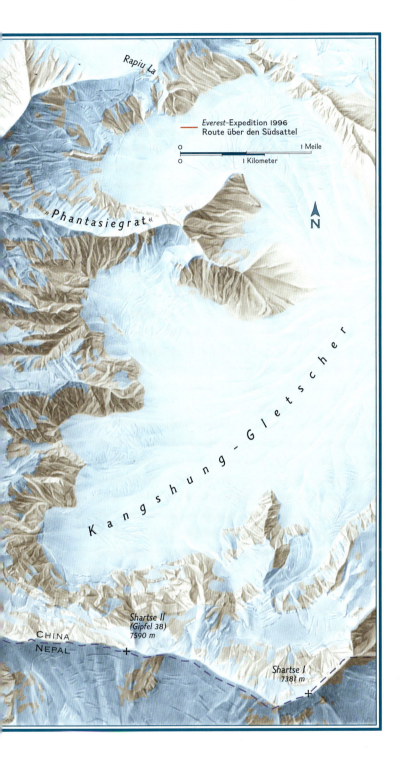

einer Kreuzung von Yak und Rind. Diese Tiere ertragen das Befördern von Lasten unterhalb 3600 Meter Höhe besser als Yaks. Langsam bewegte sich die Gruppe aus dem Ort hinaus und das Tal des Dudh Kosi aufwärts. Smaragdgrüne Felder mit jungem Weizen und die hellgelben Blüten des Senfs leuchteten entlang des Weges. Träger aus dem Tiefland hockten neben übergroßen Lasten, die Haut ihrer Füße sah aus wie Elefantenhaut, die Schwielen waren so dick wie Turnschuhsohlen. Aus den Wohnhäusern und Teehäusern auf den Terrassen am Weg winkten den Sherpas überall Großmütter mit Babys als Einladung, Tee zu trinken.

Am Fluß flogen Rotschwänze über die Steine, auf einem Stein stand eine Wasseramsel und vollführte ihre geheimnisvollen tiefen Knickse, vielleicht um die Beute unter Wasser besser erkennen zu können. Blau-schwarz gefiederte Grandala-Männchen hüpften auf den über den Fluß hängenden Kiefernästen herum. Auf Kartoffelfeldern in den Lichtungen des Kiefernwalds suchten auffällig schwarz-weiß-gestreifte Wiedehopfe nach Futter.

Durch das milde Klima fühlte Audrey sich in einen englischen Garten auf dem Land versetzt. Und sie verweilte zwischen den Primeln und den kleinen Enzianen, die den Weg säumten. Gelbblühendes Fingerkraut lugte aus Rissen im Weg, und blaue Schmetterlinge tanzten im Kreis. Als der Wald dem nächsten Dorf wich, tauchten mehrere Rhododendronarten auf, dazu weißblühende Magnolien und mit beginnender rosa Blüte die Himalaja-Kirsche.

Die Gruppe wanderte nordwärts nach Phakding weiter. Diese kleine Gemeinde erstreckt sich zu beiden Seiten des Dudh Kosi, die durch eine wackelige Brücke miteinander verbunden sind. An den grauen Flußufern ließ sich erkennen, daß eine große Überschwemmung das Ackerland des Talbodens kürzlich ausgespült hatte.

EVEREST: GIPFEL OHNE GNADE

SAND UND SCHUTT DES HIMALAJA

Roger hatte seine Augen nur am Boden und an den Felsen. Die Felsen lieferten Beweise für den großen Zusammenprall der Kontinente, der, so betonte er, noch im Gange sei.

Vor etwa 50 Millionen Jahren rammte die indische Kontinentalplatte den eurasischen Kontinent und drang so teilweise in ihn ein. Durch den daraus folgenden Druck und die Hebung – und das von der indischen Kontinentalplatte abgeschürfte Material – entstand einer der Gründe, warum Roger und die Expedition hier waren: der Himalaja.

»Der bemerkenswerteste Prozeß, der hier abläuft, ist aber nicht das Wachsen der Berge, sondern ihre Abtragung«, erläutert Roger. »Betrachtet man mehrere nebeneinanderliegende Gipfel gleichzeitig, sieht man eigentlich das nicht vorhandene Material zwischen ihnen.«

Die Flüsse tragen die Berge in Form von Lösungen (chemisch gelöstem Fels), von zu kleinen Partikeln zerfallenem Fels (feinstem, schlammartigem Schuttmaterial und Sand) und in Form von Geschiebe (Geröll, das der Fluß in seinem Bett mitführt) ab. »Die Zunahme an Sedimenten in Staubecken gibt uns über die Menge an abgetragenem Gestein Auskunft«, erklärt Roger. »Aber dies ist nur ein ungefähres Maß. Denn wir glauben, daß die stärkste Erosion während sehr heftiger Regenfälle stattfindet, die in einem Jahrhundert vielleicht nur einmal auftreten – wahrscheinlich gerade dann, wenn wir nicht messen.

In den meisten Flußbetten in Nepal beträgt die Erosionsrate etwa 2 Millimeter im Jahr. Im

Die baumlosen Bergrücken des südlichen Himalaja umschließen ein von der Natur ausgehöhltes und vom Menschen in Terrassen gestuftes Land, das – durch monsunbedingte Erosion sowie tektonisch verursachte Hebung und Erdbeben – nie zur Ruhe kommt.

EIN BERG, VON DEM MAN TRÄUMT

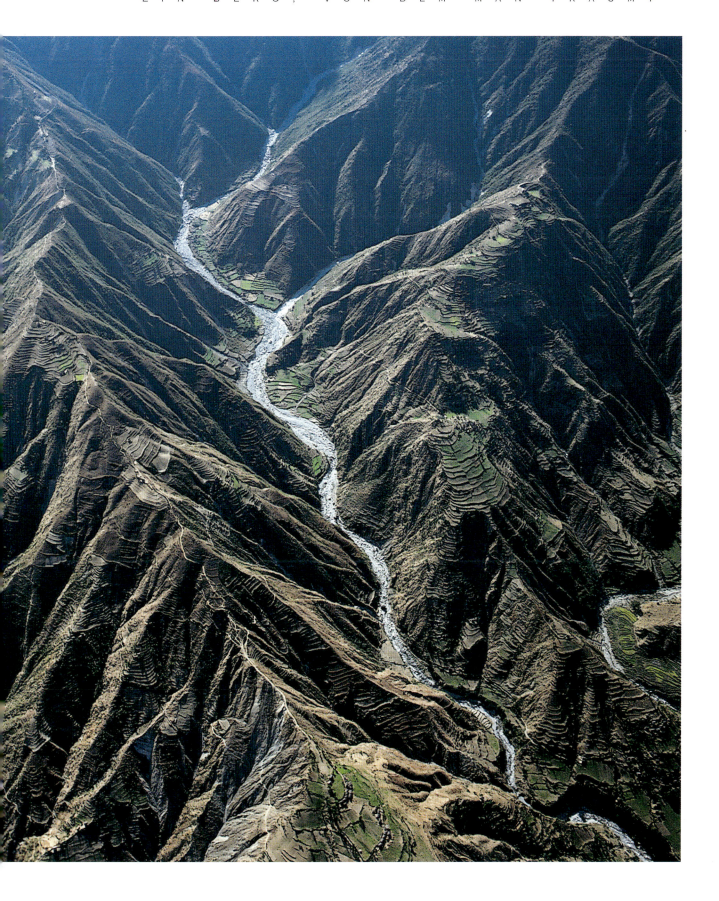

DIE GROSSE ÜBERSCHWEMMUNG IM LANGMOCHE-TAL

Nahe einer Rasthütte von Phakding zeigen sich die Erosionskraft von Bächen und Flüssen und die Unruhe eines dauernd bewegten Landstrichs besonders eindrucksvoll.

Brian Carson widmete dem Studium der Erdbewegungen im Himalaja viele Jahre seines Lebens. Als Ergebnis faßt er folgende Kräfte zusammen, die den Himalaja förmlich »auffressen«: »übersteile Hänge, Art der Gesteine, Wind und Wetter, Erosion durch die Regengüsse und das fließende Wasser, Typus und Zustand des Waldes, Landnutzung. Alle diese Faktoren tragen zur Erosion und Abtragung (durch Massenbewegungen, Fels- und Bergstürze, Rutschungen, Eintiefung und Aufschüttungen der Flüsse) bei. Dazu kommt eine weitere Kategorie der Erosion, die wir ›Massenverschwendung‹ nennen – Felsstürze, Erdrutsche, Eintiefungen und ähnliches.«

Im Jahr 1985, zur Zeit des Monsuns, verlegte ein einziges Ereignis an einem Tag fast schlagartig Flußbettbereiche des Bhote Kosi und des Dudh Kosi, die das Khumbu-Gebiet entwässern. Im Langmoche-Tal, einem Seitental des Bhote Kosi, hatte sich innerhalb des Moränenkranzes durch das Abschmelzen und Zurückgehen des Gletschers ein etwa 1 qkm großer Gletschersee entwickelt, der zunächst von diesen Moränenwällen abgedämmt wurde. Durch eine Naturkatastrophe brach der See aus. Der Sturz einer riesigen Eislawine von einem Hängegletscher in den See verursachte starke Wellen, die zum Überlaufen des Sees führten. Die überschwappenden Wassermassen rissen Gestein aus dem Damm, so daß dieser brach (wie die Geologen und Geographen Vuichard und Zimmermann feststellten). Innerhalb weniger Stunden flossen etwa fünf Millionen Kubikmeter Wasser ab. Der Fluß erreichte dadurch schnell eine geschätzte Spitzenwasserführung von 1600 Kubikmeter pro Sekunde (gegenüber einem normalen Abfluß im Winter von etwa 2 und während des Monsuns von etwa 30 Kubikmeter pro Sekunde).

Unglaubliche Schuttmassen wurden zu Tal geschwemmt und aus den Flußufern ausgeschürft. Ein im Bau befindliches Wasserkraftwerk wurde beschädigt und mußte aufgegeben werden. Starke Erdrutsche setzten ein, viele Häuser und 16 Brücken wurden weggerissen. Die Bewegung der Wassermassen und des Gerölls ließ die Fensterscheiben im 2000 Meter über dem Fluß gelegenen Namche-Basar klirren, und Wolken von Wasserdampf und Gesteinsstaub drangen hinauf. Manche Wege mußten um die vom Fluß zerstörten Abschnitte herum neu angelegt werden.

Der (weltweite) Rückgang der Gletscher während der vergangenen fünfzig Jahre ließ ähnliche Gletscherseen entstehen oder vergrößerte die schon vorhandenen. Im Khumbu sind drei weitere Seen ausbruchsgefährdet, die alle näher am Everest liegen als jener im Langmoche-Tal, darunter auch der große Imja-Gletschersee. Er entstand in den sechziger Jahren und umfaßt nun 30 Millionen Kubikmeter Wasser, sechsmal soviel wie der See von Langmoche.

Die Gottheiten des Himalaja zeigen sich in manch wohltätiger Erscheinungsform, sie können aber auch grimmig und zerstörerisch sein. So wie der Regen und der Schnee, den sie senden, für fruchtbare Felder sorgen – aber auch verheerende Überschwemmungen und Erdrutsche mit sich bringen können.

Vernichtende Wasser- und Gesteinsmassen überschwemmten das Langmoche-Tal im Himalaja.

Vorgebirge registrierten wir Hebungsraten von 3 Millimetern im Jahr und im Hochgebirge 5 bis 8 Millimeter pro Jahr, doch sind diese Werte sehr ortsspezifisch.«

Durch Plattenverschiebungen und Korrekturen von Erdfehlern kann es bei einem starken Erdbeben im Himalaja zu einer schnellen Gebirgshebung kommen, die eine drei Jahrhunderte lange Abtragungsphase plötzlich ins Gegenteil verkehrt.

ES GEHT WEITER

Von Pharak führte der Weg weiter nach Khumbu, in jenes Gebiet, das seit 1976 den Sagarmatha-Nationalpark begrenzt. Die Trichterform des Khumbu gestattet vom Tal aus nur einen einzigen Zugang, und zwar beim offiziellen Eingang des Nationalparks bei Monjo. Sonst kommt man nur noch über hinterhältig vereiste, mehr als 5400 Meter hohe Pässe hierher. Die Hütte am Eingang zum Nationalpark liegt an dessen tiefstem Punkt, auf 2800 Meter, am Dudh Kosi.

Nun steigt der Weg ständig. Mit gleichmäßigen, wiegenden Bewegungen steuerten Bergsteiger und Tragtiere auf das 600 Meter höher gelegene Namche-Basar zu. An manchen Stellen des steilen, im Zickzack angelegten Weges bricht der schmale Pfad plötzlich 300 Meter oder mehr in die Tiefe ab. »Da habe ich meine erste Lektion im Trekking gelernt: Stell dich nie zwischen ein Yak und einen Abgrund.«

Das über 3400 Meter gelegene Namche-Basar thront auf einer Terrasse hoch über dem Fluß, der sie schuf, und liegt im Schatten des nahen 6187 Meter hohen Kwangde-Gipfels. Gemeinsam mit Jeff Lowe erkletterte Breashears 1982 eine schwierige neue Route in der Kwangde-Nordwand im alpinen

NÄCHSTE SEITEN:

Das nordwestlich von Namche-Basar liegende idyllische Bergdorf Khumjung diente dem »Everest«-Filmteam als »Durchgangslager«. Hier wurden die Lasten von den Zopkios auf die an größere Höhen besser angepaßten Yaks umgeladen.

Stil – sie gilt als eine der bisher schwierigsten technischen Klettereien im gesamten Himalaja.

Namche-Basar ist der Hauptort des Khumbu, ein Marktflecken mit hundert Häusern und zahlreichen Lodges – manche davon vier Stockwerke hoch, oft mit einem Restaurant, das eine Rundsicht von 360 Grad bietet. Hier findet man eine Bank, Bürogebäude, Geschäfte und eine mit Hilfe der American Himalayan Foundation errichtete Zahnklinik. Zwei junge im Westen ausgebildete Sherpas sind nun festangestellt und versorgen die Bewohner und Regierungsbeamten in Khumbu mit Zahnfüllungen und anderen Zahntechniken.

Namches betriebsamer Samstagsmarkt liefert reichliche Beispiele für freies Unternehmertum. Säcke voll Getreide und Bambuskörbe mit Gemüse und Mandarinen säumen die Terrassen am Stadtrand, und bei jedem Korb steht sein Besitzer.

In den Geschäften wird soviel übriggebliebener Expeditionsproviant angeboten, daß man eine Luxusexpedition damit versorgen könnte. Ein Sherpa-Koch verschenkte fast eine Kiste mit großen Glasflaschen voll Kaviar aus dem Schwarzen Meer, die er von einer absteigenden sowjetischen Gruppe »geerbt« hatte. »Fischlaich!« spottete er.

Auf dem steilen Weg, der von Namche nach Khumjung hinaufführt, fand die Gruppe sich von einem Schwarm Schneetauben umschwirrt. Sie bewohnen die Täler und Grate, und in einer unübersichtlichen Kurve überraschten sie die Gruppe mit ihrem plötzlichen »Wusch!«. Mit einer Kehrtwendung verschwanden sie für einen Augenblick, um gleich wieder aufzutauchen, aber diesmal flogen sie in die Gegenrichtung, ihren vorauseilenden Schatten nach.

ZWEITES KAPITEL

MIT DER YAK-KOLONNE ZUM BASISLAGER

»Miyolangsangma, Herrin des gewaltigen, ewigen Schnees,
vollende all die Werke, die wir dir anvertraut haben!«

AUS DEN VERKÜRZTEN GEBETEN ZU DEN HIESIGEN GÖTTERN,
INS ENGLISCHE ÜBERTRAGEN VON TRULSHIG RIMPOCHE UND RICHARD J. KOHN

Die Berge, die Khumbu einschließen, sind so unübersichtlich hoch, und die Wege sind so uneben, daß man an den Steinen, die den Weg einfassen – Felsgestein, das durch Fußmärsche im Laufe der Jahrhunderte sanfte, runde Formen bekam –, leicht das Gleichgewicht verliert. ¶ Bei seinem ersten Besuch in Khumbu wunderte sich Roger Bilham über die Kräfte, die das geschaffen hatten, was er als »dieses riesige Museum metamorpher Gesteinskunde« bezeichnete. Er nahm sein Notizbuch heraus und katalogisierte die geologischen Reichtümer Khumbus: »... härtere Kristalle treten aus ihrer Matrix aus Quarz und Plagioklat hervor ... schwarze Epidotnadeln, leuchtende Granatsphären und sechseckige Barren blauen Berylls ...« ¶

Ein Sherpa-Junge sammelt Zweige von in der Höhe recht kümmerlichem Wacholder, um ihn als Weihrauch anzuzünden –
ein tägliches Ritual der Frommen.

Über dem Start- und Landestreifen von Syangboche legte das Team an einer großen gewölbten Stupa, von Sherpas und Tibetern als *chorten* (Opferbehälter) bezeichnet, eine Pause ein.

David Breashears schaute nach oben zu den gemalten Augen des Buddhas Ratnasambhava und folgte dessen Blick in Richtung Süden, wo Reihen von bläulichen Gebirgskämmen sich im dunstigen weißen Himmel über der indischen Gangetic-Ebene verloren.

»Mit all dem Rauch von der Industrie und den Kochstellen in Indien hätten die Landvermesser beim Großen Survey heute verdammt wenig Zeit, klare Sicht auf den Himalaja zu bekommen«, bemerkte David. Der Dunst war auf den Süden begrenzt, aber als er ein Jahr früher in Khumbu Testfilme aufnahm, drohte eine Wolkendecke sogar die Pracht des Mount Everest einzuhüllen.

Das Team ging 20 Minuten in Richtung Norden zum Dorf Khumjung, das aus 100 Häusern besteht, die im Schatten des Khumbila – einem dürren, 5760 Meter hohen Gipfel, der Khumbus heiligen Schutzgott verkörpert – eingebettet sind. Sie erreichten die Stadt durch den *kani*, einen überdachten steinernen Eingangsweg. Die meditierenden und schwebenden Gottheiten, die auf seinen Deckentafeln dargestellt sind, sollen böse Geister, die den Eintretenden möglicherweise folgen, abschrecken – und die Besucher symbolisch in die Heiligkeit der Umgebung einführen.

GASTFREUNDSCHAFT IN KHUMJUNG

Die Gruppe kam im Haus von Davids alten Freunden Nima Tenzing und dessen Frau Pema Chamji an, wo sie für einige Nächte bleiben würde. Nima war Küchenjunge einer Trekking-

VORHERGEHENDE SEITEN:
Jeder Yak, der in Richtung Basislager unterwegs ist und dabei die vielen Fußgängerbrücken des Khumbu überquert, trägt traditionell 33 Kilogramm schwere Pakete mit Ausrüstung und Vorrat. Das »Everest«-Team benötigte mehr als 200 Tiere für seine Expedition – und es war nur eine der 30 Bergsteigergruppen, die den Everest 1996 zu bezwingen versuchten.

Gesellschaft gewesen, als ihn David 1979 zum erstenmal traf, und später arbeitete er als Koch und Sirdar mit David auf dem Kwangde und auf dem Everest.

Ein Abschnitt der Steinmauer, die ein brachliegendes Kartoffelfeld umschloß, war abgetragen worden, um die *zopkios* hineinzulassen, die hier entladen und eingepfercht wurden. Pema Chamji lehnte sich aus einem Fenster im zweiten Stock und lächelte; eine Brise verursachte eine nette Welle im Stoffvolant, der über ihr am Fenstersturz befestigt war. Sie drängte jeden, nach oben zum »Tee« zu kommen, was am Spätnachmittag allerdings ein Euphemismus für *chang*, trübes Reis- oder Gerstenbier, ist.

Kurz nachdem das Team sich eingerichtet hatte, ging ein Walkie-talkie kaputt, der erste Defekt in der elektronischen Ausrüstung. Roger wollte sich entschuldigen und vergrub sich unverzüglich in die »Alligatoren-Klammern«, Voltmeter und das tragbare Oszilloskop, das er mit sich führte. Aber Gastfreundschaft kann in einem Sherpa-Haus nicht abgelehnt werden, und Pema Chamji unterbrach ihn mit einer Schale des nahrhaften *chang*. Eine Sherpa-Tradition schreibt vor, daß jede Tasse mindestens zweimal nachgefüllt werden muß. Roger gab nach.

Er reparierte das Funkgerät gerade rechtzeitig für einen Nachmittagsausflug, um den nahen GPS-Aussichtspunkt zu inspizieren, der in früheren Jahren von seinem Forschungsteam ausgemessen worden war. Als er zurückkam, lenkte ihn die Anzahl der Jahresringe im Feuerholz ab, das vor dem Haus von Nima und Pema Chamji aufgeschichtet war. Das älteste Holz war etwa 120 Jahre alter, im Wind verkümmerter Höhenwacholder. Roger hatte ähnliche Bäume, die etwa 1300 Jahre alt waren, im Karakorum gefunden.

»Alte Bäume können uns über frühere Wetterveränderungen im Himalaja berichten«, erklärte Roger. »Nasse Jahre produzieren mehr Wachstum und somit dickere Ringe. Gelegentlich erzählen die Ringe auch von Erdbeben: Ein Beben kann Hangbewegungen auslösen, die die Symmetrie des aktuellen Jahresrings verändern.«

Das Herz von Nimas und Pema Chamjis Haus ist der Brennholzherd, den sie fürs Kochen der Mahlzeiten, für die Destillation von Alkohol, fürs Wärmen des Haferschleims für das Vieh sowie für – begrenztes – Heizen verwenden. Fleisch, Milch und Nahrungsmittel werden nicht im Feuer verbrannt – aus Angst, damit die hiesigen Götter, Khumbus Schutzgötter und insbesondere Me Lha, die Gottheit, die im Feuer wohnt, zu verärgern. Schornsteine sind vor kurzem eingeführt worden, gewöhnlich dringt jedoch der Rauch durch die Zimmerdecken und Fenster nach draußen und hinterläßt einen schwarzen, glänzenden Harzbelag, der die Dauerhaftigkeit des kargen Bauholzes und der Dachschindeln enorm verlängert.

Das große Wohnzimmer diente als Gemeinschaftsschlafzimmer für die Expedition, und es füllte sich alsbald mit nasser Kleidung und der Kameraausrüstung. Nimas eigene Yaks und Zopkios waren direkt unter ihnen untergebracht, denn die Sherpas sagen, daß die Körper der Tiere den Boden darüber etwas erwärmen.

Die Journalistin Liesl Clark hatte sich der Gruppe angeschlossen. Sie berichtete für *NOVA Online* von der Expedition und hatte bereits damit begonnen, Neuigkeiten und wissenschaftliche Erörterungen zu sammeln, um sie via Satellit zu versenden. Sie öffnete das Fenster und installierte das Telefon daneben.

Khumjung hatte erst ein paar Monate zuvor Elektrizität bekommen, durch Untergrundkabel, und viele Bewohner kochten nun mit elektrischen Kochplatten, Reisdämpfern und Mikrowellenherden, um wertvolles Brennholz zu sparen. Für die Expedition würde das Team Holz, getrockneten Yakdung, Elektrizität, Kerosin und Propangas zum Kochen der unzähligen Mahlzeiten verwenden.

Mit buddhistischen Mantras beschriftete Mani-Steine tauchen an allen Wegen durch Khumbu auf. Ihre Größe reicht von Kieselsteinen bis zu großen Geröllblöcken von neun bis zwölf Metern Durchmesser.

SEITEN 70 – 71:
Ältere Sherpas aus dem Dorf von Namche-Basar zelebrieren einen Teil des alljährlichen Dumje-Festes: Sie verteilen mit den Händen tsampa – Gerstenmehl – in einem heiligen Vorgebirge, von dem sie glauben, daß es über Khumbu wacht.

DER GLAUBE DER SHERPAS

Jeden Morgen verrichten Nima und Pema Chamji eine traditionelle religiöse Handlung. Auf einer Felsplattform im Freien verbrennen sie einen kleinen Wacholderzweig als Reinigungsopfer. Dann füllen sie auf ihrem Altar in der Hauskapelle sieben Opferschalen mit frischem Wasser – ein Pfand ihrer Verpflichtung, dereinst Buddha gleich zu werden. Da die Gläubigen alle Bindung zu ihren dargebrachten Opfern aufgeben müssen, eignet sich Wasser ideal: Es hat keinen wirklichen Wert und kann freiwillig gegeben werden. Nach Pema Chamjis Worten ist es am besten, wenn Sternenlicht auf die Wasserschalen geschienen hat, bevor sie erneut gefüllt werden.

Die beiden knien dreimal vor dem Altar nieder, als Zeichen des

Respekts und der Aufgabe allen Stolzes. Dann tauchen sie die unversehrte Spitze eines Wacholderzweigs in eine Urne heiligen Wassers und lassen sie dreimal in Richtung Altar hochschnellen. Jamling ging ebenfalls in ihre Kapelle zum Beten, und jeden Morgen in Khumjung warf er sich nieder und sagte Mantras auf, gebetsähnliche Anrufungen, die Verdienste, Achtsamkeit und Glück bringen. Die Wände der Kapelle sind mit leuchtenden, kunstvollen Malereien, die Gottheiten und Halbgötter, heilige Plätze und das Höllenreich zeigen, geschmückt und stellen einen Ausschnitt aus der Karte des buddhistischen Kosmos dar. Von der westlichen Wand schaute die Göttin Miyolangsangma, die auf dem Everest residiert, mit stiller Gnade auf Jamling herunter. Sie reitet bequem auf einem weiblichen Tiger und hält in ihrer rechten Hand Nahrungsmittel, die für Glück stehen; in ihrer linken Hand hält sie eine *nyuli*, einen Mungo, der unaufhörlich wertvolle Edelsteine spuckt, die Gesundheit verleihen. Dies ist die Göttin, die Jamlings Vater angebetet hatte, die Göttin, die ihm 1953 Zugang zu ihrem heiligen Gipfel gewährte.

Im Gegensatz zu Miyolangsangmas Ruhe pulsieren die Bilder um sie herum von drohenden, wilden Dämonen, die den Menschen immer vom Weg des Bewußtseins und der Frömmigkeit abbringen wollen. Jamling stand in stiller, gelassener Andacht davor.

VORHERGEHENDE SEITEN:
Steinerne Einzäunungen und Häuser stehen auf dem Grundbesitz eines Sherpas nahe dem Dorf Thame an der Salzhandelsstraße, die einst zwischen Tibet, Nepal und Indien gedieh.

UNTEN:
Jamling bringt dem vorsitzenden Mönch im Tengboche-Kloster Opfer dar.

RECHTS GEGENÜBER:
Gesegnete Schals umhüllen Tengboches neu aufgenommene Mönche.

Das Tengboche-Kloster, das dreimal aufgebaut und zweimal zerstört wurde – zuerst durch ein Erdbeben, dann durch Feuer –, liegt etwa in der Mitte zwischen der Start- und Landebahn von Lukla und dem Everest-Basislager. Rechts: Seine 35 Mönche beten, singen, lesen und spielen auf zeremoniellen Hörnern.

DER YETI

Am Morgen des 24. März brach das Team nach Tengboche auf. Auf dem Weg zum Knotenpunkt der Flüsse Phunki Drangka und Imja Khola erspähte David eine kleine Schar von Glanz-Fasanen, den schillernden Nationalvögeln Nepals. Jamling wies auf einen Lämmer- oder Bartgeier direkt über ihnen hin, der in der Nähe des Weges ohne Anstrengung auf seinen Flügeln mit 2,75 Meter Spannweite nach oben glitt. Dann wies er Sumiyo an, noch viel weiter nach oben zu schauen: Eine V-Formation von Indischen Wildgänsen zog über den Himalaja und flog so hoch über sie hinweg, daß sie fast bewegungslos erschien.

Araceli fragte sich laut, ob sie wohl einen Yeti sehen würden, einen abscheulichen Schneemenschen des Himalaja. 1974 begegnete Lhakpa Drolma, eine Sherpa-Frau aus Khumjung, einem Yeti, als sie in einem hohen Khumbu-Tal Yaks hütete. In dem Moment, als er sie sah, erzählte sie später, griff er an, schlug sie nieder und ließ sie dann in einer flachen Schlucht zurück. Als sie erwachte, sah sie, wie der Yeti ihr Vieh verstümmelte; er tötete drei Tiere. Lhakpa Drolma wird noch immer nervös und ängstlich, wenn in ihrem Beisein vom Yeti gesprochen wird.

Manche glauben, daß die Yetis mit Khumbu Yu Lha in Verbindung gebracht werden können, einer Klasse von Göttern, die als die Dharma-Schutzgötter bekannt sind, und daß sie eventuell Emanationen einer grimmigen Friedhofsgöttin namens Dü-tö Lhamo und anderer Gottheiten sind. Aber sie sind nicht immer gefährlich und manchmal angeblich sogar verspielt. »Yeti« kommt von *ya-té*, »Mensch der hohen Plätze«, doch er wird in bezug auf Schrecklichkeit vom *mhi-té*, einem langhaarigen Humanoiden mit Menschengröße, der Menschen frißt, übertroffen. Man sagt, daß ein Blick des *mhi-té*, vor allem von unten, Krankheit oder gar Tod bringen kann. Am besten vermeidet man es, die Namen dieser gefürchteten Kreaturen auszusprechen. Wongchu erzählte, daß, als er sich ein Jahr zuvor im Basislager mit ein paar Freunden unterhalten hatte, jemand den Yeti erwähnte – einen Bruchteil einer Sekunde bevor eine große Lawine vom Lho La, einem hohen Paß, niederging und in Richtung Khumbu-Gletscher rumpelte. Das Team war einen Moment wie paralysiert und brach dann in Lachen aus.

In den fünfziger Jahren fotografierte der legendäre britische Bergsteiger Eric Shipton Fußabdrücke, von denen er behauptete, sie stammten vom Yeti; die Bilder wurden in der Londoner *Times* veröffentlicht. 30 Jahre später zweifelte Sir Edmund Hillary Shiptons Aufnahmen an und bemerkte: »Ich kannte Eric sehr, sehr gut, und ich würde sagen, daß er die Spuren aller Wahrscheinlichkeit nach selbst zurechtgemacht hat.«

DAS KLOSTER TENGBOCHE

Vom Grund der Imja-Khola-Schlucht aus begann das Team den in der Vertikalen 609 Meter hohen Aufstieg auf eine sandige, waldige Gletschermoräne. Auf halbem Weg nach oben hielt Jamling an und erklärte den Bergsteigern die Bedeutung der gemeißelten Steintafeln, die sorgfältig am Weg aufgestellt waren.

»Das buddhistische Mantra ›Om Mani Padme Hum‹, üblicherweise mit ›Heil den Juwelen im Lotus‹ übersetzt, ist in diese *Mani*-Steine einge-

meißelt. Es ist das Mantra von Avalokitesvara – Chenrezig im Tibetanischen –, dem Bodhisattva des Mitgefühls. Wir beachten *Mani*-Steine und Stupas – und auch Menschen – zu unserer Rechten, wenn wir an ihnen vorübergehen, nicht.«

Ein paar Dutzend Meter weiter gelangte die Gruppe aus dem Tannenwald auf einen farbenprächtigen Hang voll blühender Rhododendren, die einen grün-rosafarbenen Laubengang zum Tengboche-Kloster oben auf der Moräne in 3850 Metern Höhe bildeten.

Tengboche wurde 1923 als erstes Mönchskloster oder *gompa* in Khumbu gegründet. Heute leben dort 35 Mönche, ein Rekord, den manche dem neuen tourismusbedingten Wohlstand der Sherpas zuschreiben: Mit wachsenden Einkommen können mehr Familien einen kräftigen Sohn dem Kloster überlassen und ihn dort unterstützen. Einige Mönche werden schon mit sieben Jahren aufgenommen, doch weniger als die Hälfte bleibt das ganze Leben im Kloster.

Dieser stille Ort war der Schauplatz zweier Katastrophen. Das Kloster wurde im Großen Bihar-Erdbeben von 1934 zerstört; der Abt starb kurz darauf. Es wurde wiederaufgebaut, aber 1989 durch einen Brand verwüstet, der fast alle alten Schriften, Schnitzereien, Wandgemälde und Kunstwerke zerstörte.

Mit der Hilfe von Sherpa-Zimmermännern, hiesigen Gönnern und der Unterstützung der American Himalayan Foundation haben die Mönche das Kloster erneut aufgebaut. Die buddhistischen Begriffe der Geduld und der Nicht-Bindung an weltliche Güter waren für Tengboches Überleben förderlich.

Die Sherpas bezogen viel von ihrer religiösen Tradition vom Rongbuk-Kloster in Tibet, das auf der Nordseite des Everest auf 4870 Meter liegt. Rongbuk wurde während der Kulturrevolution zerstört, die 15 Jahre nach der chinesischen Besetzung Tibets im Jahr 1951 begann. Glücklicherweise überlebten einige der einzigartigen und farbenprächtigen Zeremonien von Rongbuk und aus dem tibetanischen Buddhismus.

Sumiyo und Araceli standen mit Jamling auf einer Terrasse unter dem Kloster und beteten lautlos in Richtung seiner imposanten Steinmauern.

»Ich habe zehn Jahre in den Vereinigten Staaten studiert und gelebt«, sagte Jamling, »aber ich wollte in den Himalaja zurück, um mehr über meine eigene Kultur zu lernen. Ich spüre, daß sich jetzt ein Kreis schließt.«

Das tiefe Dröhnen von Hörnern und Trommeln wurde stärker, als die drei die Stufen hochstiegen und den Hof zur Hauptaula überquerten. Sie blieben vor einer massiven Holztür stehen und zogen ihre Schuhe aus. Jamling trat über die Schwelle, ging drei Schritte vor und blieb stehen, um das Innere der Halle zu betrachten, dabei legte er seine Hände in Demut aneinander. Die tiefen Vibrationen waren nun fühl- und hörbar.

Direkt vor ihm saß die viereinhalb Meter hohe ungeheure Statue von Buddha Sakyamuni, dem Buddha der Gegenwart, dessen goldene Schultern und Kopf durch eine Öffnung in das obere Stockwerk reichten. Kleinere vergoldete Figuren standen daneben im Vordergrund: die

Der vergoldete Koloß von Tengboche, der viereinhalb Meter hohe Buddha der Gegenwart, dominiert die Hauptaula des Klosters, wo Jamling um Segen für die Expedition ersuchte. Rechts gegenüber: Eine Bilderrolle in seinem Haus in Katmandu zeigt Miyolangsangma, die auf einer Tigerin reitende Göttin, die auf dem Everest wohnt.

MIT DER YAK-KOLONNE ZUM BASISLAGER

Schüler Shariputra und Mangalputra, die Zauberkräfte besitzen, sowie die Bodhisattvas Chenrezig und Jambayang. Acht Tatagathas, vollständig erleuchtete Buddhas, schienen in vom Boden bis zur Decke reichenden Heiligenschein hinter der Hauptfigur zu schweben. Jamling warf sich dreimal auf den Boden und stand dann wieder auf.

16 Mönche saßen in Reihen mit dem Gesicht zum Hauptschiff und lasen aus langen Schriftstücken, die auf niedrigen Gebetstischen aufgeschlagen lagen. Einige wiegten sich langsam, während sie sangen, und andere, die den Text auswendig konnten, beteten weiter, während sie die Gruppe mit gelassenem Interesse beobachteten. Wie sein Vater 43 Jahre zuvor näherte sich Jamling dem Altar und überbrachte dem vorsitzenden Mönch, dem Lopon oder Tempelvorsteher, einen langen seidenen Kata-Schal als Zeichen des Respekts. Dann überreichte er ihm das Bündel von Gebetsfahnen, das er hoffte auf dem Gipfel aufzurollen.

Der Lopon sang ein Gebet, während er das Bündel mit heiligen Gegenständen berührte. Dann schüttete er eine Handvoll gesegneter Gerstenkörner in die Falten des Bündels: Jedes Korn soll angeblich die Gaben und Kräfte einer Gottheit beinhalten.

Die letzten drei Monate hatte sich der fleischgewordene Lama zu strikter Meditation zurückgezogen. Als Tenzing Norgay 1953 auf seinem Weg zum Everest durch Tengboche gekommen war, weilte derselbe, damals 17jährige Lama in Tibet. Tenzing war ebenfalls vom Lopon von Tengboche gesegnet.

In ihre festlichsten Gewänder gekleidete Sherpa-Frauen versammeln sich alljährlich in Tengboche, um gesegnet zu werden und den Tanzaufführungen der Mani-Rimdu-Zeremonie beizuwohnen, eines der größten kulturellen Ereignisse in Khumbu.

MANI RIMDU

Im Innenhof sah die Gruppe zu, wie die Tengboche-Mönche einen Maskentanz, die Mani-Rimdu-Zeremonie von Sühne und Segnung, aufführten, das dramatische Finale eines alljährlichen, zwei Wochen dauernden Rituals. Neben den rituellen Funktionen fährt Mani Rimdu im Rahmen einer gesellschaftlichen, fröhlichen Zusammenkunft die weltliche Gemeinschaft in die Geschichte und die Inhalte des Buddhismus ein.

Am Anfang der Zeremonie wird ein Yak als symbolisches Opfer für die Everest-Göttin Miyolangsangma mit Katas geschmückt und mit Butter beschmiert. Der glückliche Yak wird dann in die Freiheit der umliegenden Hügel entlassen und muß nie mehr Arbeit verrichten.

Ehe die Tänze beginnen, führen Mönche mit langen buschigen Hüten und kastanienbraunen Roben eine formelle Prozession an, gefolgt von maskierten Figuren des Mhi Tsering (Mann des langen Lebens), einer Reihe von musizierenden Mönchen, dem Lapon und seinem Schirmträger sowie schließlich den Gönnern und wichtigen Gästen.

In zwölf Tänzen stellen die farbenfroh gewandeten und maskierten Tänzer – neben anderen religiösen Themen – die Verwandlung von präbuddhistischen Dämonen zu Verteidigern des buddhistischen Glaubens dar. Einige Tänze erzählen von den Dämonen und Hindernissen, die quälende Gefühle wie Zorn, Neid, Wollust und Habgier hervorrufen.

Die wirbelnden und schwebenden Bewegungen der Mönche sind nicht bloß Theater. »Trotz der Wandlungen überall«, so der buddhistische Gelehrte Richard Kohn, »sind heutzutage Lamas nach wie vor die Helden der Region um den Everest. Die Mönche verteilen Zauberpillen, um Nahrung und körperliches Wohlbefinden all denen zu gewähren, die sie einnehmen. Die gefürchteten Gottheiten, mit denen der Lama und das Kloster sich befassen, werden der Öffentlichkeit gezeigt. Die Mönche legen ihre tristen braunen Uniformen ab und ziehen den prächtigen Brokat tantrischer Magier an, mit *mudras* (mystischen Gesten) und Zauberwaffen, die die chaotischen Kräfte des Übernatürlichen bekämpfen – Drohung gegen Drohung.«

Wie jedes Ritual, Gebet oder jede Lehre will Mani Rimdu schließlich bei den Menschen die Art zu denken oder zu sehen verändern, eine neue Vision und Bewußtheit einführen. Für Außenstehende wie auch für die Sherpas kann das bloße Zusehen bei der Zeremonie Verdienste bringen, Hindernisse beseitigen und die Früchte ihres Segens gedeihen lassen.

Ein maskierter Tänzer – ein Mönch – wirbelt durch den Innenhof des Tengboche-Klosters. Er ist ein Teil der Mani-Rimdu-Zeremonie von Sühne und Segnung, die bei Vollmond im Oktober stattfindet. Andere Mönche tanzen oder musizieren ebenfalls. Die Darsteller repräsentieren oft Gottheiten, die im Innersten der menschlichen Stärken und Schwächen begründet liegen.

EIN NATIONALPARK

Vor 1978 kamen weniger als 3000 Touristen im Jahr nach Khumbu, und die meisten von ihnen machten eine Trekking-Tour zum Everest-Basislager. Bis 1995 war die Zahl auf 12 000 angewachsen. Das Ansteigen des Trekking-Tourismus – und des Einkommens der Sherpas – hat zu wachsendem Bedarf an Ressourcen, vor allem an Holz als Brenn- und Baumaterial sowie an Gras als Futter für die Yaks, geführt. Doch die Regierung von Nepal erklärte Khumbu bereits 1976

EVEREST: GIPFEL OHNE GNADE

zum Sagarmatha-Nationalpark (SNP). Der Park grenzt im Osten an das Makalu-Barun-Nationalpark und -Naturschutzgebiet und im Norden an das mächtige Chomolungma-Naturreservat in Tibet. Zusammen bilden sie einen der größten Blöcke benachbarter Schutzgebiete in Asien.

Den Himalaja-Tahr, eine Wildziegenart, kann man über Dörfern und neben Trekking-Routen grasen sehen, außerdem das seltene und vom Aussterben bedrohte Goral, eine Ziegenantilope. In den letzten Jahren gab es nur vereinzelte Berichte über das Auftreten von Schneeleoparden, doch beklagten Sherpa-Viehhüter auf ihren hochgelegenen Weiden einige Übergriffe von Leoparden auf Yaks.

Das Moschustier, eine bedrohte Art, ist weiter verbreitet. Das männliche Tier von der Größe eines Hundes hat zwei lange typische Eckzähne. Innerhalb des Parks sind Moschustiere in der Nähe von Menschen heimisch, wo sich Räuber nicht oft hinwagen. Es existiert jedoch ein florierender Markt für die Moschusdrüse des Männchens, die den mehrfachen Wert von Gold hat. Da die Art außerhalb des Parks selten geworden ist, sind Wilddiebe schon innerhalb

Rechts: Tibetische Frauen tragen schwer an der Last des Fortschritts; hier schleppen sie frisch behauene Balken zu ihrem Dorf – fünf Tagesmärsche entfernt. Oben: Abholzung ist ein wachsendes Geschäft in Khumbu und in großen Teilen Nepals und Tibets.

82

MIT DER YAK-KOLONNE ZUM BASISLAGER

83

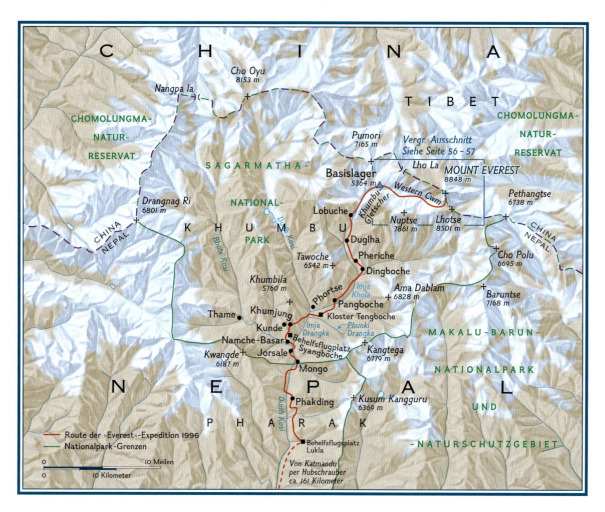

SAGARMATHA-NATIONALPARK

Lauf offiziellem Erlaß wurde der Sagarmatha-Nationalpark, der dasselbe Dreistromgebiet einnimmt, das Khumbu traditionell definiert, 1976 gegründet. Er grenzt im Osten und im Norden an andere Reservate, von denen jedes wachsende Populationen seltener großer Säugetierarten beheimatet, vom Schneeleoparden bis zum Moschustier.

seiner Grenzen tätig geworden. Sie werden oft ertappt.

Als der SNP gegründet wurde, war es nicht möglich, die Einwirkung der Anwohner auf ihre Umwelt gänzlich einzuschränken. Die Park-Manager spürten, daß der relativ natürliche Lebensstil der Sherpas, falls der wachsende Tourismus kontrolliert werden könnte, die biologische Vielfalt des Parks ergänzen könnte. Doch Bäume wurden schneller gefällt, als sie wachsen konnten.

Die Verwendung des Holzes fürs Kochen und Heizen überwiegt alle anderen Nutzungsmöglichkeiten zusammengenommen. In jedem Sherpa-Herd werden jedes Jahr zwei bis vier Tonnen Holz verbrannt, und in Trekking-Hütten sogar zehnmal soviel.

In den fünfziger und sechziger Jahren verbrannte jede Expedition mehr als sieben Tonnen Brennholz. Doch 1979 verbot der Park den Verkauf von Brennholz an Trekking-Gruppen und Expeditionen und unterband das Abbrennen von

DIE SHERPAS: HIRTEN, BAUERN, HÄNDLER UND LAMAS

Tibetische Texte berichten, daß die Sherpas (wörtlich »Menschen des Ostens«) vor etwa 460 Jahren aus der östlichen tibetischen Provinz Kham auswanderten und sich im Schatten der Chomolungma (tibetisch für Mount Everest) niederließen. Sie sind eine vergleichsweise kleine ethnische Gruppe, und zirka 3000 der 35 000 nepalesischen Sherpas leben in Khumbu.

Traditionell sind die Sherpas halbnomadische Hirten und Bauern. Sie züchten Yaks wegen ihrer Milch (unter anderem für Butter), wegen ihrer Felle sowie als Last- und Arbeitstiere, und seit Mitte des 19. Jahrhunderts bauen sie Kartoffeln an, die wohl aus den britischen Gärten in Darjeeling eingeführt wurden.

Während des Sommermonsuns bringen die Sherpas ihre Yaks und Yak-Kreuzungen in höhere Regionen. Den Zeitpunkt dafür bestimmen gewählte Dorfälteste. Die hochgelegenen *Yersa*-Sommerweiden sind die letzten, die »grün« werden, und Yaks grasen dort auf Höhe des Everest-Basislagers. Die Zusammensetzung der Yak-Herden hat sich in den letzten Jahren, vor allem aufgrund des wachsenden Trekking-Tourismus, verändert. Der Bedarf an Lasttieren führte zu einer steigenden Zahl von männlichen Yaks und unfruchtbaren Kreuzungen sowie dazu, daß Futtergras seltener und teurer wurde.

Sherpas sind auch Händler, und Yak-Kolonnen transportieren – wenn auch in geringerem Maße als früher – Getreide, Butter, Büffelfelle, Webwaren und andere Waren über den Nangpa-La-Paß (5716 Meter hoch gelegen) nach Tibet, und mit Salz und Wolle beladen kehren sie zurück. Der Gletscher auf dem Paß ist heikel; Sherpas erzählen, daß ihre erfahreneren Yaks, die den Treck anführen, anhalten und mit ihren Hufen im Schnee scharren, um zu warnen, wenn eine Gletscherspalte unter dem weichen, durchgehenden Schneefeld versteckt liegt. Der Handel wurde in den sechziger Jahren des 20. Jahrhunderts durch die Einführung von indischem Salz und durch die chinesische Besetzung Tibets eingeschränkt, aber der anwachsende Tourismus hat den Handel als primäre Einkommensquelle ersetzt.

Manch einer glaubt, daß Khumbus rauhe Umgebung den innigen Glauben der Sherpas festigt und stärkt. So wie der Himalaja selbst von Überschneidungen und Zuwächsen geologischen Materials geformt wurde, ist die Religion der Sherpas und anderer Himalaja-Völker ebenfalls langsam gewachsen – eine Mischung aus Schamanismus, Prä-Buddhismus, Bon, Buddhismus und hiesigem Glauben.

Der Buddhismus hat sich größtenteils durchgesetzt. Die Sherpas gehören dem Nyingmapa-Buddhismus an, einer nicht reformierten Sekte des tantrischen Vajrayana-Buddhismus, der vom Guru Rimpoche im 9. Jahrhundert in Tibet und viel später in Khumbu eingeführt wurde. Als der Guru Rimpoche, der große »lotusgeborene« indische Heilige, im Sanskrit Padmasambhava, nach Tibet und Khumbu kam, kämpfte er gegen die grimmigen *Srungma*-Berggötter der Bon-Religion, unterwarf sie und machte sie zu Verteidigern des Buddhismus. Dann ernannte er die Everest-Göttin Miyolangsangma und vier der wohltätigen »Fünf langlebigen Schwestern« zu Khumbus Beschützerinnen. Sie residieren nun auf den fünf großen Bergen der Gegend, umgeben von anderen Gottheiten wie dem Schutzgott Khumbu Yülha.

Der Lama von Tengboche erzählt, daß der Guru Rimpoche vorhersagte, daß Tibet von Kriegen heimgesucht würde und gläubige Menschen in heiligen Tälern des Himalaja, *bé-yül* genannt, Zuflucht finden würden. Khumbu war eines der von ihm genannten *Bé-yül*-Gebiete, wo sich mystische Kräfte konzentrieren und Geister wohnen. Diese Täler sollten, so sagen die Sherpas, urtümlich, nicht von Menschenhand entweiht sein. In der Tat sind heilige Stätten über Khumbus Landschaft verstreut, doch nur wenige wurden je von Besuchern gesehen: antike Meditationshöhlen, »selbststrahlende« Abdrücke in Felsen (wie die Fußabdrücke legendärer Gestalten in Tengboche und Pangboche) und merkwürdige schlangenähnliche Eingrabungen, Beweise von Metamorphismus – oder der Schlangengeister *lu*.

Der höchste Heilige von Khumbu, Lama Sangwa Dorje, der vor etwa 350 Jahren geboren wurde, kündigte an, daß wichtige *gompas* an einigen dieser Plätze gebaut würden. Khumbus erstes *gompa* wurde in Pangboche errichtet, aber erst 1923 wurde das Tengboche-Kloster von Lama Gulu, einer Reinkarnation von Lama Sangwa Dorjes Vater, gegründet. Lama Gulu starb kurz nachdem das Tengboche-Kloster beim Erdbeben von 1934 zum erstenmal zerstört worden war. Seine Reinkarnation ist der jetzige Hohe Lama von Tengboche, Ngawang Tenging Zangbu. Die *gompas* von Khumbu sind heute Unterrichts- und Kulturzentren und bilden das Herz des spirituellen Lebens der Sherpas.

Die verschwenderischen Fresken der *gompas* stellen den buddhistischen Kosmos dar, voll von grimmigen Gottheiten, wünscheerfüllenden Juwelen und fliegenden Pferden, die Bodhisattvas über den Himmel tragen. Existieren diese Götter, Dämonen, mythischen Plätze und magischen Objekte wirklich? Die buddhistischen Sherpas sind davon überzeugt. Aber existieren sie körperlich? Nun, ja und nein. Alle körperlichen Objekte seien vergänglich und nur auf der Durchreise, vom Geist geschaffen, sagen sie – der Geist selbst sei Illusion, und durch buddhistische Dialektik wird sogar bewiesen, daß er keine eigene, unabhängige Existenz hat. Für die Sherpas ist also der Mount Everest eine Schöpfung des Geistes als Sieg über die Materie.

Feuern im Freien. Expeditionen und Trekking-Gruppen müssen nun genügend Kerosin oder Propangas für die Dauer ihres Aufenthalts mitbringen.

Aufforstungsbemühungen taten das ihre, und zwischen 1983 und 1995 zogen Sherpas in drei Baumschulen 850 000 Setzlinge. Die jungen Bäume mußten vor dem Vieh geschützt werden, das sie abäsen und zertrampeln würde. Mit Hilfe des Himalayan Trust und des UNESCO World Heritage Fund wurden 16 eingezäunte Plantagen errichtet.

Umweltschutz hat bei den Sherpas tiefe Wurzeln. Die örtlich bestellten Waldhüter, die *shingi-nawa*, sind heute eine erfolgreiche hiesige Institution. In jedem Dorf wählen die Sherpas zwei Hüter, die das Abholzen grünen Holzes als Brennmaterial überwachen. Dorfbewohner, die ein Haus bauen, müssen sie nach Dachbalken und Bauholz fragen. Die *shingi-nawa* beschreiben dann genau, wo Bäume gefällt werden können – üblicherweise nicht mehr als einer an einem bestimmten Platz.

Vor 35 Jahren hatte Khumbu praktisch keine Schulen, keine medizinische Versorgung oder grundlegenden Annehmlichkeiten wie Trinkwassersysteme und fortschrittliche Brücken. Sir Edmund Hillary, der sein Leben der Unterstützung der Sherpas im Solu-Khumbu-Distrikt gewidmet hat, wußte, daß Hilfe in Form von Geldzahlungen nicht das geringste ausrichten würde. Seit 1960 hat sein Himalayan Trust Geld für viele Projekte aufgetrieben, die alle auf Nachfrage der Sherpas zustande kamen. Aufgrund ihrer Erfahrungen als Händler – für die Mathematikkenntnisse und die Fähigkeit, Geschäfte abzuwickeln, lebensnotwendig sind – hatten die älteren Sherpas schon lange die Notwendigkeit, lesen und schreiben zu können, erkannt.

VORHERGEHENDE SEITEN:
In den Schatten des Ama Dablam eingebettet, ziehen die terrassierten Kartoffelfelder von Phortse größtmöglichen Nutzen aus dem begrenzten Ackerland des Dorfes.

»Unsere Kinder haben Augen, aber trotzdem sind sie blind«, sagte ein Sherpa vor einigen Jahren. Diese allgemeine Ansicht beschleunigte die Errichtung mehrerer Grundschulen und einer höheren Schule in den Dörfern Khumbus.

Als die Pocken den indischen Subkontinent heimsuchten, gelang es dem Himalayan Trust, die meisten Bewohner von Solu-Khumbu zu impfen. Praktisch alle neuen Fälle von Kropf und Kretinismus (Schilddrüsenüber- bzw. -unterfunktion) sind ebenfalls ausgerottet worden – nach einer Jodisierungs-Kampagne, die 1966 die Eröffnung des Khunde-Hospitals begleitete. Noch immer wird jedoch Krankheit oft auf den Einfluß von Geistern zurückgeführt, und viele Sherpas konsultieren Schamanen, bevor sie ins Krankenhaus gehen – an einen Platz also, an dem zwar Wunden behandelt werden, wo aber bekanntlich auch Menschen sterben.

ES GEHT WEITER

David und Steve fertigten an jedem Tag des Weges »Drehbücher« an und planten die Filmaufnahmen des Tages. David hielt Ausschau nach Bildmotiven, die Khumbus herrliches 360-Grad-Panorama am besten erfassen würden. Oberhalb von Tengboche hielten sie an der Pangboche-Brücke an, einem gestützten Fußgängerweg 30 Meter über dem Fluß Imja Khola. Von hier aus konnten sie den Doppelbuckel des Ama Dablam (»Mutters Amulettschale«) und den auffallenden hängenden Gletscher unter dem Gipfel sehen.

Ein Jahr früher, während der Testaufnahmen, wollte David samt der IMAX-Kamera an einem Seil in die Schlucht hinuntergelassen werden. »Die Aufnahmen kommen nicht zu dir«, sagte er als Erklärung. »Ich stelle mir vor zu filmen, während ich in der Luft hänge – eine Helikopter-Aufnahme mit Seilen.«

15 Meter flußabwärts von der Brücke machte er einen guten Ankerplatz auf einer Seite der Schlucht aus. Von einem Baum auf der anderen Seite warfen die Sherpas ein Seil hinüber, und David band sich damit fest. Dann ließen sie ihn mit Hilfe eines Systems von Sicherungsvorrichtungen hinunter; neben ihm ließen sie die Kamera hinab. Als er die richtige Stellung eingenommen hatte, nahm David die Kamera aus der Sicherung, klammerte sie an seinem Gürtel fest und ließ das Seil hochziehen, um damit noch Batterien und Objektive herunterzulassen.

Auf der anderen Seite der Schlucht zogen weitere Sherpas am Seil. So entstand ein »V« mit David in der Mitte. »Um in die richtige Höhe zu kommen, mußte ich ein V bilden und eine ausgeklügelte Anpassungsvorrichtung benutzen. Falls das Seil falsch gelegen wäre, hätte ich wie ein Pendel geschwungen und wäre gegen die Schluchtwand geprallt.«

Yak-Führer, die auf der Biegung unterwegs waren, hielten an der Brücke an und ließen die Yaks zuerst darübergehen. Yaks spielen nämlich verrückt, wenn ihre Ladung sich am Geländer oder am Drahtgewirr der Brücke verfängt, und in ihrer Panik haben sie sich sogar schon selbst verletzt und die Brücke sowie ihre Ladung beschädigt. David war vor allem um die Kameraausrüstung besorgt, da er schon einmal einen widerspenstigen Yak gejagt hatte, der einfach umgedreht und mit einigen IMAX-Kamerateilen wieder bergabwärts gegangen war.

Jamling sah in der Schlucht einen guten Ort für Gebetsfahnen: Der heftige Wind dort würde die Gebete weit tragen. Er entrollte eine Reihe von Wimpeln und befestigte sie am Geländer der Brücke. Er hatte bereits an zwei anderen Orten entlang der Route Gebetsfahnen hinterlassen: über Namche-Basar und nahe dem Dewoche-Nonnenkloster. Er entschied sich nun, den Rest für den Berg aufzuheben.

Durch den Dunst wanderte das Team an einfachen Steinhäusern vorbei, an im Wind verkümmertem Wacholder und an weiteren Reihen von *Mani*-Steinen. Oberhalb von Pangboche ging die Vegetation in Felsen und Flechten über. Als sie einen niedrigen Paß im Tal überquerten, wählten die Sherpas Steine vom Wegesrand aus und legten sie auf einen großen Steinhaufen – als Dank für den Verdienst, den sie als Pilger erreichen, und für das Glück von späteren Wanderern.

DER WEG ZUM BASISLAGER

Am 28. März nahm die Gruppe einen Umweg zum 4358 Meter hoch gelegenen Yak-Weideland von Dingboche. Ein paar Tage kampierten sie neben den Hirtenhütten, die in mit Solarenergie betriebene Häuschen umgewandelt worden waren, wo es Yak-Steaks, Zimtbrötchen und heiße Duschen gab.

Sie filmten, wuschen Kleidung und wanderten zu höher gelegenen Plätzen, um sich zu akklimatisieren – ein physiologischer Prozeß, bei dem sich das Sauerstoffsystem des Körpers an die geringere Menge des mit jedem Atemzug aufgenommenen Sauerstoffs gewöhnt. Je mehr Zeit sie auf 4300 Metern verbrachten, um so besser würden sie den zweitägigen Aufstieg zum Basislager auf 5364 Meter verkraften.

Ed, Jamling und Jangbu hatten alle Hände voll zu tun. Jede Materialladung fürs Basislager wog etwa 33 Kilogramm; Yaks können jeweils zwei davon tragen, aber 100 Yaks zu organisieren wäre eine schwierige Aufgabe. Die Fracht würde im »Pendelverkehr« transportiert werden müssen.

»Es ist nicht leicht, 200 Materialladungen auf der Spur zu bleiben«, bemerkte Ed. »Wir haben noch keine verloren, obwohl sie manchmal auf sechs Dörfer verteilt waren.« Ed zog häufig seine Liste heraus, die angesichts seines beinahe perfekten Gedächtnisses in bezug auf Inhalt und Aufenthaltsort jeder Materialladung überflüssig schien.

DER TOURISMUS BRINGT
DOLLARS NACH KHUMBU –
UND VERÄNDERUNGEN

Im Jahr 1964, als die Start- und Landebahn in Lukla gebaut wurde, besuchten 20 Touristen Khumbu. Zu dieser Zeit wußten Sir Edmund Hillary und der Ethnologe Jim Fisher nicht, daß Lukla für Tausende von Trekking-Touristen jährlich das Tor nach Khumbu werden würde. 1995 kamen mehr als 15 000 Ausländer in die Region. Mingma Norbu Sherpa, der nepalesische Repräsentant des World Wildlife Fund, schätzt, daß von jedem Haushalt in Khumbu ein Mitglied in der Trekking-Industrie beschäftigt ist.

Jim Fisher glaubt, daß moderner Tourismus mit der alten Tradition des Pilgertums, das jahrhundertelang ein organisiertes und kommerzielles Unternehmen war, verwandt ist. In der Tat bezeichnen sich viele Touristen stolz als Pilger.

»Um die Wahrheit zu sagen«, stellte Fisher fest, »sind Sherpas darüber verblüfft, daß Menschen aus dem Westen soviel Zeit und Geld dafür aufwenden, um das zu sehen, was für sie manchmal zwar heilige, aber nicht sehr interessante Berge sind. Sogar die erfahrensten Sirdars geben zu, daß sie nicht ergründen können, warum Ausländer bergsteigen, auch wenn sie die Gründe ahnen – vor allem Ruhm, Reichtum und wissenschaftliche Interessen.«

Dr. David Shlim hat auch während der 24 Jahre, seit das Amt der Himalayan Rescue Association in Pheriche arbeitet, Veränderungen festgestellt. »Vor kurzem saß ich mit meiner Frau und unserem vierjährigen Sohn an einem Rastplatz am Rand Khumjungs, den massiven Ama Dablam im Rücken. Wir tranken Cappuccino und aßen in einem elektrischen Ofen frisch gebackene Pizza. Das war etwas anderes, als gekochte Kartoffeln am Herd eines Sherpa-Hauses zu teilen, aber es ist schwer zu sagen, was vergnüglicher war.« Shlim fühlt, daß die größere, langfristige Bedrohung nicht von den Touristen in Khumbu ausgeht, sondern von den Sherpas, die fast ihr ganzes Leben in Katmandu verbringen. Viele Sherpa-Kinder lernen die Sherpa-Sprache nicht mehr und können sich nicht vorstellen, für immer in Khumbu zu leben. »Aber wir haben freilich nicht das Recht zu sagen, daß Sherpas nur Bergführer sein und nur Kartoffeln anbauen können«, fügte er hinzu.

»Die neue Generation von Sherpas trägt nicht mehr Schaffellhosen«, sagte Jim Fisher, »aber sie wissen, wer sie sind. Ja, sie tragen Daunenjacken, sie trinken gezuckerten (statt gesalzenen) Tee und teilen ihre Häuser in kleinere Räume auf, die besser zu beheizen sind; aber dies sind für sie oberflächliche Dinge. Wichtiger ist, daß die Sherpas stolz sind, Sherpas und Buddhisten zu sein.«

Der Bergsteiger Mike Thompson hat ebenfalls Glück und Nöte der Sherpas bezüglich ihrer sich ausdehnenden und verändernden Welt verfolgt. »Die neuen Sherpa-Unternehmer kommen oft aus weniger wichtigen Familien, und die gutsituierten Händlerfamilien wurden bis zu einem gewissen Grad verdrängt. Es sind nun solche, die wenig zu verlieren hatten und deshalb in den Bergen große Risiken einzugehen bereit waren, die Hotels und Läden in Namche und Katmandu aufbauen.«

Viele Sherpas haben ihr Einkommen aus dem Tourismus in ihre religiösen Einrichtungen investiert, und Jim Fisher glaubt, daß insbesondere Ausbildung den Sherpas das Rüstzeug gab, um ihr kulturelles Gleichgewicht aufrechtzuerhalten, und ihnen erlaubt, die Wandlungskräfte zu ihrem eigenen

Die Besitzerin einer Trekking-Hütte – die nepalesische Version von Restaurant und Motel in einem – bereitet Tee zu. Dutzende solcher Einrichtungen bieten in Khumbu Reisenden Unterkunft und Essen, vom Yak-Steak über Zimtbrötchen bis zu Nudelgerichten.

Vorteil zu nutzen. Hillarys Himalayan Trust richtete Khumbus einzige höhere Schule in Khumjung ein und schickte qualifizierte Sherpas zum Studieren ins Ausland. Im Westen ausgebildete Sherpa-Ärzte arbeiten nun im Kunde- und im Phaplu-Hospital; andere Sherpas wurden in Neuseeland zu Park-Managern ausgebildet. Ein junger Sherpa, Ang Zangbu aus Jorsale, schleppte jahrelang barfuß Lasten, um sich Bücher und Unterkunft an der Khumjung-Schule leisten zu können. Mit 27 Jahren, zehn Jahre nachdem er erstmals ein motorisiertes Fahrzeug gesehen hatte, wurde er Pilot von Jetflugzeugen.

Manch einer hat bemerkt, daß Sherpas, die politische Ambitionen haben, gegen die Hindu-Mehrheit in Nepal ankämpfen und sich zugleich integrieren müssen. So wurden die Sherpas zu Meistern im Praktizieren von Nepals drei Hauptreligionen: Hinduismus, Buddhismus – und Tourismus.

Läden wie dieser in Namche-Basar, die vor allem Trekking-Gruppen und Touristen versorgen, bieten oft Strickwaren, Teppiche und andere Handarbeitserzeugnisse aus der Gegend an – und auch von Expeditionen zurückgelassene Gegenstände wie Propanöfen, Steigeisen, Trocken- und Dosennahrung, Batterien und Taschenbuch-Romane.

Ed und Jamling gingen voraus, um die Beschaffenheit des Pfads zu bestimmen. Yaks, die versuchten, das Basislager zu erreichen, waren von anwachsenden Schneegestöbern, vor allem an den Nordhängen, aufgehalten worden. Die Sherpas weigerten sich, die Yaks über Lobuche, einen Tagesmarsch unterhalb des Basislagers, zu führen. Sie würden vielleicht ihr eigenes Leben für die richtige Summe aufs Spiel setzen, aber um keinen Preis würden sie ihre Yaks riskieren. Ed und Jamling funkten Jangbu an, um nach Trägern zu suchen.

Ed spürte, daß der viele Schnee zu dieser Jahreszeit eventuell für bessere Bedingungen auf dem Berg sprach. Einige der Felsen würden schneebedeckt sein, was für das Besteigen weniger technischen Aufwand bedeutete. Doch das Team erinnerte sich an die verheerenden Lawinen im vergangenen November, die mehr als 60 Menschen töteten, nachdem ein Wirbelsturm in der Bucht von Bengalen nach Norden zum Himalaja abgedreht war. Der Trekking-Führer Brian Weirum berichtete, daß in dem nahe gelegenen Gokyo-Tal, einem malerischen Trekking-Ziel, bekannt für seine türkisfarbigen Seen und umwerfenden Aussichten, in 36 Stunden über drei Meter Schnee gefallen war. Dort begrub eine Naßschneelawine das Teehaus eines Yak-Hirten und tötete 26 Menschen, darunter 13 Trekking-Touristen sowie ihre Sherpa-Führer und ihre Küchencrew. Über das Land verteilt wurden über 500 steckengebliebene Menschen von Hubschraubern gerettet.

EIN HEILIGER ORT

Auf dem Weg nach Lobuche legte das Team oberhalb des Dörfchens Duglha an einem Platz namens Chukpö Laré, einem Ort mit mehreren großen, von Sherpas errichteten Steinhaufen, eine Rast ein. Chukpö Laré gilt als Gedenkstätte, ist aber vor allem ein Ort der Zeremonien und Riten. Wenn ein Sherpa im Basislager oder auf dem Berg

stirbt und sein Leichnam gefunden wird, bringt man ihn nach Chukpö Laré, um ihn zu verbrennen. Die meisten Expeditions-Sherpas haben Angehörige, die hier verbrannt wurden oder denen hier gedacht wird, und alle halten sie hier an, um für deren Wohlergehen zu beten. Jamling besuchte jedes der 30 *Chö-lung*-Denkmäler und betete und sang religiöse Lieder. Er blieb länger als die anderen.

»Als mein Cousin Lobsang Tsering Bhotia 1992 vom Gipfel abstieg, kam er dabei zu Tode. Wir waren nicht sicher, was geschehen war, aber er hatte möglicherweise keinen Sauerstoff mehr und wurde wahnsinnig. Teammitglieder trugen seinen Leichnam hier herunter und verbrannten ihn.«

Tote Körper sind keine leeren Gefäße, jedenfalls nicht sofort, und ein Teil des Geistes des Verstorbenen lebt womöglich weiterhin in seinem Körper – so glauben die Sherpas. Somit ist es im Hinblick auf seine Wiedergeburt das beste, wenn Lamas anwesend sein können, um die passenden Rituale durchzuführen. Die Körper, die auf dem Berg zurückgelassen werden, schaffen ein besonderes Problem: Ohne Trauerritual können sich böswillige Geister in der Nähe herumtreiben und Schaden anrichten. Gläubige Buddhisten sagen nichtsdestotrotz, daß Menschen mit reinem Gewissen kaum von diesen ruhelosen Seelen gestört werden.

Nach Möglichkeit sind also Lamas bei der Verbrennung anwesend und behandeln den fleischlichen Körper als heiliges Opfer: Zuerst wird er gereinigt, dann dem Feuer anheimgegeben. An der Nordseite des Everest wird toten Tibetern in einer ähnlichen Zeremonie, der sogenannten »Himmelsbestattung«, die Haut abgezogen, bevor sie den Geiern zum Fraß überlassen werden.

In den Heimatdörfern der verstorbenen Sherpas zünden wohlhabende Familien in ihren Privatkapellen und im Kloster 10 000 Butterlampen an – als Bitte um eine vorteilhafte Wiedergeburt. Mönche werden ebenfalls zum Haus des Sherpas gerufen, und die Seele wird für die Reise durch die vergängliche Phase nach dem Tod, genannt *bardo*, vorbereitet. Am 49. Tag nach dem Tod wird die Person wiedergeboren.

Die Asche wird dann in geweihte Lehmtafeln gegossen, *tsa-war* genannt, die zur Gedenkstätte zurückgebracht und im Inneren der *Chö-lung*-Denkmäler aufbewahrt werden. Heilige Gegenstände werden mit ihnen eingeschlossen, unter anderem ein Stück Wacholder mit geschnitzten Inschriften, das genau in die Stellung gebracht werden muß, die es als Teil des lebenden Baumes eingenommen hat. Dieser muß beschriftet werden, bevor er gefällt wird.

Schließlich repräsentieren die *chö-lung* Anwärter auf ein Stadium ewigen Friedens – das Nirwana. Hier gesprochene Gebete gelten für alle empfindenden Wesen. »Im Tod verlieren Menschen ihre Individualität«, erklärte Jamling, »weil wir davor zurückschrecken, Andenken oder Erinnerungsstücke an die Toten zu behalten und weil hier keine Namen angebracht werden.«

Chukpö Laré ist keine alte Stätte. Als im Jahr 1970 sechs Sherpas während einer großen japanischen Expedition von einer Lawine getötet worden waren, wanderte der Inkarnierte Lama von Tengboche herauf und weihte den Platz. Er unterscheidet sich von anderen Orten der Trauer dadurch, daß alle hier verbrannten Sherpas vorzeitig einen unnatürlichen Tod starben. Dies macht die Reinkarnation schwieriger und ist schwer durch Rituale aufzuheben.

Audrey Salkeld betont, daß Sherpas einen unverhältnismäßig hohen Preis in Form von Menschenleben auf dem Everest bezahlt haben. 1922 wurden sieben Sherpa-Träger von einer Lawine unterhalb des Nordsattels des Everest begraben, und 1974 wurden fünf von einer Lawine im Western Cwm fortgerissen. In den ersten 70 Jahren von Everest-Besteigungen wurden 54 nepalesische und indische Sherpas getötet und machten

somit in diesem Zeitraum über ein Drittel aller verunglückten Bergsteiger aus.

Aufgrund ihrer Aufgaben des Wege-Befestigens und des Ausrüstungstransports, insbesondere im Khumbu-Eisbruch, sind Sherpas größeren Risiken auf dem Berg ausgesetzt als ihre Arbeitgeber. Heute wird von der Sirdar-Agentur verlangt, für jeden Sherpa, der den Eisbruch betritt, eine Lebensversicherung über 4000 Dollar abzuschließen.

TRÄGER FÜR DEN WEG ZUM BASISLAGER

Als die Yaks auf 4928 Meter Höhe in Lobuche ankamen, entluden die Sherpas sie, bevor sie sich zu den Teammitgliedern gesellten, die Schachteln und Beutel für den Weitertransport sortierten. Jeder hustete und hatte einen roten Kopf; sogar die Veteranen unter den Bergsteigern waren nicht an die Kälte und die Höhe gewöhnt.

Träger waren schwer zu finden. Oberhalb der letzten Dörfer ist es schwierig, welche zu den besten Bedingungen anzuwerben, und die starke Nachfrage all der Expeditionen hat schnell zu astronomischen Preisen geführt. Aber keine Herausforderung war für Jangbu zu groß. Sein dauerndes Grinsen, so ehrerbietig wie teuflisch, verriet einen kühnen Sinn fürs Geschäft. Er hatte ein hellgelbes Walkie-talkie angefordert, in das er nun in jedem Dorf, das sie durchquerten, und in der Nähe jeder jungen Sherpa-Frau mit wichtiger Miene sprach. Er würde den Transport der Materialladungen nicht länger verzögern.

Binnen kurzem listete er Namen und Ladungsnummern in einem aufgeschlagenen Schulheft auf. »Wenn Jangbu Amerikaner wäre«, sagte Steve Judson amüsiert, »würde er in Südkalifornien leben, ein erfolgreiches Schiffahrtsunternehmen betreiben und die meiste Zeit mit Surfen verbringen.«

Um ihr Einkommen zu verbessern, beanspruchte jeder Träger drei oder vier doppelte Ladungen mit jeweils 70 Kilogramm Gewicht. Sie

EVEREST: GIPFEL OHNE GNADE

MIT DER YAK-KOLONNE ZUM BASISLAGER

trugen sie mit Hilfe handgewebter Schnüre, die sie an ihren Köpfen befestigten, und transportierten sie in Etappen. Sie brachten eine Ladung eine Teilstrecke weiter, dann kehrten sie um und holten eine zweite, die sie bei der ersten abluden, dann machten sie das gleiche mit der dritten Ladung. Auf diese Weise konnten sie sich, während sie unbeladen nach unten gingen, für die nächste kurze Etappe hinauf erholen.

Der Weg von Lobuche zum Basislager war nicht gerade ein Spaziergang. Viele Trekking-Touristen erreichten es nie, und Steve befürchtete kurz, daß seine Verwirrtheit aufgrund Hypoxie – Sauerstoffmangel wegen des geringeren Luftdrucks in Höhenlagen – ihn davon abhalten würde, dorthin zu gelangen. »Der Pfad schien seine Form zu verändern«, sagte er später, »und meine Füße wurden zu entkörperlichten Anhängseln, die jeden Schritt wie von selbst fanden.« Robert hielt an, lud sich Steves Gepäck zusätzlich zu seinem eigenen auf und beobachtete, ob sich dessen Zeichen von Hypoxie hin zur Höhenkrankheit verschlimmern würden.

Wie üblich sang Araceli vor sich hin, während sie mit der rhythmischen, heiteren Kraft von jemandem voranging, der jeden Moment zu tanzen beginnen könnte.

Zu Fuß passieren Trekker über den Wolken eine Reihe von Steinhaufen, die von Angehörigen verstorbener Sherpas aufgeschichtet wurden, von denen einige hier verbrannt wurden.

FOLGENDE SEITEN:
Inmitten spektakulärer Abhänge des höher gelegenen Khumbu unterbrechen Yaks ihren Weg niemals. Tiefer Schnee nahe beim Dorf Lobuche behinderte die Tiere, so daß Sherpa-Träger die ganze Ausrüstung des »Everest«-Teams die letzten elf Kilometer zum Basislager schleppen mußten – auf ihren eigenen Rücken.

DRITTES KAPITEL

AUF DEM GLETSCHER ZU HAUSE

*»Wäre er 300 Meter niedriger, wäre er schon 1924 bestiegen worden.
Wäre er 300 Meter höher, bliebe er vor allem ein technisches Problem.«*

PETER LLOYD, DER »EVERESTER« VON 1938, IM JAHR 1984

»Changba, der Chefkoch, stand vor dem Küchenzelt und wartete – ein Tablett mit Teetassen in der einen Hand und eine galante Begrüßungsgeste in der anderen«, erzählte Liesl Clark, als sie die Ankunft des Teams im Basislager am 3. April beschrieb. »Das Terrain hier wirkt wie von einer anderen Welt, mit Eisspitzen und blendenden blauen Zinnen, die vom felsenbedeckten Schnee und Eis gebildet werden. Die Felsen – laut Roger Bilham eine Mischung aus Granit und Migmatit – wirken sauber und regelmäßig, wie Hollywoodkulissen, die in unordentlichen Haufen übereinandergeworfen wurden.« ¶ Zwei Wochen Marsch waren bereits vergangen. Die Mannschaft der Sherpa-Helfer war ein paar Tage vor den anderen im Basislager angekommen und hatte Zeltplätze in dem Durch-

Links: Der Berg mit dem passenden Namen Kangtega – »Pferdesattel« in der Sprache der Sherpas – wird von der Sonne angestrahlt, während die Trekker in Schatten getaucht sind.

einander von Eis und Fels auf der Oberfläche des Gletschers freigehauen. Viel mehr Arbeit war nötig, um ihr Zuhause für die kommenden zwei Monate herzurichten.

Eine sich windende Reihe von Trägern aus ethnischen Gruppen mit Namen wie Rai, Limbu und Tamang arbeitete sich den Weg zum Lager hinauf. Als die Materialladungen ankamen, hakten die Sherpas ihre Nummern ab. Jamling dirigierte sie: Getreidesäcke, frisches Gemüse und Kerosindosen zum Küchenzelt; andere Nahrungsmittel und Kletterzeug zum Lagerzelt (das »7-Eleven« genannt wurde); die Filmausrüstung zum Kamerazelt; das Satellitentelefon, Computer und Drucker zur »Kommunikationsecke« im Kantinenzelt.

»Wahrscheinlich alles, was man so klein zerlegen kann, um es transportieren zu können, findet man hier«, faßte die Produktionsmanagerin Liz Cohen zusammen. Sie hatte alle Hände voll zu tun, um mit den Finanzen, den Medien, den Aufnahmelisten und der Kommunikation mit der Außenwelt fertig zu werden.

Sowohl das Bergsteiger- als auch das Filmteam war nicht an die Höhe von 5364 Metern akklimatisiert. »Bloß zu existieren bedeutet eine Anstrengung«, erklärte Roger. »Wenn du sitzt, fühlst du dich relativ normal … aber dann steh auf … und du kannst keinen Satz bilden … mit mehr als vier Wörtern oder so … weil du so nach Atem ringst.«

Oberhalb des Lagers war der gefürchtete Eisbruch – die Zunge des Khumbu-Gletschers aus instabilem Eis, das rauh vom Tal zwischen Nuptse und Everest hervorsteht. David und die Bergsteiger betrachteten den heimtückischen Eisbruch und machten sich im stillen Gedanken über Lage und Zustand der diesjährigen Route.

Das Amphitheater aus Bergen, die das Basislager umgaben, warf die Geräusche von rumpelnden, wogenden Lawinen als Echo zurück. Riesige Eisbrocken rasten über Lho La, die Wand, die zur Basis des Westgrats am Everest führt, und krachten mit Donnergetöse herab. »Wenn wir nachts in unseren Zelten lagen, hörte es sich wie die *1812 Ouvertüre* an«, erzählte Audrey Salkeld später.

Auch unterhalb des Basislagers schwollen Geräusche und Bewegungen an; das Lager befindet sich am Rand des Gletschers selbst. »Der Khumbu-Gletscher ist Eis unter Druck: Knarren und Stoßen und Knacken und Knallen und Krachen und Quietschen – ein dauerndes Geschwätz«, sagte Roger. »Es erinnert uns immer daran, daß wir auf einer dynamischen Eisfläche kampieren.«

Genauso dynamisch waren die Scharen von Gelbschnabel-Dohlen, die sich in Aufwinden treiben ließen und ihre Bewegungen der Verspieltheit des Windes anpaßten. Sie wurden schon über dem Südpaß gesehen, in 7925 Meter Höhe, zusammen mit anderen Lagerbewohnern, *gorak* – Raben –, die sogar in noch höheren Lagen um Futter betteln. *Gorak* können Boten der Toten und Träger ihrer Seele sein, sagen die Sherpas.

»HOHE« KOCHKUNST

Changba wachte jeden Morgen vor Sonnenaufgang auf und bereitete die erste von unzähligen Runden Tee zu, die er inmitten von Dunstwolken und herzlichen Guten-Morgen-Grüßen zu den Zelten trug. Immer hatte er ein fröhliches Lied auf den Lippen, dessen Text von der Freude und von den Ängsten des Berglebens erzählte.

Audrey fand ihren Platz in der Küche und feilte an ihrem zweiten Bericht für MacGillivray Freeman Films und die NOVA-Web-Site:

»Das Basislager ist nun fast eine Stadt … Es ist seltsam, daß Expeditionen, die sich freiwillig so weit wie möglich von den Spuren der sogenannten Zivilisation entfernt haben, dann im Erschaffen alternativer Zivilisationen mit erfinderischem Komfort und Komplexität wettzueifern scheinen. Kunstvolle Kantinenzelte sind aus dem

Boden geschossen, mit elektrischem Licht und in einigen Fällen mit Heizung, Musik und komfortablen Stühlen und Tischen. Sogar die Sherpas konkurrieren beim Bau beeindruckender Lagerküchen, meist aus *sangars* (trockenen Steinwänden) mit geteerten Dächern aus schweren, starken Planen, ausgestattet mit allen Haushaltsgegenständen und Apparaturen von Küchen der besten Hotels.«

Die Kerosin- und Propanöfen waren immer in Betrieb, und die Bergsteiger wie auch das Filmteam hielten sich in der Küche auf, um sich aufzuwärmen. Sherpas aus anderen Lagern kamen zu Besuch, und die Sherpa-Frauen, die schwerbeladen nach oben kamen, lachten und scherzten die ganze Zeit. Die Sherpas luden die Träger ein und gaben ihnen zu essen – dann schickten sie sie wieder zum Arbeiten hinaus, um den Abwasch zu erledigen.

Die Regalbretter an einer Wand des Küchenzelts waren vollgestellt mit Dosen und Schachteln, und eine Yak-Keule hing vom Querbalken. Aracelis Mutter hatte ihr einen großen Schinken mitgegeben – wie sie es bei jeder Himalaja-Expedition ihrer Tochter tat. »Ich habe auch etwas sehr Schmackhaftes mitgebracht«, sagte Robert und sprach in seinem österreichisch-deutschen Akzent das englische »something« wie *zumzing* aus. Er wartete, daß Araceli reagierte.

»*Zumzing*? Und wie schmeckt *Zumzing*?« neckte sie ihn, und ihr Versuch, den deutschen Akzent nachzuahmen, wurde durch den katalanischen Einschlag noch mal verfremdet. Robert zeigte ihr seinen großen eingepackten Speck, einen geräucherten Schinken aus Österreich – »voll mit wertvollen Kalorien«. Zum Herunterspülen hatte er einen Liter Vogelbeerschnaps mit eingepackt. Robert erzählte ihr stolz, daß der Vogelbeerstrauch, von dem die Früchte dafür stammten, in einer Baumreihe bei seinem Haus wuchs.

»Ich möchte dich sehen, wenn du den Schnaps ausgetrunken hast und außer Gefecht gesetzt bist«, zog Araceli ihn auf.

Jamling hatte seine eigene Spezialität mitgebracht: vier Kilogramm *tsampa*, das er in die höher gelegenen Lager mitnehmen wollte. Dieses geröstete Gerstenmehl ist leicht verdaulich und hält lange vor, obwohl Uneingeweihte nur schwer eine Handvoll trockenen Mehls herunterbekommen. Einige Sherpas tragen einen kleinen Ledersack mit sich, worin sie *tsampa*, Tee, Butter und Zucker vermischen und zu Teigbällchen, *pak* genannt, kneten. Nüsse und andere Zutaten werden manchmal dazugegeben, um so die Sherpa-Version eines Energie-Riegels zu kreieren.

Am 10. April bereiteten Paula, Sumiyo und Changba ein richiges japanisches Abendessen zu, doch die meisten Mahlzeiten waren weniger verschwenderisch und bestanden aus kreativ verarbeiteten gekochten Kartoffeln.

Eines Nachmittags kam Ed von einem Materialtransport von Lager I zurück und sortierte Ladungen für Lager I und II, als er plötzlich in Richtung Küchenzelt fragte: »Wie wäre es heute abend mit Spam (Dosenfleisch) und vielleicht etwas Wein?«

»Spam?« sagte Sumiyo spöttisch. Ed nickte enthusiastisch und gab einem Sherpa-Bergsteiger, der gerade seine Schneeschuhe reparierte, eine Bandrolle.

»Spam«, wiederholte Sumiyo. Sie dachte scharf nach und sprach die anderen englischen Wörter, die sie kannte, laut aus. »Revision … tremendous (schrecklich) … awesome (furchtbar) … Spam.«

Araceli richtete sich auf. »Hat jemand *Spam* gesagt? Ich bin hungrig.« (Sie sprach das englische »hungry« wie *ongry* aus.)

»Bist du ärgerlich (angry), weil es Spam gibt, oder bist du hungrig darauf?« fragte Ed und rief damit heftiges Lachen der Küchencrew hervor.

MEHRERE MÖGLICHKEITEN, DEN BERG ZU BESTEIGEN

Die amerikanische Everest-Expedition von 1963 brachte sechs der fast tausend Männer auf den 8848 Meter hohen Gipfel. Ein Paar arbeitete sich auf dem bislang nicht begangenen Westgrat nach oben, während die anderen die Route über den Südsattel (rot) nahmen, wo Hillary und Tenzing zehn Jahre früher die ersten waren. Sherpas und Bergsteiger schleppten Vorräte und Ausrüstungen über furchteinflößende Hänge durch eine Reihe von Lagern, die jeweils eine Tagesstrecke voneinander entfernt waren. Der Aufstieg des »Everest«-Teams 1996 führte auch zum Südsattel hinauf, aber mit einem Zwischenlager weniger, da es sich entschloß, vom Lager IV zum Gipfel und zurück in einem 18stündigen Marathon zu »sprinten«.

»Nein, *ongry*«, wiederholte Araceli empört, durch das Lachen bloßgestellt. »Ich will natürlich etwas zu essen, wie immer.«

»Ich glaube, du wirst ärgerlich, wenn du hungrig bist«, scherzte Ed. Araceli warf ihm ein kurzes Lächeln zu und gab ihm dann einen Klaps. Eine Schar rosaroter Finken hörte auf, nach Futterbrocken zu suchen, und flatterte auf.

Jeden Abend schaute Jamling, was die Westler gekocht hatten, und dann, was die Sherpas zubereitet hatten, bevor er sich entschied, wo er essen wolle. Einem Schlückchen Wein kann man nicht widerstehen, sagte er sich diesmal.

Die Abendgarderobe bestand aus einem Daunenparka, Mütze und Handschuhen, die jeder am Nachmittag nach der »Unter- und Aufgangszeit«, dem Moment, in dem die Sonne über den Grat wandert, anzog. Die Besucher im Basislager bemerkten, daß die Kantine so kalt wie ein Fleisch-Kühlraum war, aber Hunger machte das Essen delikat. Nach dem Abendessen stolperten die Teammitglieder durch die Dunkelheit zu ihren Zelten. Die Träger standen trotz der Kälte abends in Gummisandalen ohne Socken draußen und schworen, daß es ihnen gutgehe.

»Wir verbringen hier unsere Flitterwochen«, sagte Ed einmal. »Da wir in Gemeinschaftsunterkünften leben, gibt es nicht wirklich Gelegenheiten für ein Privatleben, aber ich habe Paula lieber mit auf diesem Trip, als ihr Briefe zu schreiben.«

GLETSCHER-GERÄTE

Innerhalb einer Woche hatte die Gruppe etwas Kraft zurückgewonnen. »Seit wir hier sind«, berichtete Robert fröhlich, »habe ich die elektronischen und solarbetriebenen Apparate, die unweigerlich kaputtgehen, repariert – und ich arbeite dabei in kleinen, kalten Ecken mit sehr

Rechts: Weißer Donner – eine von endlosen Lawinen dröhnt und wogt in Sichtweite vom Basislager von Lho La herunter. Lawinen sind die häufigste Ursache tödlicher Unfälle auf dem Mount Everest.

beschränkten Mitteln. Ich liebe es!« Er hatte schon aus Teilen, die er im Asan-Tol-Basar aufgetrieben hatte, einen Spannungstransformator zusammengebastelt.

Der Filmemacher Brad Ohlund brauchte etwas mehr Zeit, um sich an das Leben auf dem Gletscher zu gewöhnen. »Ich lebe am Strand in Südkalifornien, und die meisten meiner Lieblingsplätze haben Dschungel und warmes Wasser«, erklärte er. Doch er hatte eine symbiotische Beziehung zu Steve, Robert und David aufgebaut, von denen jeder dazu bestimmt war, eine gut funktionierende Kamera zum Gipfel zu bringen – und wieder zurück. Die Vorbereitung verlangte von Brad viel Arbeit, da er für die Beaufsichtigung der gesamten Kameraausrüstung zuständig war – Filme und Magazine, Filter, Mattscheiben, Batteriepackungen, Schirme, Stative, unzähliges Zubehör und die sperrigen Kameras selbst.

Das Faxgerät und das Satellitentelefon verbrauchten mehr Strom, als das Not-Solarsystem erzeugen konnte, und der Generator wurde häufig als Unterstützung benötigt. In den Morgenstunden mit minus 27° C waren hundertmaliges Ziehen am Startkabel und eine magische Mischung von Einstellungen an Choke und Drosselklappe notwendig, um ihn in Betrieb zu nehmen.

Das Satellitentelefon wurde rege benutzt. Am 15. April war zum Beispiel Dr. Charles Warren, einer der wenigen Überlebenden der Everest-Besteigungsversuche vor dem Krieg, über den Anruf von Audrey und des Teams, die ihm zum 90. Geburtstag gratulierten, hoch erfreut. Warren war in den Jahren 1935, 1936 und 1938 Mitglied der Expeditionen gewesen, und er war der erste, der den toten Maurice Wilson entdeckte, den exzentrischen Piloten, der 1934 hoffte, durch Fasten und Beten den Gipfel zu erreichen. Warren und

104

AUF DEM GLETSCHER ZU HAUSE

seine Kameraden übergaben die Überreste des »verrückten Mannes aus Yorkshire«, wie ihn die Presse getauft hatte, einer Gletscherspalte unter dem Eiskamin des Nordsattels. Dann setzten sie sich unter einen Überhang und öffneten sein Tagebuch, das unheimlich zu lesen war.

Die Unterhaltung mit Warren brachte Audrey dazu, nach dem Abendessen von dem Film über das Schicksal der beiden britischen Bergsteiger George Mallory und Andrew Irvine zu erzählen, die 1924 hoch auf dem Everest verschwunden waren. David und sie hatten für den Film das Drehbuch geschrieben und ihn auch produziert. In ihrem blauen VW-Käfer durchquerten David und Audrey auf der Suche nach anderen Veteranen früher Everest-Versuche ganz England. Als ersten besuchten sie Capt. John Noel, der bei den Expeditionen von 1922 und 1924 als Fotograf und Filmer dabeigewesen war, in seiner Schalbretthütte auf Romney Marsh in Kent. Noel war während des Zweiten Weltkriegs Ausbilder bei der Artillerie gewesen, und er riet David, eine

»DEN BASTARD ERLEDIGEN«

VON AUDREY SALKELD

Als der Sherpa Tenzing Norgay 1953 mit den Briten zum Everest kam, war dies seine siebente Expedition zum Berg. Im vorangegangenen Frühling war er mit einem Schweizer Team bis auf 250 Meter unter den Gipfel gekommen und scherzte später, daß er und Raymond Lambert es zum Gipfel geschafft hätten, wenn sie die Möglichkeit gehabt hätten, sich eine Tasse Tee zu brühen.

Im Gegensatz zu den meisten Sherpas, für die die Arbeit bei den Expeditionen nur ein Job unter wenigen möglichen ist, war Tenzing aus freien Stücken Bergsteiger und aufrichtig ambitioniert, einst auf dem Dach der Welt zu stehen. Das gleiche galt für den neuseeländischen Imker Edmund Hillary, der später in seinen Memoiren überlegte, daß er und Tenzing 1953, wenn man ein gewisses Maß an Skrupellosigkeit und Egoismus als für den Erfolg notwendig erachtet, den kletternden Primadonnen moderner Zeiten ähnlich waren. Niemand arbeitete härter als sie, um die Expedition erfolgreich zu machen, doch für sie lag der Erfolg immer »irgendwo in der Nähe des Gipfels«. Es war nicht verwunderlich, daß ihr Anführer Col. John Hunt die beiden als aussichtsreiches Team zusammenbrachte.

Alle früheren britischen Expeditionen zum Everest hatten sich ihm von Norden, aus Tibet, genähert – eine Route, die seit der chinesischen Besatzung 1951 für Ausländer verschlossen ist. Eric Shiptons Erkundung des Khumbu-Eisbruchs im Jahr 1951 zeigte, daß der Gipfel von den Südflanken im erst kurz zuvor für Ausländer geöffneten Nepal her bestiegen werden konnte.

Sofort begann das Himalayan Committee in London, einen Versuch der vollständigen Besteigung vorzubereiten, und die Nachricht, daß Schweizer Bergsteigern für das Jahr 1952 als einzigen Zugang zum Everest gewährt wurde, war ein herber Schlag.

Höfliche Vorschläge, die darauf zielten, ein englisch-schweizerisches Unternehmen daraus zu machen, scheiterten an der Frage der Führerschaft. Es war kaum möglich, Nationalismus aus etwas so Wichtigem wie der Everest-Besteigung herauszuhalten. Die Schweizer brachen zum Berg auf – und die Briten mußten bis zum folgenden Jahr warten.

Jedenfalls ermöglichte der Aufschub, die Männer und die Ausrüstung am nahe gelegenen Cho Oyu zu testen. Als dann der Versuch ihrer Konkurrenten in so großer Nähe fehlschlug, wurde die Erleichterung der Briten von einem Gefühl der Dringlichkeit gedämpft. Es würde keine zweite Chance geben, denn der Berg war bereits von anderen Bergsteigern gebucht. John Hunt war dazu bestimmt worden, den erfahrenen Everest-Besteiger Eric Shipton zu ersetzen, der, wie allgemein angenommen worden war, eigentlich die Expedition hätte leiten sollen. Diese Entscheidung wurde nach peinlichen Hintertür-Manövern eines Teils des Komitees gefällt, doch sogar jene, die sie als groben Affront gegen den Mann betrachteten, der soviel Pionierarbeit geleistet hatte, wurden schließlich von Hunts Hingabe und Fairneß umgestimmt. Shipton selbst lehnte einen Platz in der Gruppe ab, da er für die Art von Expedition, die diese zu werden schien, keine Sympathie hegte.

Hunt stürzte sich mit ganzem Herzen in die Bildung eines glücklichen und zusammenhaltenden Teams. Um Bergsteiger und ihre Zelte, Verpflegung und Sauerstoff für drei Gipfelsturm-Versuche hochzuschaffen, müßten Tonnen von Gepäck und viele Männer in einer enormen Anstrengung für eine lange Belagerungszeit aufgebracht werden. Hunt wußte, daß sie sich in der Höhe schnell fort-

Erschöpft, aber triumphierend erholen sich Tenzing und Hillary im Expeditions-Lager VI auf etwa 7300 Metern nach ihrer historischen Erstbesteigung des Everest am 29. Mai 1953.

106

bewegen mußten, um Boden gutzumachen, bevor es ihnen schlecht ging, oder daß sie so gestärkt sein mußten, daß sich die Verschlimmerung verlangsamte. Es lief auf den Gebrauch von Sauerstoff in Flaschen hinaus, was für das Gewissen früherer Expeditionen eine nahezu unlösbare Aufgabe gewesen war. Diesmal war die moralische Entscheidung getroffen, bevor sie die Heimat verlassen hatten: Alle, die nach oben stiegen, würden zusätzlichen Sauerstoff nutzen.

Die Gruppe brach in der zweiten Märzwoche in Bhadgaon bei Katmandu zum 17tägigen Treck nach Tengboche unterhalb des Everest auf. Zwei weitere Wochen waren für Akklimatisierung, Vorbereitung der Route, Training und zum allgemeinen Einleben als Team geplant, bevor die ersten Bergsteiger das Basislager auf dem Khumbu-Gletscher in 5364 Meter Höhe erreichen sollten. Etappenlager wurden im und jenseits des Eisbruchs eingerichtet. Ihr Lager IV auf 6400 Meter im Western Cwm wurde zum »oberen Basislager«, und Lager V wurde 243 Meter höher am Fuß der Lhotse-Wand eingerichtet. Von hier aus würde das Team an der Flanke hochsteigen, wie es die Schweizer im vorangegangenen Herbst getan hatten, bevor es den höchsten Punkt des Genfer Sporns überqueren würde, um dann zum Südsattel herunterzusteigen. Die Lager VI und VII waren auf der steilen Vorderfront pünktlich eingerichtet worden, und Lager VIII auf dem Sattel selbst wurde am 21. Mai von Wilfrid Noyce und dem Sherpa Annullu erreicht.

Über diesem trostlosen Windtrichter von blauem Eis und Geröll

erhebt sich der Südgipfel des Everest, der überwunden werden muß, bevor man den Hauptgipfel erreicht. Er war noch nie betreten worden: Lambert und Tenzing waren kurz vor seinem Kamm zum Rückzug gezwungen worden.

Am 26. Mai kämpften sich Hunt und Da Namgyal mit Materialladungen für ein Lager nach oben, das so hoch wie möglich eingerichtet werden sollte, um den Gipfelangriff von Hillary und Tenzing vorzubereiten. Inzwischen unternahmen Bourdillon und Evans schon den ersten Gipfel-Versuch, auch wenn sie, vom Südsattel aus startend, nur geringe Aussichten hatten, den ganzen Weg zu schaffen. Ihre vorrangige Aufgabe war es, die Route über den Südgipfel zu öffnen.

Evans' Sauerstoffgerät machte ihm fast den ganzen Tag Probleme, und die Route erwies sich als tückischer als erwartet. Um 13 Uhr kletterten die beiden Männer auf den Südgipfel, um den letzten, schmalen, von Schneewächten bedeckten Grat wie eine Berg-und-Tal-Bahn vor sich zu sehen, mit beunruhigenden Steilabhängen beiderseits. Sie waren höher gestiegen als je ein Mensch zuvor, aber sie konnten nicht sicher weitergehen. Als sie sich schließlich völlig erschöpft auf den Rückweg zum Südsattel machten, waren ihre Gesichter mit Eis bedeckt – sie sahen aus wie Wesen von einem anderen Stern.

Zwei Tage später stiegen Hillary und Tenzing hoch, um das kleine Lager IX auf 8504 Meter Höhe einzunehmen, das sich auf einer kleinen Plattform mit versetzten Ebenen befand und über der kolossalen Südwand

hing. Sie verbrachten eine abenteuerliche, stürmische und kalte Nacht.

Etwa um vier Uhr früh schaute Hillary aus dem Zelt und wurde Zeuge des Anbrechens eines perfekten Tages. Tenzing stieß, während er mit den Füßen stampfte, um sie zu wärmen, einen Entzückensschrei aus, als er das Tengboche-Kloster mehrere Kilometer unter sich im blauen Schatten des Tals erblickte. Es schien ein gutes Zeichen zu sein. Sie tranken Zitronensaft und Zucker, nagten an Biskuits, und Hillary taute über einem Primusofen gefrorene Schuhe auf. Um halb sieben krabbelten sie, mit aller Kleidung am Leib, die sie hatten, nach draußen. Dies würde der Tag werden – der 29. Mai 1953 –, der das Leben jedes Expeditionsteilnehmers veränderte.

Obwohl es auf ihrem Sims noch dunkel war, war der Weg vor ihnen in Sonnenlicht getaucht und winkte sie nach oben.

»Laß uns gehen!« drängte Hillary, und sein Begleiter kletterte grinsend hinter ihm her, um eine lange Reihe von Schritten hoch zum Hauptgrat zu tun.

Die Schneekruste verlangte Vorsicht. Hillary übernahm die Führung und entfernte bei jedem festen Stand sorgfältig den Schnee, als er sich dem Südgipfel entgegenarbeitete. Die beiden wählten vorsichtig ihren Weg den jungfräulichen Grat entlang, zwischen überhängenden Schneewächten an der Ost-Flanke und dem abrupten Steilhang der Südwestwand. Nach gut einer Stunde stetigen Gehens kamen sie zu einer steilen, felsigen, etwa zwölf Meter hohen Wand. Sie war auf-

grund von Luftaufnahmen bereits bekannt, aber niemand wußte, ob sie überwunden werden konnte oder nicht. Glücklicherweise konnte sich Hillary selbst halb in einen Riß zwängen und sich hochwinden. Das Hindernis wird noch immer »Hillary Step« (Hillary-Stufe) genannt.

Tenzing folgte nach oben, und das Paar setzte seine Berg-und-Tal-Bahnfahrt am Südgrat entlang fort, bis nach einer letzten Biegung nur noch eine Schneekuppel und das riesige Plateau Tibets vor ihnen lag. »Noch ein paar Schläge mit dem Eispickel in den festen Schnee, und wir standen auf dem Gipfel«, sagte Hillary später, ohne zu erwähnen, daß er ein paar Schritte vor seinem Partner dort ankam. Er wollte ihm die Hände schütteln, aber ein entzückter Tenzing warf seine Arme um die Schultern seines Freundes und klopfte ihm auf den Rücken. Es war halb zwölf Uhr, und der höchste Gipfel der Welt war endlich von Menschen betreten worden.

Die Bezwingung des Everest ist in der Geschichte untrennbar mit der Krönung Königin Elizabeths II. verbunden und wurde im Britischen Commonwealth als Bote einer neuen und glorreichen Ära betrachtet. Heutzutage sehen wir sie lieber als das letzte Abenteuer einer vergangenen Epoche. Egal, wie man es sieht, es war nichts Vergleichbares vorangegangen. Jeder Erfolg verlangt ein Maß an Segen, aber über all dem war es das Ergebnis großer Anstrengungen eines Teams, das alle mühseligen Erfahrungen aus über 30 Jahren Everest-Expeditionen umsetzte.

Folge von kleinen Eierhandgranaten auf dem Everest zu zünden, um das Eis und den Schnee zu beseitigen; vielleicht könnten die beiden Männer so gefunden werden. Dann fuhren sie nach Cambridge, um einen anderen 90jährigen, Professor Noel Odell, zu befragen. Odell war die letzte Person, die Mallory und Irvine lebend gesehen hatte. In Bakewell beschrieb ihnen Sir Jack Longland, wie sein Team 1933 hoch auf dem Berg einen Eispickel entdeckt hatte, der nur einem der beiden vermißten Männer gehört haben konnte.

Audrey und andere überlegten, daß sich in der Kamera von Mallory und Irvine, falls deren Überreste gefunden würden, ein belichteter Film befinden könnte, der durch die Kälte konserviert wäre und noch entwickelt werden könnte. Falls sie den Gipfel erreicht haben, ist es unvorstellbar, daß es keine Aufnahme davon gibt, um es zu beweisen.

Ed sagte es unmißverständlich: »Sogar wenn Mallory und Irvine den Gipfel berührten, haben sie ihn doch nicht *bezwungen* – das wäre, wie wenn man zur Mitte eines Ozeans schwimmen würde«, behauptete er. Sir Edmund Hillary ist derselben Meinung. »Den Everest zu bezwingen«, sagt er, »ist nicht damit getan, daß man den Gipfel erreicht. Ich möchte eher sagen, daß es ziemlich wichtig ist, wieder herunterzukommen.«

GEDRÄNGE MITTEN IM NIRGENDWO

Bis Mitte April hatte sich das Basislager mit 14 Expeditionen gefüllt, und ihre Lager erstreckten sich über eineinhalb Kilometer auf dem zerknitterten Rand des Gletschers. Bergsteiger, Sherpas, die Belegschaft des Basislagers und Verbindungsoffiziere der Regierung summierten sich zu einer Basislager-Bevölkerung

Rechts: Immer gegenwärtige Gebetsfahnen krönen eine Ecke der notdürftigen Zeltstadt, bekannt als Basislager, direkt unterhalb des Khumbu-Eisbruchs. Die Ankunft des »Everest«-Filmteams und 13 anderer Everest-Expeditionen verursachte 1996 ein Anwachsen der Basislager-Bevölkerung auf 300 Personen.

von mehr als 300 Personen. Araceli, die daran gewöhnt war, mit kleinen Gruppen auf abgelegenen Routen zu gehen, fühlte sich bedrängt. »Der Zugang zum Basislager ist kommerziell geworden – man kann schon zwei Stunden vom Lager entfernt *Sneakers* zum Essen kaufen! … Ich meine *Snickers*, die Schokolade, nicht die Sportschuhe!« Sie lachte und zog einen Kreis um ihren Mund, um anzudeuten, wo die Schokolade gewöhnlich verschmiert wird. »Oh, und die Schuhe kann man ebenfalls bekommen.«

Viele Führer dieser Expeditionen – David Breashears, Scott Fischer, Rob Hall, Todd Burleson, Pete Athans und Henry Todd – waren Berühmtheiten in der Welt geführter Bergbesteigungen, und alle waren befreundet. Nichtsdestotrotz summte das Basislager geradezu vor Konkurrenz zwischen den Bergsteigern und zwischen den Teams. Um vom Bergsteigen leben zu können, muß man bekannt und anerkannt sein. Diese Anerkennung erreicht man vor allem durch eine Liste erfolgreich bestiegener Gipfel. Vorteilhaft für den Berufsführer ist es, sich dort auszuzeichnen, wo andere versagten. Rivalität war also zu erwarten.

Dieses Jahr waren die Expeditionen von Scott Fischer und Rob Hall die größten. Fischers »Mountain Madness«-Camp stellte Werbebanner für Starbucks-Kaffee zur Schau, und bei Halls Lager zeichneten Sherpas »Neuseeland-Camp« in großen Buchstaben auf einen Gletscherblock.

Scott Fischer bewegte sich zwanglos im Basislager, und seine Wärme und positive Ausstrahlung steckten jeden an, den er traf. Ed hatte mit Fischer 1992 den K2 bestiegen, und Scott hatte bei Eds und Paulas Hochzeit vor ein paar Wochen fotografiert. »Scott ist ein Freigeist und fast lässig in bezug auf Organisa-

AUF DEM GLETSCHER ZU HAUSE

tion«, sagte Ed. »Er glaubt, daß die Details – wieviel Brennmaterial oder wie viele Seile benötigt werden – sich ergeben werden, und für ihn gilt das normalerweise auch. ›Weitergehen! Wir schaffen es!‹ ist sein Motto. Er ist Freude und Inspiration, ein Übermaß an Energie und Enthusiasmus. Aber manchmal glaube ich, er bräuchte etwas Zügelung.«

Ed beschrieb Hall als das genaue Gegenteil:

kalkulierend und organisiert. »Rob setzt immer Bedingungen fest – das Wetter, was die Klienten tun, immer mit der Frage ›Was, wenn?‹ Er setzt seine unglaubliche Energie ein, um Leuten bei der Erfüllung ihrer Träume zu helfen, und freut sich, wenn es gelingt.«

Ed respektierte Hall wegen seiner Sachkenntnis und Erfahrung im Bergsteigen, und zusammen mit Scott Fischer wollten sie zu dritt den

EVEREST: GIPFEL OHNE GNADE

AUF DEM GLETSCHER ZU HAUSE

Manaslu besteigen, gleich nach dem Everest. Ed hatte mehrere kommerzielle Besteigungen für Halls neuseeländisches Unternehmen »Adventure Consultants« geführt und erwartete eine langandauernde Partnerschaft.

Bergsteiger und Klienten waren dieses Jahr mit verschiedenen Motivationen zum Everest gekommen, von denen nicht alle klar waren.

»Egos und andere Faktoren sind hier am Werk«, sagte Paula und sprach damit eine Sorge aus, die Ed teilte. »Menschen können auf dem Berg selbstsüchtig werden und die Sicht für das Wesentliche verlieren.« Erfahrene Bergsteiger befürchten, daß viele Klienten einen Everest-Gipfelsturm als einmalige Gelegenheit in ihrem Leben betrachten – was sie dafür anfällig macht, ihrem Glück nachzuhelfen und Risiken einzugehen, ohne die nötige Erfahrung zu haben, um die Risiken abzuwägen. Bei insgesamt sieben Everest-Expeditionen war Ed dreimal auf dem Gipfel gewesen, und die meisten anderen erfahrenen Führer haben sogar eine geringere Erfolgsrate. Nichtsdestotrotz drückte Scott Fischer auf dem Weg zum Berg eine moderne und nicht unübliche Ansicht über den Everest aus: »Ich glaube ernsthaft, daß wir gelernt haben, den Mount Everest zu besteigen, und nun dabei sind, die Hauptstraße hinauf zum Gipfel zu bauen.«

Sherpa-Träger, die Hauptstütze moderner Team-Expeditionen, brechen vom Basislager auf – schwer beladen mit Ausrüstung und Vorräten, die für das Einrichten höher gelegener Lager an der Route benötigt werden. Bergsteiger bei geführten Expeditionen folgen üblicherweise erst, wenn sie sich in der Höhe des Basislagers akklimatisiert haben – dann werden die Zelte weiter oben aufgeschlagen. In der Vergangenheit haben manche Gruppen bis zu neun Zwischenlager eingerichtet, heute velassen sich die meisten auf vier.

Für diese Straße brauchte man keinen Führerschein. Das taiwanische Team war besonders unerfahren, obwohl es schwer wäre, ihnen daraus einen Vorwurf zu machen, daß sie es versuchten. Audrey bemerkte, daß mehreren Taiwanern Finger fehlten, die sie auf früheren Bergtouren durch Erfrierungen verloren hatten. »Stell dir vor, du würdest in einem so flachen und warmen Land wie Taiwan deine Erfahrungen für den Everest sammeln«, sagte David, und er fügte hinzu, daß die Taiwaner ihn an Mallory und Irvine erinnerten: ebenfalls sportlich und ehrgeizig, aber dürftig ausgerüstet und leichtsinnig.

Der ungewöhnlichste Versuch würde von einem Schweden, dem 29jährigen Göran Kropp, allein unternommen werden. Es war schon bemerkenswert, daß er aus Schweden mit fast seiner ganzen Ausrüstung auf dem Fahrrad nach Nepal gefahren war, und nun wollte er den Everest im wahrsten Sinne des Wortes *allein* besteigen. Er akzeptierte keine Hilfe von anderen auf dem Berg, nicht einmal eine Tasse Tee. Er trug seine eigenen Vorräte durch den Eisbruch, auf einer Route, die er selbst gefunden hatte.

ACHTSAMKEIT

Jamling betrachtete still die ausgedehnte, behelfsmäßige Zeltstadt. Er redete mit Wongchu über die Lektion bezüglich »richtiger Motivation«, die ihm Geshé Rimpoche gehalten hatte. Just an jenem Tag hatte Wongchu eine Gruppe junger, spielerisch-rebellischer Sherpas für die Unterstützung des Basislagers zusammengestellt. Er belehrte sie, daß sie eine Geldstrafe von jeweils 10 000 Rupien zu zahlen hätten, wenn sie nicht mit Changba kooperieren würden, wenn sie dem Team gegenüber nicht hilfsbereit wären oder wenn sie im Basislager außerehelichen Sex praktizierten. Die Sherpas wußten genau, daß letzteres die Götter beleidigen würde. Wongchu war besonders bemüht, daß jede Handlung, die Gefühle

wie Ärger, Neid, Wollust oder Stolz hervorrief, auf dem Berg vermieden wird, denn diese Gefühle würden die Achtsamkeit beim Klettern beeinträchtigen.

»Welche Flagge sollen wir hissen? Hätten wir eine hissen sollen?« grübelte Robert eines Abends beim Essen. Jamling rollte das Bündel von Flaggen auf, die er auf dem Gipfel aufstellen wollte: Nepal, Indien, Tibet, USA und die Vereinten Nationen.

»Meine Eltern sind aus Tibet, lebten aber lange Zeit in Nepal und Indien, wo ich aufgewachsen bin. Ich studierte und arbeitete jahrelang in den USA. Die UN-Flagge repräsentiert mich vielleicht am besten – und auch unser Team. Schau uns an.« Er blickte sich im Kantinenzelt um. »Die meisten von uns kommen aus verschiedenen Ländern.«

Er strich sanft über ein anderes buntes Bündel und knotete es vorsichtig auf. »Die bedeutsamste Fahne ist für mich diese *lungta*, die Gebetsfahne. *Lungta* ist eigentlich ein ›Windpferd‹, das eine Gottheit mit wunscherfüllenden Juwelen trägt, und dieses Bild ist auf vielen der Fahnen dargestellt. Aber *lungta* steht auch für den Grad positiver geistiger Energie und Bewußtheit, den eine Person erreicht hat – es ist ihr Level innerer göttlicher Unterstützung.«

Die Sherpas sagen, daß sie, wenn ihre *lungta* hoch ist, die meisten schwierigen Situationen überstehen; und wenn es niedrig ist, können sie schon sterben, wenn sie nur daheim herumsitzen. Ein früherer Mönch in Tengboche, der jetzt in den USA tätig ist, verglich das Verhältnis zwischen lungta und »Glück« mit dem zwischen Kapital und Zinsen. »Seine *lungta* zu pflegen, durch Meditation und richtiges Verhalten, hilft, klare Gedanken zu erzeugen«, riet Jamling.

Er zog die anderen Gegenstände hervor, die er auf dem Gipfel anzubringen hoffte: Bilder von seinen Eltern, sorgfältig in einer roten Vinyl-Brieftasche gerahmt, ein Foto Seiner Heiligkeit,

dem Dalai Lama, und eine Rassel in Elefantenform, die seine kleine Tochter aus einem Haufen Spielzeug ausgesucht hatte – vielleicht bezeichnend, wenn man Lama Rongbuks Übersetzung des tibetischen Namens des Mount Everest, »Chomolungma«, bedenkt: »Große Elefantendame«. Tenzing Norgay hatte auch ein kleines Spielzeug zum Gipfel mitgenommen, das Jamlings Schwester für ihn ausgesucht hatte.

»Falls wir am 9. Mai zum Gipfel gehen, wird, das spüre ich, der Geist meines Vaters bei uns sein. Das ist der zehnte Jahrestag seines Todes.«

Eine Yak-Keule sorgt für einen glücklichen Koch im gut ausgestatteten Küchenzelt des Basislagers. Die meisten Expeditionen verbringen insgesamt zwei Monate im Basislager; einige sorgen für regelmäßige Lieferungen von frischem Brot und Gemüse per Yak-Treck.

»Ich teilte mit Jamling ein Zelt«, erinnerte sich später Roger, »und eines Abends lieh er mir eine signierte Ausgabe des Buches, in dem sein Vater den ersten Gipfelangriff beschrieb. Ich las es im Schein der Taschenlampe, während er Gebete sprach. Ich fragte ihn, wofür er betete. Er sagte: ›Ich bete für die Sicherheit aller und darum, daß ich es wert bin, den Spuren meines Vaters zu folgen.‹ Ich hatte Tränen in den Augen. Auf die Gespräche mit Jamling freute ich mich immer, weil sie stets leicht an der Gegenwart vorbeigingen; sie waren philosophisch und betrafen nie gemeinsame Erfahrungen.«

PUJA IM BASISLAGER

Sherpas und Bergsteiger gehen normalerweise nicht über das Basislager hinaus, bevor die Puja-Zeremonie der Reinigung und Sühne durchgeführt worden ist. Jede Expedition vollzieht ihr eigenes Puja, und sie beginnt mit der Konstruktion eines stattlichen, einem lamaistischen Schrein ähnlichen, etwa zweieinhalb Meter hohen Gebildes, das den Mittelpunkt des *lhap-so*, der Kultstätte, bilden wird. Wongchu wählte einen günstigen Tag des tibetischen Kalenders und lud einen älteren Mönch aus Pangboche ein.

Das Basislager-Puja wird üblicherweise als Bitte um Erlaubnis, auf den Berg steigen zu dürfen, und um Schutz und gutes Wetter beschrieben. Aber seine liturgische Bedeutung ist viel komplexer. Es ist eine Art von Serkim-Ritual (*serkim* heißt »goldenes Trankopfer«): Vor jeder neuen Unternehmung, wie zum Beispiel dem Bau eines Hauses oder dem Besteigen eines Berges, versammelt ein Lama die Gottheiten und bittet sie um Verständnis und Toleranz für das Vorhaben.

Am Morgen des Puja brachten Sherpas und Teammitglieder Opfer – Brot, Reis, Gerste und modernere Dinge wie Schokolade und Whiskey – zum *lhap-so*. Der Lama setzte sich, und zwei Sherpas schenkten ihm Tee ein und machten es ihm gemütlich. Während er laut Gebete las, meditierten und beteten einige der Versammelten, und andere gingen zwanglos herum, wie man es bei den meisten Sherpa-Zeremonien darf.

Sherpas glauben, daß die Götter die Bergsteiger auch ohne diese Zeremonie beschützen und Unglück von ihnen abwenden. Aber wie die Meditation ist das Ritual eine Form der Disziplin, die einen offen macht, um die Weisheit dieser Göt-

Links: Einer Tradition des Basislagers gemäß werden Eispickel und andere Klettergeräte an einem wimpelgeschmückten lhap-so *– einer Kultstätte – rituell gesegnet, ehe die Bergsteiger-Teams in größere Höhen aufbrechen.*

FOLGENDE SEITEN:

Bergsteiger und Sherpas auf dem lhap-so *des Basislagers beenden das Puja, eine Zeremonie von Sühne und demütiger Bitte, indem sie Gerstenmehl himmelwärts werfen.*

ter zu empfangen, die die Gläubigen dazu befähigt, gute oder schlechte Situationen besser zu erkennen, sobald sie auftauchen. Das Serkim aktiviert wirksam die Ebenen der Konzentration und Bewußtheit, die für den Erfolg notwendig sind.

Nicht nur die Bergsteiger und Sherpas müssen gereinigt werden, bevor sie einen Fuß auf den Berg setzen, sondern auch ihre Ausrüstung. In einem Abschnitt des Rituals zünden die Sherpas neben dem Altar Wacholderzweige an. Das Team und die bergsteigenden Sherpas schwenken dann ihre Seile, Steigeisen, Eispickel und anderen Ausrüstungsgegenstände im Rauch und baden sie so im Hauch des Weihrauchs. Während der Wacholder-Weihrauch seinen süßen Geruch aussendet, vertreibt er Verunreinigungen und bereitet den Weg für positive Ereignisse.

Der Lama verteilte rote Segensbänder aus geflochtenem Nylon namens *sungdi* (von *sung-dö*, Schutzknoten). Die Teammitglieder und die Sherpas banden jeweils ein sungdi um jeden Gegenstand ihrer Ausrüstung, wo es für die ganze Dauer der Expedition bleiben sollte. »Wir Sherpas glauben, daß *sungdi* wie die *Sungwa*-Amulette helfen, uns vor schädlichen Geistern und Situationen, die uns vom Rand eines schmalen Grats in eine Gletscherspalte oder in die Bahn einer Lawine werfen könnten, zu bewahren«, sagte Jamling. »Aber wir erkennen natürlich auch, daß sie allein nicht genügen, um uns zu sichern.«

Zwei Sherpas errichteten einen hohen Gebetsfahnenmast und sicherten ihn mit einer Steineinfassung. Sieben bunte Ketten von Gebetswimpeln gingen von der Spitze des Mastes aus und wurden in der Nähe

verankert. Die Sherpas sagen, wenn ein Rabe auf dem Wacholderzweig landet, der während des Puja auf der Mastspitze festgebunden wird, wird die Expedition erfolgreich sein.

Zum Abschluß der Zeremonie sangen alle zusammen in einem allmählich höher werdenden Ton »Swöööööö!« – »Steig rauf, möge Glück entstehen!« –, während sie langsam ihre Hände, voll mit tsampa, erhoben. Sie wiederholten dies dreimal, und beim letzten Mal warfen sie das Mehl in den Himmel hoch. In einem freudigen, chaotischen Augenblick riefen alle »Lha Gyalo!« – »Mögen die Götter siegreich sein« – und rieben sich gegenseitig Mehl in die Haare und auf die Wangen, um zu zeigen, daß sie so lange leben

Ein buddhistischer Lama aus einem nahe gelegenen Dorf leitet die Puja-Gebete im Basislager. Die Zeremoniengemeinde bittet die Geister des Berges sowohl um Segen als auch um die Erlaubnis, weiterzugehen. Oft werden Lebensmittel als Opfer dargebracht – vom Gerstenmehl bis zu Whiskey und süßen Riegeln.

wollten, bis ihre Haare und Bärte weiß würden.

Der Lama schenkte *chang* als Abendmahl aus. Jamling nahm etwas *chang* in seine rechte Hand und hielt die linke respektvoll darunter. Er trank einen Schluck, dann ließ er den Rest durch seine Haare rinnen, um den Segen vollends aufzunehmen. Die Bergsteiger taten es ihm gleich, und das Opfer wurde ausgeteilt. »Wir alle nahmen etwas vom Opfer, vorsichtig, um nicht zuviel zu kriegen«, sagte David.

»Du darfst an diesem Tag nicht kalkulieren«, tadelte ihn Wongchu. Es sah nicht so aus, als würden sie das tun: Jeder hatte zu tanzen und – in Maßen – zu trinken begonnen.

ÜBERPRÜFUNG DES SAUERSTOFFS

Geshé Rimpoches Lektion über richtige Achtsamkeit verlangte Aufmerksamkeit gegenüber allen Schutzvorrichtungen. David inspizierte jede der 75 Sauerstoffflaschen des Teams und jeden Regler, ehe er sie durch den Eisbruch schickte. Die Flaschen waren eine Rettungsleine, ein Ticket nach Hause. »Wir werden über dem Südsattel sehr ausgeliefert sein, wo es wie auf dem Mond ist«, sagte er und meinte damit den niedrigen Luftdruck – und wahrscheinlich die Hypoxie, die den Eindruck entstehen läßt, als wäre man nicht ganz auf dieser Welt. Obwohl David Unbehagen hinsichtlich der Abhängigkeit des Teams von dieser technologischen Krücke ausdrückte, behandelte er die Flaschen mit an Religiosität grenzendem Respekt.

Die meisten Bergsteiger bevorzugen das Hochdruck-Sauerstoff-System von Poisk. Jede der in Rußland hergestellten Flaschen wiegt gefüllt 3,3 Kilogramm und beinhaltet Sauerstoff für sechs Stunden, der mit zwei Litern pro Minute ausströmt. Die Flaschen sind aus Aluminium, das mit Kevlar-Strängen umhüllt ist, die dem Druck von 7000 Kilogramm standhalten. Sie sind mit reinem Sauerstoff gefüllt, das sich mit der Außenluft vermischt, wenn die Bergsteiger einatmen.

Außer Ed, der versuchen wollte, den Everest zum drittenmal ohne Flaschensauerstoff zu besteigen, würde das Team über dem Lager III auf 7315 Meter Sauerstoff verwenden. In Lager IV würden sie mit einem Durchfluß von nur einem halben Liter pro Minute schlafen. Am Gipfel-Tag würde jeder von ihnen drei Flaschen verbrauchen.

WAS LEISTET SAUERSTOFF?

Dr. Charles Houston, ein Pionier bezüglich Studien moderner Höhen-Physiologie und Berater für den Film, erklärt, daß arbeitende Muskeln, wenn sie nicht genügend Sauerstoff bekommen, »luftarm« werden können und Energie ohne Sauerstoff verbrennen. Dies resultiert in Übersäuerung des Blutes, die der Körper nicht lange aushält. Sauerstoff aus Flaschen einzuatmen, erhöht den arteriellen Sauerstoff – und dadurch die Hämoglobin-Sättigung –, was mehr Sauerstoff zu den danach hungernden Geweben bringt. Und mit mehr verfügbarem Sauerstoff wird der extrem hohe Drang zu atmen reduziert und gefühlsmäßig wie auch in der Realität mehr Sauerstoff erzeugt.

Sauerstoff wurde in den zwanziger Jahren des 20. Jahrhunderts erstmals verwendet, jedoch unter Kritik der Hochgebirgs-Puristen – obwohl zu dieser Zeit noch nicht bekannt war, daß es auch ohne Sauerstoff möglich ist, den Everest zu besteigen. Dies erkannte man 1946, als Houston die »Operation Everest« beaufsichtigte, in der vier menschliche Testobjekte in einer Dekompressionskammer langsam (über einen Zeitraum von mehreren Monaten) auf den verminderten Luftdruck des Everest-Gipfels »gebracht« wurden. Dort konnten zwei der Testpersonen kurze Zeit leichte Arbeiten verrichten.

Houston stellte heraus, daß, falls der Everest, der sich auf 28 Grad nördlicher Breite befindet, auf dem Breitengrad von Denali, 63 Grad, plaziert wäre, er den barometrischen Druck eines um mindestens 150 Meter höheren Gipfels hätte – was ein Besteigen ohne Flaschensauerstoff eventuell unmöglich machen würde.

Für Notfälle würde das Team eine Neuerung verwenden: einen aufblasbaren, unter hohem Druck stehenden Sack aus luftdichtem, verstärktem Vinyl, in den ein sehr geschwächter Patient gesteckt werden kann. Er bewirkt das Gegenteil von Houstons Kammer: Während der Sack von Helfern aufgepumpt wird, wird der Luft- und Sauerstoffdruck erhöht und auf Werte von tiefer gelegenen Orten gebracht. Erkrankte Bergsteiger können dadurch ihren Zustand soweit verbessern, daß sie mit nur geringer Hilfe absteigen können.

HÖHENLAGEN, SHERPAS UND GÄNSE

Der Filmemacher Steve Judson saß eines Morgens, ein paar Tage nach der Ankunft im Basislager, auf einem Felsen. »Es ist deprimierend, wenn ich mich so schlecht fühle und ich den Sherpas zusehe, wie sie umhertollen, als befänden sie sich auf Meereshöhe.« Außer daß sie länger Gelegenheit zur Akklimatisierung hatten, glauben viele, daß sich die Sherpas und andere Hochlandvölker physiologisch vom Rest von uns unterscheiden. Die Anthropologin Dr. Cynthia Beall glaubt, daß die Sherpas eventuell ein Gen haben, das sie effizienter die Sauerstoffzufuhr ausnutzen läßt und ihnen somit gegenüber Tieflandbewohnern einen Vorteil gibt.

Ein Teilzeit-Himalaja-Bewohner, die Indische Wildgans, kann sich in noch bemerkenswerterer Weise akklimatisieren als die Sherpas und Tibeter. Der Hochgebirgs-Physiologe Dr. Robert »Brownie« Schoene ist von diesen Vögeln beeindruckt, die »in den Sümpfen Indiens überwintern und dann – ohne den Vorteil von allmählicher Anpassung – aufbrechen und über den Himalaja zu ihren Sommerbrutplätzen hoch auf dem tibetischen Plateau fliegen«.

Wie alle Vögel haben diese barhäuptigen Gänse einen besonders wirksamen »einbahnigen« Luftstrom in ihre Lungen, der verbrauchte Atemluft ausscheidet. Aber sie besitzen auch ein Hämoglobin-Molekül in den roten Blutkörperchen, das sie genetisch von ihren Tiefland-Verwandten unterscheidet. »Dieses Hämoglobin hat eine größere Kapazität für die Aufnahme von Sauerstoff bei geringem Luftdruck und kann Sauerstoff an die Gewebe abgeben, die danach hungern«, erklärte Schoene.

Thomas Jukes, ein Biologe, der Indische Wildgänse studiert hat, glaubt, daß Bergsteiger im Himalaja eines Tages ein ähnliches, genetisch hergestelltes Hämoglobin über Transfusionen zugeführt bekommen könnten, bevor sie auf große Höhen steigen.

LAGER FÜR LAGER WIRD EINGENOMMEN

Die meisten Teams plazieren ihre Reihe von Berglagern an Orten, die die ganzen 40 letzten Jahre dafür benutzt wurden – Plätze, die ursprünglich wegen ihrer relativ großen Sicherheit vor Lawinen, Steinschlag, Wind und Gletscherbewegungen gewählt worden waren. Jede Expedition stellt ihre Zelte nahe zusammen, wenn vielleicht auch einige hundert Meter vom Lager einer anderen Expedition entfernt.

Nachdem eine Route durch den Khumbu-Eisbruch gefunden worden ist, ist es das Ziel jedes Teams, seine vier Lager einzurichten und mit Vorräten komplett auszustatten, so daß der Vorstoß zum Gipfel vom Basislager oder vom Lager II aus schnell erfolgen kann. Dieser Vorgang dauert einen Monat oder länger.

Während der ersten Woche auf dem Berg stehen die Sherpas normalerweise früh auf und tragen innerhalb von ein paar Stunden eine Materialladung von 20 bis 25 Kilogramm zum Lager I auf 5943 Meter hoch und gehen dann zum Basislager zurück. Wenn die meiste Ausrüstung für die höher gelegenen Lager zu Lager I geschafft worden ist, wird sie zum Lager II auf 6492 Meter weiterbefördert. Dort bauen die Sherpas eine kleinere Version des Basislagers auf – ein »oberes Basislager« mit einem kleinen Kochzelt, einem Speisezelt und Einzelzelten. Die meiste Ruhezcit über dem Basislager verbringen die Bergsteiger hier. Wenn sie sich akklimatisiert haben, können sie direkt vom Basislager zu Lager II steigen, und Lager I wird hauptsächlich als Ausrüstungsstation am Weg gebraucht.

In Lager III auf 7315 Meter brauchen die Bergsteiger nur zwei Zelte; die Sherpas bleiben nicht hier, sondern gehen direkt von Lager II zu IV.

Lager IV, das am höchsten gelegene Lager, befindet sich auf 7925 Meter Höhe auf dem Südsattel, einem breiten Sattel zwischen Lhotse und Everest. Es gibt nur 16 höhere Gipfel als den

AUF DEM GLETSCHER ZU HAUSE

Südsattel, und er befindet sich schon in der »Todeszone« – einer schlecht zu definierenden, aber leicht zu erkennenden Höhenlage, in der Bergsteiger wissen, daß sie ihren Aufenthalt begrenzen müssen, da ihr Zustand sich recht schnell verschlechtert. Hier werden sechs Zelte aufgeschlagen, aber bis zur Nacht vor dem Gipfelangriff ist Lager IV wenig mehr als ein Lagerplatz für Sauerstoff und Ausrüstung.

Am Tag vor dem Gipfelsturm steigt das Team von Lager III zu Lager IV, wo es am frühen Nachmittag ankommt. Hier ruht es sich ein paar Stunden aus und erfrischt sich, ehe es gegen Mitternacht zum Gipfel aufbricht. Üblicherweise erreichen die Bergsteiger bei Sonnenaufgang den »Balkon« am

Wie eine vorwärtsmarschierende Armee muß eine Everest-Expedition gestärkt werden. Die Mitglieder müssen Kraft und Gewicht aufrechterhalten, wenn sie den Sauerstoffmangel ausgleichen wollen; Nahrung und andere Vorräte müssen in einer sich wiederholenden, aber notwendigen Prozedur zu höher gelegenen, nacheinander folgenden Lagern geschafft werden, um den Bergsteigern den besten »Schuß« auf den Gipfel zu ermöglichen.

Fuß des Südostgrats, dann geht der Weg über den Grat weiter zum Südgipfel. Von hier aus bewältigen sie einen Quergang zum Hillary Step, einer zwölf Meter hohen Wand aus Fels und Eis, deren Überwindung sie eine Stunde später zum Gipfel bringt. Und dann werden die Bergsteiger hoffentlich vor Sonnenuntergang zum Lager IV zurückkehren – nach 18 Stunden Kletterei.

Lager IV ist das Lager VI der frühen fünfziger Jahre, und Lager VII war damals auf dem Balkon in 8412 Meter Höhe. Nur wenige glaubten damals, daß Bergsteiger es an einem Tag auf den Gipfel und zum Südsattel zurück schaffen könnten. Obwohl physisch genauso anstrengend, ist der Gipfelsturm heute eventuell psychologisch

121

WAS SICH IN DER HÖHE EREIGNET

VON DR. MED. CHARLES S. HOUSTON

Es ist ein Naturgesetz: Ohne Sauerstoff sterben wir. In extremen Höhen ist Sauerstoff nur in geringen Mengen vorhanden, und schon einen guten Atemzug zu machen, ist eine Herausforderung für jeden Bergsteiger.

Die Sauerstoffdichte in verschiedenen Höhenlagen unterliegt einem weiteren Naturgesetz: der Schwerkraft, denn Luft hat Gewicht. Auf Meereshöhe wird sie von der Luftdecke über ihr zusammengepreßt und ist angenehm dicht. In höheren Lagen ist der Luftdruck niedriger und die Luft deshalb dünner. Obwohl sie dieselben 21 Prozent Sauerstoff wie auf Meereshöhe enthält, wird in höheren Lagen weniger Sauerstoff pro Lungenfüllung aufgenommen. Sich an den niedrigeren Sauerstoffgehalt anzupassen, verlangt einige jähe physiologische Veränderungen, gefolgt von langsameren, länger anhaltenden Veränderungen.

Die erste Veränderung ist offensichtlich. Wir atmen tiefer, um mehr Sauerstoff in unsere Lunge zu bekommen. Wenn wir einatmen, schießt Luft tief in die kleinen Luftsäcke der Lunge (die Lungenbläschen oder Alveolen), wo Sauerstoff sich durch die angrenzenden Kapillaren ins Blut verteilt. Dort verbindet sich der Sauerstoff lose mit Hämoglobin, dem großen eisenhaltigen Molekül in den roten Blutkörperchen, die den Sauerstoff durch immer kleinere Blutgefäße in einzelne Zellen befördern.

Sauerstoff verliert auf jeder Station seiner langen Reise von der Lunge zu den Zellen in Schritten, von denen als »Sauerstoff-Kaskade« gesprochen wird,

allmählich an Druck. Am Zielpunkt brauchen die Zellen nur eine kleine Menge Sauerstoff, um zu funktionieren; aber wenn der Druck zu niedrig ist, wird die kontinuierliche Weiterleitung von Wasser und Elektrolyten über die Zellmembranen gestört – und ebenso grundlegende Zellfunktionen.

Tieferes Atmen versorgt die Lunge mit mehr Sauerstoff, verursacht aber auch Probleme aufgrund des zu großen Verlustes von Kohlendioxid. Als Stoffwechsel-Nebenprodukt müssen wir Kohlendioxid, ein schnelles und empfindliches Agens für die Anpassung der Blutsäure, ausatmen. Tiefe Atmung »wäscht« Kohlendioxid aus und verursacht einen niedrigen oder alkalischen Säuregrad – einen unnormalen Zustand, der nicht lange ertragen werden kann und der zu Verwirrung, Ohnmacht, Krämpfen und Tod führen kann.

Wenn wir schneller und tiefer atmen, schlägt auch das Herz schneller und kräftiger und pumpt mehr Blut pro Schlag und Minute. Die kleinen Kapillaren im Gewebe werden durchlässiger, wenn sie zuwenig Sauerstoff bekommen, und lassen Flüssigkeit ins Gewebe dringen, die roten Blutkörperchen verdichten sich, und dadurch erhöht sich der Sauerstoffgehalt im Blut.

Diese Veränderungen – schnelleres und tieferes Atmen, höhere Herzleistung und die Verdichtung des Blutes – sind »Kampf-Reaktionen«. Sie schützen den Körper vor Sauerstoffmangel oder Hypoxie, aber sie können nicht lange ohne eventuell lebensbedrohliche Symptome ausgehalten werden.

Akklimatisierung an den niedrigeren Sauerstoffgehalt in höheren Lagen zieht langsame Reaktionen nach sich, die, neben der geringeren Sauerstoffversorgung des Körpers, den Sauerstofffluß dem auf Meereshöhe ähnlicher werden lassen. Sauerstoffmangel setzt ein Enzym namens Erythropoietin (Erythrocyten stimulierender Faktor, ESF) frei, das die Produktion neuer roter Blutkörperchen im Knochenmark stimuliert und die Fähigkeit, den Blutsauerstoff zirkulieren zu lassen und zu treiben, erhöht. Wasser sickert dann von den Geweben zurück ins Blut. Um die Alkalität des Blutes aufzuheben, scheidet der Körper durch den Urin Bikarbonat aus und stellt so den normalen Säuregrad des Blutes wieder her. Inzwischen signalisiert das Gehirn an die Schilddrüse, den Stoffwechsel zu verlangsamen. Das erhält zwar Sauerstoff, vermindert aber Energie für Erwärmung oder Aktivität. Die meisten Körperfunktionen werden verlangsamt, um zu überleben.

Mit der Akklimatisierung verlangsamt sich die Zunahme der Atmung, wird aber nicht normal. Der Verlust von Kohlendioxid wird nach und nach wiedergutgemacht, aber sogar nach Wochen in hohen Lagen bleibt der CO_2-Gehalt des Blutes etwas unter dem auf Meereshöhe. Die Herzfrequenz und die Herzleistung werden innerhalb von einer oder zwei Wochen ebenfalls normaler. Aber schon bei geringer Anstrengung steigt die Atemfrequenz wieder dramatisch an; in sehr hohen Lagen ist die Frage, wieviel man atmen kann, ein einschränkender Faktor.

Wenn man sich Zeit nimmt, ist Akklimatisierung effektiv, aber wenn wir zu schnell zu hoch hinaufklettern, können die »Kampf-Reaktionen« unangemessen schlimm sein, und die Akklimatisierung kann zu langsam vor sich gehen, um uns mit genügend Sauerstoff zu versorgen, und wir bekommen wahrscheinlich die »Höhenkrankheit«. Obwohl man von verschiedenen Formen spricht, sind diese in Wirklichkeit ein kontinuierlicher Prozeß, bei dem in einem Moment die einen, im anderen Moment andere Zeichen und Symptome überwiegen. Sie alle sind eine Folge von Hypoxie.

Wenn Menschen schnell vom Meeresspiegel auf 2700 Meter oder höher gehen, leiden 20 Prozent von ihnen unter Kopfschmerzen, Übelkeit, Schlafproblemen, Schwäche oder Kurzatmigkeit; all dies sind die unangenehmen Symptome der AMS (Acute Mountain Sickness = akute Höhenkrankheit).

AMS kann zur ernsteren HAPE (High-Altitude Pulmonary Edema = höhenbedingtes Lungenödem) führen, wenn die kleine Menge Flüssigkeit in der Lunge, die meist in hohen Lagen vorkommt, nicht normal absorbiert wird. Statt dessen sammelt sie sich an und behindert den Fluß von Sauerstoff aus den Alveolen und ins Blut; in der Folge ertrinkt das Opfer in seiner eigenen Flüssigkeit. Bergsteiger vermuten HAPE, wenn sich die Symptome von AMS verschlimmern und wenn Reizhusten mit häufig blutigem Schleimauswurf auftritt.

Ein seltenerer Teil im Verlauf ist HACE (High-Altitude Cerebral Edema = höhenbedingtes

Gehirnödem). Das Opfer hat Probleme zu gehen oder die Hände zu gebrauchen; dieser Zustand, Ataxie genannt, ist ein frühes, unheilvolles Zeichen einer ernsteren durch Höhe verursachten Gehirnstörung.

Halluzinationen, die auftreten können, werden oftmals vom Opfer nicht als solche erkannt. An diesem Punkt ist das Leben des Opfers in Gefahr, wenn sie oder er nicht sofort auf niedrigere Höhen herabsteigt.

Zusätzlicher Sauerstoff und Medikamente, die in diesem Stadium verabreicht werden, können den Zustand nicht immer verbessern.

Kürzlich haben wir die Hypothese aufgestellt, daß der ganze Verlauf von höhenbedingten Krankheiten Hirnschäden hervorruft. Das Rückenmark ist von klarer Flüssigkeit umgeben, dem CSF (Cerebrospinal Fluid = Gehirn-Rückenmarks-Flüssigkeit). Diese Flüssigkeit vor dem Eindringen unerwünschter Stoffe aus dem Blut zu schützen, ist Aufgabe dünner Membranen, der BBB (Blood-Brain Barrier = Blut-Gehirn-Barriere). Studien legen nahe, daß sogar schon auf 3600 Meter Höhe Hypoxie die BBB durchlässiger macht und Wasser sowie für das Gehirn unverträgliche Substanzen in die CSF sickern läßt. Dies könnte bedeuten, daß sogar gewöhnliche Formen von Höhenkrankheit diese Membran undicht machen, und es könnte erklären, warum Dexamethesonin (ein Stereoid, das dieses Leck unterdrückt) bei der Bekämpfung der Höhenkrankheit mitwirkt.

Während die Symptome von Höhenkrankheit nur unangenehm sind, sind HAPE und HACE wirklich gefährlich. HACE kann weniger offensichtlich und demnach schwerer zu erkennen sein, da es die höheren Gehirnfunktionen beeinträchtigt – Urteils- und Wahrnehmungsvermögen sowie den Willen. Viele Hochgebirgstragödien sind von der Beeinträchtigung dieser Funktionen ausgelöst worden. Nahe beim Everest-Gipfel befindet sich jeder Bergsteiger in äußerster Gefahr, denn zu einem Zeitpunkt, wenn klares Denken entscheidend ist, sind die Bergsteiger geschwächt.

Wenn Bergsteiger höhersteigen, passen sich ihre Körper physiologisch an den verminderten Sauerstoffgehalt der Luft an. Dieser Prozeß der Akklimatisierung kann aber nicht mit der Steigungsrate Schritt halten und führt zur Höhenkrankheit. Menschen passen sich schon an Höhen von über 5800 Meter nicht völlig an – etwa drei Kilometer unter dem Gipfel des Mount Everest.

EVEREST: GIPFEL OHNE GNADE

einfacher. Die Bergsteiger scheinen lieber länger in derartigen Situationen klettern zu wollen.

»Lager IV wird gebraucht, aber es ist ein Ruhe- und Erfrischungsstopp«, bemerkte Ed.

»Hier kommt man müde an, man kampiert, wendet etwas Zeit und Energie auf, um etwas zum Essen zuzubereiten, und nachdem man kein Auge zugetan hat, wiederholt man diesen Prozeß am Morgen.«

AKKLIMATISIERUNG IST NICHT ANPASSUNG ANS KLIMA

Wofür all das Hoch- und Runtersteigen, bevor man weiterklettert? Die Sherpas und das Team schaffen etappenweise die Ausrüstungen von Lager zu Lager, akklimatisieren sich aber auch. Zu schnell zu hoch hinaufzusteigen, kann diesen Prozeß zu sehr beanspruchen und zu Höhenkrankheiten führen.

Akklimatisierung ist zeitaufwendig. Die meisten erfahrenen Himalaja-Bergsteiger empfehlen, nicht mehr als 600 Höhenmeter pro Tag zu überwinden, um dem Körper Zeit zu geben, sich an niedrigen Druck und Sauerstoffgehalt zu gewöhnen.

Es ist schon bemerkenswert, daß sich Menschen in dem Maße an Höhe anpassen. Ohne zusätzlichen Sauerstoff würde eine Person, die auf Meereshöhe zu Hause ist, allerdings innerhalb einer halben Stunde kollabieren und bald darauf sterben, wenn sie plötzlich auf 6000 Meter gebracht wird. Auf dem Gipfel des Mount Everest – wo der verfügbare Sauerstoffgehalt zu zwei Drit-

Nicht alle Bequemlichkeiten eines Zuhauses – aber die meisten davon – umgeben die Teammitglieder im Speisezelt des »Everest«-Teams im Basislager. Generatoren und Solaranlagen erzeugen die Energie für die Leuchtstofflampen und eine »Kommunikationsecke« mit Telefon, Fax und Funkgeräten.

AUF DEM GLETSCHER ZU HAUSE

SIND SHERPAS ANDERS?

VON DR. CYNTHIA M. BEALL, PROFESSORIN FÜR ANTHROPOLOGIE AN DER CASE WESTERN RESERVE UNIVERSITY

Seit Tenzing Norgay 1953 den Everest bezwang, symbolisieren die Sherpas die Fähigkeit zu außergewöhnlichen körperlichen Anstrengungen in hohen Lagen. Es ist die Frage, wie sie das machen.

Ein Faktor ist, daß sie im Hochland leben. Die meisten der 3000 bis 4000 Sherpas in Khumbu leben wie ihre Vorfahren seit Jahrhunderten in Höhenlagen. Sie fangen also früh mit einer lebenslangen Gewöhnung an die Hypoxie in extremer Höhe an. Zum Beispiel hat sich ein Sherpa, der auf 3950 Metern geboren und aufgewachsen ist, an einen Partialdruck des Sauerstoffs gewöhnt, der um 37 Prozent niedriger ist als der auf Meereshöhe. Somit bedeutet die Höhe des Everest-Gipfels, wo der Sauerstoff-Partialdruck um 67 Prozent niedriger ist als auf Meereshöhe, für einen Sherpa eine kleinere, weniger einschneidende Veränderung gegenüber seinem Alltagsleben als für einen Tiefländer.

Ihre Physiologie zeigt mehrere Anpassungen, die den Sherpas gegenüber den Tieflandbewohnern diesbezüglich einen Vorteil geben. Sie atmen etwas mehr Luft pro Minute ein; sie verfügen über gesunde, schnell wirkende Gegenmaßnahmen bei Hyperventilation; und sie halten eine leicht erhöhte Konzentration von Hämoglobin, dem Blutmolekül, das Sauerstoff transportiert, aufrecht. Außerdem haben die Muskeln der Sherpas dichte Kapillaren, die den Sauerstofffluß zu arbeitenden Muskeln erhöhen können; und das Herz der Sherpas verwendet eine Mixtur von Stoffwechselenergie, die Sauerstoff besser ausnutzt als das Herz von Tieflandbewohnern.

Ein weiterer Faktor für die Leistungsfähigkeit der Sherpas ist körperliche Fitneß – ausgedrückt in der Formel VO_2 max, der höchsten Aufnahmekapazität von Sauerstoff, die ein Mensch erreichen kann. Körperlich aktive Sherpas haben ein VO_2 max, das mit dem von Athleten tieferer Lagen vergleichbar ist. Die bergsteigenden Sherpas scheinen eine besondere Untergruppe mit exzellenter Fitneß zu sein. Weiterhin haben Studien gezeigt, daß Sherpas während einer Bergtour ihr Körpergewicht halten und auch schlafen können; so vermeiden sie zwei verbreitete und schwächende Probleme, mit denen Bergsteiger aus Tieflandgebieten sich herumschlagen müssen.

Einige Sherpas haben eventuell auch einen genetischen Vorteil, wenn sie das wichtige Gen besitzen, das bei anderen Hochlandvölkern gefunden wurde und die Konzentration ihres sauerstoffbefördernden Hämoglobins erhöht.

Die Kombination all dieser Faktoren hat die Sherpas befähigt, das verminderte Sauerstoffangebot pro Atemzug teilweise auszugleichen und sich im Bergsteigen in extremer Höhe auszuzeichnen.

Beim Steigen auf große Höhen haben die Sherpas den Vorteil, daß sie sich seit Generationen an den niedrigeren Sauerstoffgehalt der Höhenluft anpassen und akklimatisieren.

teln geringer ist als auf Höhe des Meeresspiegels – würde dieselbe Person fast sofort das Bewußtsein verlieren und innerhalb weniger Minuten sterben.

Die 923 Höhenmeter vom Lager IV zum Gipfel sind äußerst problematisch. In extremen Höhen verringern sich physikalische Funktionen sehr schnell. Obwohl der Everest nur 237 Meter höher ist als der K2 – was einen Unterschied von nur drei Prozent barometrischen Drucks bedeutet –, gibt es einen unverhältmäßig großen Unterschied in der Fähigkeit von Körpern, Sauerstoff zu bewahren und auszunutzen.

Der Everest ist eine Klasse für sich. Houston betont, daß »der Everest-Besteiger mindestens die letzten paar hundert Meter mehr im Vertrauen auf Mut, Entschlossenheit und Elan als auf mehr Akklimatisierung erklimmen muß«.

In der Tat sind nach Wochen auf 6000 Metern Höhe die zusätzlichen Akklimatisierungsgewinne nur marginal. Bei der »Operation Everest« fand Houston heraus, daß der Zustand von Menschen sich oberhalb dieser Höhe sogar unter den optimalen Bedingungen einer Dekompressionskammer verschlechtert. Dr. Peter Hackett, der Direktor des Denali Medical Research Lab und Experte in Höhen-Physiologie, beschreibt die langsame körperliche Verschlechterung, die die Bergsteiger erleben, als »einen langsamen Tod durch Verhungern, Verdursten, Ersticken und Erfrieren«.

Obwohl die Bergsteiger, um sich zu akklimatisieren, weit nach oben steigen müssen, müssen sie doch ihren Aufenthalt dort zeitlich begrenzen. Ein Großteil des Erfolgs der Everest-Besteigungen der letzten Jahre beruht auf der Ausgewogenheit dieser Balance: soviel Akklimatisie-

rung, wie für den Gipfel nötig ist, bevor sie dafür zu geschwächt sind.

Einzelne Menschen reagieren unterschiedlich auf die Höhe, auch unter denselben Voraussetzungen, und diese Reaktionen sind laut Houston schwer vorauszusagen.

»Wir wissen wenig darüber, warum das so ist«, sagt Houston, »aber die wichtigsten Faktoren, die die Reaktion auf große Höhen bestimmen, sind: die Geschwindigkeit des Anstiegs, die erreichte Höhe, der momentane Gesundheitszustand und genetische oder andere Einflüsse. Einerseits haben Tausende von Bergsteigern die Methode verwendet, die vor allem die Zeit berücksichtigt: Man steigt langsam hoch und zum Schlafen wieder ab – Belagerungstaktiken, die als ›Steig hoch, schlaf tief‹ bekannt sind.«

Der »alpine Stil« ist die andere Methode, nach der die Bergsteiger im Basislager wohnen und auf nahe gelegene Gipfel klettern, wobei sie jeden Tag etwas höher steigen und dadurch zäh werden und sich akklimatisieren. Wenn Wetter- und individuelle Konditionen passen, gehen sie in einem Stück zum Gipfel. »Ebenfalls Dutzende von Leuten haben auf diese Weise sowohl den Everest als auch den K2 vom Basislager aus bezwungen«, fügt Houston hinzu, »aber einige starben. Es könnte also die riskantere Technik sein.«

Das Team beherzigte Houstons ehrlichen Rat bezüglich Akklimatisierung: Nimm dir Zeit beim Hochsteigen, überanstrenge und überesse dich nicht, trinke zusätzlich Wasser und höre auf deinen Körper.

Und, so erinnerte Jamling sie, höre auf Miyolangsangma, die Jungfrau des Windes.

FOLGENDE SEITEN:

»Wie kleine Ameisen in einer für Riesen erschaffenen Welt« – so beschrieb Edmund Hillary die Erfahrung seines Teams auf dem Everest. Hier klettern Bergsteiger über und um Eisbrocken von der Größe eines Hauses, während sie eine geeignete Route durch das sich dauernd verändernde, immer jedoch gefährliche Labyrinth des Khumbu-Eisbruchs suchen.

VIERTES KAPITEL

DER BERG, DER SICH AUS DEM MEER ERHOB

»… es ist der Wind, der den Schrecken ausmacht, den dieser Ort besitzt.«

SIR JOHN HUNT ÜBER DEN SÜDSATTEL

Bergsteiger sahen den Khumbu-Eisbruch von nepalesischer Seite aus erstmals 1950, in dem Jahr, als Dr. Charles Houston unter der ersten Gruppe von Ausländern war, die Khumbu besuchte. Die Aufzeichnungen der Gruppe, so sagte er, bestanden zu großen Teilen aus Superlativen, die Khumbus Schönheit und Herrlichkeit beschrieben. Aber ihr Eindruck vom Eisbruch selbst war ernüchternd. ❡ »Wir schauten lange auf den schrecklichen Eisbruch, der sich vom Western Cwm her ausbreitete, und kamen zu dem Schluß, daß der Weg sehr gefährlich und schwierig werden würde, vielleicht unmöglich.« ❡ Dieses Labyrinth aus Gletscherspalten und -brüchen sowie Eisblöcken in der Größe von Wohnhäusern hat mehr Menschenleben gefordert als jeder andere Teil des Berges. Lawinen donnern immer wieder von der Lhotse- und der Südwest-Wand des Everest

Links: Standard-Werkzeuge des Alpinistenhandwerks, Fixseile und Steigeisen mit Stahlzähnen, ermöglichen es dem Bergsteiger, Eiswände zu erklimmen – in diesem Fall eine der endlos variierenden, von der Sonne geglätteten Stufen des Khumbu-Eisbruchs.

herab und rutschen über den Gletscher; Hunderte von Tonnen schwere Eisklötze schieben und wälzen sich ohne Vorwarnung herum; scheinbar bodenlose Gletscherspalten öffnen und schließen sich, wenn auch eher langsam. Schaut man vom Basislager zum Khumbu-Eisbruch hoch, meint man, von einer Flutwelle aus gigantischen Eiswürfeln überschwemmt zu werden.

Bei der amerikanischen Everest-Expedition von 1963, die zum Teil von der National Geographic Society finanziert wurde, gab es den ersten ausländischen Toten auf der nepalesischen Seite des Everest. Dr. Gil Roberts führte die zweite Seilschaft durch den Eisbruch an, zehn Meter hinter der vorderen Gruppe, als eine neun Meter hohe freistehende Eiswand umkippte und seinen guten Freund Jake Breitenbach unter sich begrub. Gil war teilweise verschüttet worden, befreite sich aber selbst und begann die anderen auszugraben.

Gil kämpfte mit seinen Gefühlen, als er das Seil durchtrennen mußte, das zu Jake führte, der hoffnungslos unter dem Eis begraben war. Als er dann den verletzten Überlebenden beim Abstieg durch den Eisbruch half, hörte er einen fast menschlich wirkenden Schrei. Es war ein Rabe, ein *gorak*, von dem es heißt, er sei der glückliche Träger menschlicher Seelen, der neben ihm aus einem Riß im Eis hochflog.

Jakes Leichnam kam 1970 aus dem Khumbu-Gletscher zum Vorschein, und ein Kamerad aus seinem Team, Barry Bishop, trug ihn zum Begräbnis auf den Grat über Tengboche.

Bishop erreichte mit der 1963er Expedition den Gipfel und arbeitete später viele Jahre beim Committee for Research and Exploration der National Geographic Society. Seine Familie war die erste in Amerika, von denen zwei Mitglieder

Rechts: Barry Bishop und Lute Jerstad queren 1963 die Lhotse-Flanke, der Genfer Sporn liegt direkt vor ihnen. Darüber liegen der Südsattel und der Südostgrat, den sie nach einer Übernachtung im höchsten Lager des Teams in 8382 Meter Höhe erklimmen werden.

– er und sein Sohn Brent – auf den Gipfel des Everest stiegen. 1994 starb Bishop bei einem Autounfall, als er auf dem Weg war, sich einen Preis der American Himalayan Foundation – eine Würdigung seiner Leistung – abzuholen. Ein Teil von Bishops Asche ist nun bei Tengboche neben Jake Breitenbach begraben.

EIN SCHRECKLICHER ORT

Das Team würde die letzten drei Aprilwochen dafür brauchen, die höher gelegenen Lager einzurichten und mit Vorräten auszustatten. Doch zuerst müßten sie durch den Eisbruch kommen.

Normalerweise wird die Route durch den Eisbruch von einem einzelnen Team, das für diese Leistung von den anderen Teams bezahlt wird, gefunden und unterhalten. Im zeitigen Frühling, ehe die meisten Expeditionen im Basislager angekommen waren, erforschte eine internationale Gruppe unter der Leitung des schottischen Bergsteigers Mal Duff den Eisbruch auf der Suche nach der sichersten und direktesten Route. Ihr folgten Seilschaften, die Leitern, 1800 Meter Seile und viele Eisenwaren mit sich führten: 100 Eisschrauben und 100 Firnanker (einen Meter lange Aluminiumpfähle), mit denen die Fixseile und die Leitern über die Gletscherspalten verankert wurden. Die Absturzgefahr wird durch den Einsatz von Fixseilen, die entlang freier Abschnitte der Route für die Dauer der ganzen Saison angebracht sind, größtenteils verringert. Bergsteiger haben eine Aufstiegshilfe oder Karabiner an ihrem Geschirr, die sie an das Seil haken; sie lassen sie auf dem Weg nach oben daran entlanggleiten, und der Karabiner hält sie, wenn sie fallen.

Über 60 jeweils zweieinhalb Meter lange Alu-

miniumleitern können im Eisbruch verwendet werden. Für eine waagrechte Brücke werden bis zu vier solcher Leitern mit Bolzen oder Plastikseilen zusammengefügt. In der Mitte der Spalte können wegen des entnervenden Schwingens viele Bergsteiger nur kriechen.

»Eine Leiter wie diese ist ein bißchen *wow*«, sagte Araceli aufgeregt. »Ich schau nach unten und dann auf mein kleines Seil – falls ich abstürze, wird mich hoffentlich jemand holen und hochtragen.« Vor ihrem ersten Everest-Versuch im Jahr zuvor hatte Araceli mehrere furchteinflößende senkrechte Routen im Yosemite-Park erklommen. Damit verglichen war der Eisbruch technisch ein Klacks, aber er gab ihr zu denken. »Da gibt es eine Stelle, wo du manchmal gleich dort drüben deine Freunde siehst und nahe an sie herankommst, auf gleiche Höhe; und dann gehst du doch wieder nach unten«, fügte sie hinzu. »Es ist ein Labyrinth aus sich verschiebendem türkisfarbigem Eis. Das ist der herausforderndste und zugleich amüsanteste Teil der Tour, aber du darfst hier nicht zur falschen Zeit sein.«

Ed erinnerte sich an eine prekäre Stelle, auf die er 1994 gestoßen war. »Um eine Eiswand hochzusteigen, benutzten wir neun Leitern, die jeweils an den Enden zusammengebunden waren, mit Halteseilen, die davon wie Trapezdrähte ausgingen. Das war ein verrückter Ritt – die Konstruktion bog sich nahe der Spitze nach hinten und schwang fürchterlich hin und her.« Die niedrigere Seite der Gletscherspalte senkte sich von Tag zu Tag mehr, und Ed und sein Team fanden jeden Morgen die oberste Leiter weitere eineinhalb Meter unterhalb des oberen Rands. Jeden Tag schnallte sich ein Sherpa weitere Leiterstücke auf den Rücken, kletterte die wankende Konstruktion hoch und band die Leitern ans obere Ende.

Wenn die Leitern im Eisbruch festgemacht sind, müssen sie aufgrund der Bewegungen täg-

lich neu angepaßt werden, vor allem später in der Saison. Schrauben schmelzen aus dem Eis, der Gletscher bewegt sich, Spalten verbreitern sich, und manchmal fallen ganze Abschnitte des Gletschers zusammen und machen die ganze Route unpassierbar.

»Durch den Eisbruch zu klettern ist, wie zu versuchen, schwarz gekleidet bei Nacht eine vielbefahrene Autobahn zu überqueren«, schrieb Jim Litch, Bergsteiger und Arzt an der Klinik der Himalayan Rescue Association in Pheriche. »Der Unterschied besteht darin, daß Bergsteiger es nicht bei einem Versuch belassen, sondern den Trip immer wieder machen, bis das Risiko annehmbar wird.«

Bemerkenswert ist, daß seit 1992 niemand mehr im Eisbruch gestorben ist. Am 8. April, als Ed das erstemal hindurchstieg, bemerkte er, daß sich der Eisbruch in der besten und günstigsten Form befand, die er je gesehen hatte, teilweise bedingt durch die heftigen Schneefälle im Winter und Frühjahr. Trotzdem gehen Bergsteiger nur am frühen Morgen durch den Eisbruch, wenn die Eisbrücken und Gletscherspalten fester gefroren sind.

Als der Gipfel-Tag näherrückte, kletterten die Sherpas unbeladen vom Lager II zum Lager III auf der Lhotse-Flanke oder -Wand, nahmen Materialladungen auf und trugen sie zum Südsattel, dann gingen sie noch am selben Abend zurück zum Lager II.

Wie die Bergsteiger genießen auch die Sherpas die Herausforderung und den Wettkampf, und viele sind so stark wie die besten Bergsteiger. »Leute, die den Everest bestiegen haben, prahlen mit ihrem Erfolg, doch wenige von ihnen erwähnen, daß 95 Prozent der Arbeit – die schwere Arbeit – von den Sherpas verrichtet wurde«, kommentierte Ed. »Ich habe bemerkt, daß die Bergsteiger und Kunden, die am meisten vom Erreichen des Gipfels reden, jene sind, die die täg-

liche Arbeit, die nötig war, um sie so weit zu bringen, vermieden haben. Sie sind auch oftmals diejenigen, die in Schwierigkeiten geraten.«

Ed verlangt nichts von den Sherpas, was er nicht selbst tun würde. Er arbeitet an einem Bericht, überfliegt mit ihnen Pläne und läßt sie spüren, daß er sie nicht einfach herumkommandiert. »Ich weiß, daß ich sie nächstes Jahr wieder treffen werde, und ich will ein gutes Arbeitsverhältnis aufrechterhalten – und eine gute Zeit haben.«

David und Robert nutzten Gelegenheiten zu filmen, wann immer sie konnten. Sie installierten die sperrige Kamera im Eisbruch, obwohl sie von widerstreitenden Anforderungen entnervt wurden: einerseits schnell durch die heimtückische Landschaft zu kommen und andererseits auf das richtige Licht zu warten. Sie bekamen die Aufnahmen,

Barry Bishop von der National Geographic Society schrieb Geschichte, als er mit dem ersten amerikanischen Team den Gipfel erreichte. Sein Sohn Brent wiederholte die Tour etwa 30 Jahre später.

die sie brauchten, außer bei einer Panne. »Schnell, eine Wolke kommt, wir müssen dieses Licht ausnutzen!« sagte David zu Robert während eines prekären Kameraaufbaus.

»Ich versuchte mich zu konzentrieren, aber irgendwie drehte sich die Ladungsskala in die falsche Richtung«, erzählte Robert. »Die Kamera beschleunigte, aber die Stifte, die den Film transportieren, waren nicht genau justiert und bohrten neue Löcher in den Film. Die Kamera blockierte und produzierte einen richtigen Film-Salat. Mit Zelluloid-Konfetti.«

Nur ein paar Tage vorher hatte die Filmcrew im Basislager eine Zeitrafferaufnahme von goldenen Wolken gemacht, die über den Schattenriß eines Gipfels dahinzogen. Die Kamera gab ein ungewöhnliches Geräusch von sich und begann dann zu qualmen. Brad besann sich sofort auf

EVEREST: GIPFEL OHNE GNADE

DER BERG, DER SICH AUS DEM MEER ERHOB

ihre Magnesium-Konstruktion: Die Kamera könnte sich selbst entzünden. Schnell schraubte er das Objektiv ab, und ein Ring von Rauch kam aus dem Innern des Kamerakörpers heraus. Er verfolgte den Qualm bis zu einem fehlerhaften, billigen Teil, von dem ihnen versprochen worden war, es sei bombensicher. Glücklicherweise hatte Brad Ohlund ein Ersatzstück mitgenommen, und die Kamera lief nach ein paar Stunden wieder.

Am folgenden Tag waren vom Fuß des Eisbruchs mehrere Steigeisenpaare, die sie üblicherweise dort zurückließen, wenn sie auf dem Schutt des Basislagers herumgingen, gestohlen worden. David berief ein Treffen der Teamleiter ein, um sie darauf hinzuweisen, daß ihre Rückgabe gefordert werden müsse, falls sie auftauchten, und um die Bedeutung des Diebstahls hinsichtlich der langen Tradition der Bergsteiger-Etikette zu erörtern. Später im Lager erzählte er Steve Judson, er spüre, daß der Vorfall ein schlechtes Zeichen sei.

RETTUNG

Die Gletscherspalten im Eisbruch sind so tief, daß die Sherpas beim Blick in ihre blauschwarzen Tiefen oft scherzen, sie schauten »nach Amerika hinein«. In eine hineinzustürzen bedeutete dementsprechend »ein Visum für die USA zu bekommen«.

Am 8. April verkündete ein Funkspruch, daß sich im Western Cwm ein Unfall ereignet hätte. Ein ungesicherter Sherpa in Rob Halls Team war

Eine Aluminiumleiter – aus einigen der über 60 Leiterabschnitte gemacht, die von einer kommerziellen Expedition über dem Khumbu-Eisbruch verstreut installiert und unterhalten werden – überbrückt eine Gletscherspalte für Sumiyo Tsuzuki. Ein Fixseil würde ihren Sturz bremsen, falls sie ausrutschen sollte.

DIE HÖCHSTE VERWERFUNG DER ERDE

VON KIP V. HODGES, PROFESSOR FÜR GEOLOGIE, MASSACHUSETTS INSTITUTE OF TECHNOLOGY

Zwei Verwerfungstypen spielten bei der Entstehung des Himalaja eine große Rolle: Schubverwerfungen und normale Verwerfungen. Schubverwerfungen markieren die Zonen, an denen große Schollen Kontinentalkruste über andere Schichten geschoben werden.

Wenn Sie einmal einen Schneepflug bei der Arbeit zugeschaut haben, haben Sie gesehen, wie große Harschschneeplatten vor dem Schneepflug aufgehäuft wurden. In fast der gleichen Weise werden Gesteinsschollen aufgehäuft, die die verstärkte Kruste einer Bergkette bilden.

Normale Verwerfungen entstehen anders: Sie machen die Kruste eher dünner als dicker. Legen Sie ein Kartenspiel auf einen Tisch und breiten Sie es mit der Hand aus. Dies läßt jede Karte über die benachbarten Karten gleiten – so wie sich normale Verwerfungen bewegen – und einen breiteren, aber dünneren Kartenhaufen entstehen. Normale Verwerfungen treten üblicherweise eher in Regionen mit verdünnter Kruste auf, wie zum Beispiel im Ostafrikanischen Graben, als in Bergregionen. Daß sie im Himalaja vorkommen, bedeutet, daß die Bergkette im Laufe ihrer Geschichte nicht höher und stärker wurde, sondern unterbrochene Episoden der Verdünnung und des »Zusammenbruchs« erfuhr. Dies trat wahrscheinlich dann auf, wenn die Kruste der Bergkette zu heiß und zu schwach wurde, um ihr Eigengewicht zu tragen.

Eine der spektakulärsten normalen Verwerfungen im Himalaja ist die Chomolungma-Ablösung. Sie befindet sich nahe beim Gipfel des Everest, wurde aber nie von Geologen auf dem Berg selbst untersucht, denn ihre genaue Position kennt man nicht. Nach Luftaufnahmen zu schließen, ist die Verwerfung fast horizontal und besteht aus Schichten, die sich durch mehrere Gipfel nördlich des Everest und ins Rongbuk-Tal nach unten ausbreiten. Nahe dem Talboden haben Geologen die Chomolungma-Ablösung untersucht, und sie stellten fest, daß sie den oben liegenden Kalkstein aus dem Ordovizium (zwischen 434 und 490 Millionen Jahre alt) von viel älterem metamorphem Gestein darunter trennt. Eine der Gesteinslagen direkt unter der Verwerfung ist ein gelber Marmorstreifen, der sich im Kambrium als Kalkstein ablagerte und sich viel später, während des Miozäns, in Marmor verwandelte.

In der Nähe des Everest-Gipfels haben Bergsteiger Gesteinsbrocken gesammelt, die dem Ordovizium-Kalkgestein im Rongbuk-Tal ähnlich sind. Diese und andere Beweismaterialien ließen Geologen darüber spekulieren, daß der gelbe Marmor im Rongbuk-Tal das gleiche Gestein wie das berühmte Gelbe Band, eine der auffallendsten Wegmarken für Bergsteiger auf dem Everest, ist. Wenn dem so ist, würde das bedeuten, daß sich die Chomolungma-Ablösung irgendwo zwischen dem Gelben Band und dem Gipfel, eventuell an der Oberkante des Gelben Bandes, befindet. Um diese Hypothese zu überprüfen, sammelte das »*Everest*«-Filmteam Gesteinsproben in und direkt über dem Gelben Band. Die Proben aus dem Gelben Band bestehen in der Tat aus dem gleichen Material wie der Kambrium-Marmor im Rongbuk-Tal, aber die Probe von direkt oberhalb des Bandes ist eher metamorpher Schiefer (verwandeltes Schiefergestein) als Kalkstein. Dies legt die Vermutung nahe, daß die Ablösung noch höher auf dem Berg zu finden ist. Gesteinsproben von anderen Expeditionen schienen zu beweisen, daß sich die Verwerfung unterhalb des Hillary Step befindet, aber ihre genaue Position bleibt Sache von Spekulationen. In jedem Fall aber ist die Chomolungma-Ablösung so gut wie sicher die »höchste« Verwerfung der Welt.

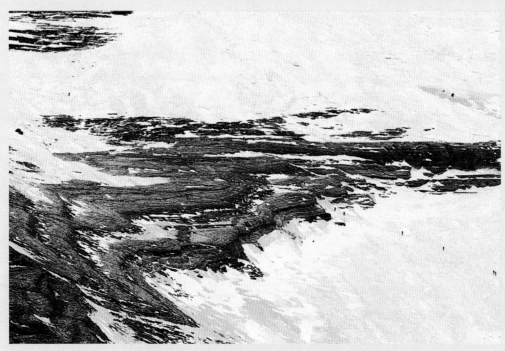

Das bröckelige, farbenfrohe Gestein des Gelben Bandes, einer auffälligen Wegmarke für Bergsteiger beim Aufstieg zum Gipfel, wurde vor Millionen von Jahren als Sediment des Tethys-Meers abgelagert.

DER BERG, DER SICH AUS DEM MEER ERHOB

durch eine Schneebrücke in eine versteckte Gletscherspalte zwischen Lager I und Lager II gestürzt. Wie durch ein Wunder war er auf einem halbinselförmigen Sims, umgeben von Dunkelheit und Tiefe, gelandet.

Der Sherpa wurde von seinen Teamkollegen hochgezogen und verbrachte mit Verdacht auf Oberschenkelbruch zwei Tage im Lager I. Am komplizierten Weitertransport, der fast einen ganzen Tag dauerte, waren 35 Leute beteiligt, unter anderen sechs Sherpas vom »Everest«-Team. Vom Basislager aus wurde der Sherpa per Hubschrauber nach Katmandu gebracht. Er war einer von fünf Sherpas, die Rob Hall vorausschickte, um Lager II einzurichten, noch bevor Rob Hall im Basislager eingetroffen war und bevor in Halls Basislager eine Puja abgehalten worden war. Einige Sherpas brachten den Unfall mit diesem Traditionsbruch in Zusammenhang.

Etwa zwei Wochen später meldete Audrey, daß im Eisbruch tanzende Lichter zu sehen seien. Nawang Dorje, ein Sherpa aus Scott Fischers Team, war krank geworden und wurde am 24. April von Teamkameraden herunterbegleitet. Sein symptomatisches Röcheln, von Flüssigkeit in der Lunge ausgelöst, ließ an ein ernstes Lungenödem denken, und als sich sein Zustand nicht besserte, vermuteten die Ärzte, daß es von anderen Faktoren verkompliziert wurde. Auch in der Pheriche-Klinik auf 4267 Metern blieb sein Zustand kritisch, und am 26. April, als endlich das Wetter genug aufklarte, um zu fliegen, wurde er mit dem Hubschrauber nach Katmandu gebracht.

Audrey berichtete auch, daß ein Mitglied von Mal Duffs Gruppe am 20. April während der Tour vermutlich einen Herzinfarkt erlitten hatte und nach Katmandu gebracht worden war. Zehn Tage später verunglückte ein dänischer Bergsteiger aus Mal Duffs Team beim Abstieg von Lager II und trug ein paar gebrochene Rippen davon. David und Robert waren in der Nähe und sahen, daß der Mann nur langsam und mit Schwierigkeiten gehen konnte. Robert und der Sherpa Thilen entschieden sich, ihm durch den Eisbruch zu helfen, wo er von Teamkollegen erwartet wurde.

Das Team befürchtete noch mehr Unfälle unterhalb von Lager I. Viele der Taiwaner, die durch den Eisbruch stolperten, schienen nicht auf den Everest zu gehören: Einige wußten nicht, wie sie ihre Steigeisen befestigen mußten, und hatten Schwierigkeiten, damit richtig zu gehen. Auch die Südafrikaner hatten Probleme. Während ihres Trecks gaben ihre drei erfahrensten Bergsteiger aufgrund von Sicherheitsfragen auf und bezeichneten den Expeditionsleiter Ian Woodall als extrem unprofessionell. In der restlichen Zeit der Saison teilte das südafrikanische Team nicht den Kooperationsgeist, der fast immer in den Bergen herrscht.

Henry Todd, der seine eigene Gruppe führte, war besorgt genug, um der Südafrikanerin Deshun Deysel, die nie zuvor auf Eis und Schnee gewesen war, Unterricht im Eisklettern zu geben. Es stellte sich heraus, daß Ian Woodall nie eine Genehmigung für sie zur Teilnahme an der Expedition bestätigt hatte.

David stellte unter den unerfahrenen Kunden eine bestimmte »Mode« fest: Sie hatten die richtige Ausrüstung, jedoch am falschen Platz, und sie waren unbeholfen im Umgang damit. Er achtete darauf, mit denjenigen, denen er begegnete, ins Gespräch zu kommen. Er beschwor sie, extrem vorsichtig zu sein, und erinnerte sie an die gefährlichen Abschnitte der Tour. Führer der kommerziellen Gruppen waren sich der Unerfahrenheit vieler ihrer Kunden bewußt und nahmen sich vor, eine Regel bezüglich der Umkehrzeit aufzustellen. Nach längerer Diskussion einigten sie sich darauf, daß sie am Gipfel-Tag um 14 Uhr zum Südsattel umkehren müßten, falls Kunden bis dahin den Gipfel nicht erreicht hätten. Kein Führer wollte bei Dunkelheit seine zum Lager IV stolpernden Klienten einsammeln.

139

Am 30. April ging das Team zum Basislager zurück. Lager II und Lager III waren eingerichtet. Lager IV auf dem Südsattel war mit Sauerstoff, Lebensmitteln und anderen Vorräten ausgerüstet worden. Sie waren bestmöglich akklimatisiert und brauchten nun ungefähr fünf Tage, um sich auszuruhen und etwas von dem Gewicht, das sie weiter oben auf dem Berg verloren hatten, wiederaufzubauen.

Eines Abends fand in Rob Halls Speisezelt eine rauhe Party statt. Einige Bergsteiger fragten sich im stillen, warum jemand vor dem Gipfelsturm eine Party gab. Andere konnten das Bedürfnis verstehen, etwas von dem Dampf abzulassen, der aus der Spannung von Wetter, Logistik, dem Gedränge und der gefährlichen Aufgabe, den Berg zu besteigen, entstanden war. Für Hall war der Einsatz dieses Jahr besonders hoch: Weder er noch jemand aus seiner Gruppe hatte im Jahr zuvor den Gipfel erreicht, und diesmal hatte er noch zwei Kunden mehr dabei.

Beim Abendessen schien das Film-Team entspannt zu sein. Jeder hatte Lager III erreicht und war sicher zurückgekommen. »Der interessantere Teil ist für mich der *fehlende* Berg – das, was die Erosion abgetragen hat«, merkte Roger eines Abends mit scherzhafter Ironie an. »Jeder hier scheint vor dem Zeug, das übriggelassen wurde, von Ehrfurcht ergriffen.«

»DIESE GANZE BERGKETTE LAG UNTER DEM MEER«

Sogar der Gipfel des Everest enthält Gestein, das aus Sedimenten eines antiken Meeres – oder von Seen – gebildet wurde. Die 450 Millionen Jahre alten Meeres-Kalkstein-Ablagerungen könnten öfter als einmal auf den Spitzen von Bergketten und dann zurück im Meer gewesen sein, und in zehn Millionen Jahren könnten sich die erodierten Überreste des Everest wieder auf dem Boden des Indischen Ozeans befinden. »In ein paar tausend Jahren schon – für die Geologie ein kurzer Augenblick – wird der Everest wahrscheinlich nicht mehr der höchste Berg der Welt sein«, erklärte Roger in einer Stegreif-Lektion eines Abends nach dem Essen. »An einem bestimmten Punkt wird seine Spitze der Schwerkraft nachgeben und in einem großen Erdrutsch einfach den Abhang heruntergleiten.«

Weil er so dynamisch ist, ist der Himalaja eines der weltweit größten Laboratorien für Studien über die Entstehung von Bergen und Erosion. In Khumbu ist die Geologie unmittelbar präsent, insbesondere oberhalb der Baumgrenze, wo es nur wenig Vegetation gibt, die die Klippen und Felsen verbirgt.

Als sich Roger einmal in der Nähe des Basislagers aufhielt, sich umdrehte und die felsige Berglandschaft betrachtete, schien er zu sagen: *Jetzt macht alles einen Sinn.* Jamling sah, wie er sich bückte, um einen weiteren Stein vom Wegesrand aufzuheben.

»Leg ihn wieder hin«, zog ihn Jamling auf. »Wir werden vielleicht einige deiner wissenschaftlichen Geräte für dich zum Südsattel tragen, aber bitte uns nicht, *Steine* zu schleppen!«

Roger Bilham war bei der Einführung der Benutzung von GPS (Global Positioning System)-Empfängern beteiligt, die die Oberflächenbewegung der Erde messen, und er arbeitet mit der nepalesischen Regierung und ansässigen Wissenschaftlern daran, über den Himalaja verstreut ein Netzwerk von GPS-Aufnahmepunkten zu installieren. Aufgrund der Signale von GPS-Satelliten, die über den Zeitraum von einer Woche aufgenommen werden, können die jeweiligen Positionen dieser Punkte mit einer Genauigkeit von plus/minus drei Millimetern berechnet werden. Eine dauerhaft befestigte Einheit wurde installiert, als die Expedition durch Namche-Basar kam.

Die Beobachtungen von vertikaler und horizontaler Bewegung werden dann mit Informa-

DER BERG, DER SICH AUS DEM MEER ERHOB

tionen über mikroseismische und geologische Strukturen kombiniert. »Indem man all dies aufzeichnet, können wir Folgerungen über die Art und das Ausmaß der Deformation und Tiefe ziehen, die wiederum Informationen über mögliche zukünftige Erdbeben liefern«, erklärte Roger.

Robert und David begleiteten Roger auf den Kala Pattar oder »Schwarzen Felsen«, einen relativ kleinen Gipfel über dem Basislager. Die Felsen des Kala Pattar sind mit einer dunklen Schicht von »Wüstenlack« bedeckt, der durch Sonnenbestrahlung über Tausende von Jahren entstanden ist; wenn der Fels aufgebrochen wird, sieht man, daß es eigentlich heller Granit ist. Dort aktivierte Roger einen der von Solar-

Heimat fern der Heimat: Von Schnee umhüllte Zelte im Lager II – auch »oberes Basislager« genannt – drängen sich in 6492 Meter Höhe zusammen. Der Platz ist tief genug gelegen, daß sich Bergsteiger längere Zeit hier aufhalten können, ohne unter der beschleunigten Verschlechterung ihres Befindens zu leiden, die weiter oben auftritt.

energie betriebenen GPS-Empfänger, um die Entfernung zu Lukla, Pheriche, Dingboche und Tengboche, wo während der Expedition GPS-Aufzeichnungen gemacht würden, zu messen und zu berechnen.

Die Bergsteiger würden ein sechstes Aufzeichnungsgerät mit zum Südsattel nehmen, einem ungefügen, aber wertvollen Standort. Die Täler von Khumbu sind mit losen Gletschermoränen bedeckt, und ihre Ränder sind zu steil für den Empfänger. Der relativ flache Südsattel hat eine ausgezeichnete Himmelssicht und befindet sich auf Grundgebirge, das frei von Schnee ist. »Solange jemand anderer das Gerät dort hochträgt, bin ich sehr froh«, sagte Roger.

Die acht GPS-Navigationssatelliten senden auf derselben Frequenz, aber für einen stationären Empfänger scheinen sich ihre Frequenzen zu verschieben, da sie sich relativ zueinander bewegen – so wie das sich verändernde Geräusch eines Hochgeschwindigkeitszuges zum Pfeifen wird, wenn er am Beobachter vorbeifährt. Der GPS-Empfänger ist mit Satelliten-Standorten programmiert, und er enthält eine sehr genaue Uhr, die es ihm ermöglicht, die Satelliten zu unterscheiden und somit seinen Standort zu errechnen.

Die GPS-Messungen zeigten, daß Namche-Basar sich mit einer Geschwindigkeit von etwa einem Zentimeter im Jahr auf das Rongbuk-Kloster direkt im Norden des Everest zubewegt.

»Unsere Messungen lassen darauf schließen, daß sich die Indische Platte in Richtung Norden unter Tibet schiebt, an einer schiefen Ebene etwa 15 Kilometer unterhalb von Namche«, erklärte Roger. »Über dieser Ebene werden Felsen, die von der Indischen Platte gekratzt werden, an der Kontaktstelle zwischen Indien und Tibet gefangen und nach oben gestoßen.

15 Kilometer weiter unten sind die Empfänger südlich von Namche, die vorübergehend an die Indische Platte geheftet wurden, in Richtung Tibet gewandert. Doch wie ein Sturmbock versucht Tibet, die Berge nahe Namche in ihrer Bewegung nach Norden zu bremsen. In Richtung Süden herrscht Ruhe, aber in Namches Norden ist einiges los. Zum Beispiel kann der starke Druck unterhalb von Tengboche es schneller wachsen lassen als den Everest. Nach neuesten Daten wächst Gesamt-Khumbu um etwa einen halben Zentimeter pro Jahr.«

SCHWERE ERDBEBEN SIND UNVERMEIDLICH
Die Geschwindigkeit, mit der sich die Indische und die Eurasische Platte aufeinander zubewegen, scheint über dem Bogen des Himalaja relativ gleichmäßig zu sein. Und viel von dieser An-

näherung geht in einer etwa 80 Kilometer breiten Region am Rand des Tibet-Plateaus vor sich.

»Prithvi Narayan Shah, der 1768 das moderne Nepal gründete, beschrieb Nepal als ›Kürbis, der zwischen zwei harten Felsen zerdrückt wird‹«, sagte Roger. »Er meinte zwar einen politischen Sachverhalt, als er das schrieb, aber der Vergleich gilt auch in geophysikalischem Sinn.«

Der Beweis für diese Platten-Konvergenz sind die vielen tausend fast unmerklichen Erdbeben jedes Jahr im Himalaja. Gelegentliche schwerere Beben (mit dem Wert 7 auf der Richter-Skala) bedeuten heftige Bewegungen unter dem Himalaja, aber viele Seismologen glauben, daß nur die seltenen großen Erdbeben (über 8 auf der Richter-Skala) wirklich Indiens Bewegung in Richtung Norden ausdrücken.

Wo es keine großen Erdbeben gibt, verschieben sich die Platten nicht, sondern drücken sich gegen den Himalaja, »wie die Windung einer ungeheuren Sprungfeder«, erklärte Roger. »Die im folgenden aufgebauten elastischen Kräfte müssen schließlich in Form eines katastrophalen Bebens freigesetzt werden. In wenigen Augenblicken können sich Teile des Himalaja südlich von uns sprunghaft fünf Meter – möglicherweise über zehn – in Richtung indische Ebenen bewegen.«

Theoretisch sollten Geologen aufgrund der Messung dieses Drucks durch Techniken wie GPS in der Lage sein, die Häufigkeit großer Erdbeben einzuschätzen.

In einer bestimmten Region im Himalaja kann alle 200 bis 400 Jahre ein großes Beben erwartet werden. Vier haben sich allerdings allein in den letzten 100 Jahren ereignet. Sie setzten große Mengen Druck frei, der sich etwa über der halben Bergkette aufgebaut hatte. Die anderen Gebiete des Himalaja-Bogens, wo lange Zeit kein Beben auftrat, sind wohl als nächste dran.

Eine der größten »Lücken« in der Erdbeben-Geschichte liegt zwischen Katmandu und Dehra

WO DER HIMALAJA HERKOMMT

VON PETER MOLNAR, CHEF DER FORSCHUNG, DEPARTMENT OF EARTH, ATMOSPHERIC AND PLANETARY
SCIENCES, MASSACHUSETTS INSTITUTE OF TECHNOLOGY

Vor 250 Millionen Jahren war Indien nur ein kleiner Teil von Gondwana, einem großen Urkontinent, der Südamerika, Afrika, die Antarktis, Australien und andere, kleinere Landstückchen umfaßte. Vor etwa 100 Millionen Jahren hatte diese riesige Landmasse begonnen, in kleinere Teile, die heutigen Kontinente, zu zerbrechen. Darunter war Indien, das seine tektonische Reise in Richtung Eurasien begann, wobei es die im geologischen Sinne halsbrecherische Geschwindigkeit von etwa zehn Zentimetern pro Jahr erreichte – ungefähr viermal so schnell, wie Fingernägel wachsen.

Die Bewegung wurde verlangsamt, aber nicht gestoppt, als Indiens Nordrand Eurasiens Südrand erreichte und das angebahnt wurde, was die »Indisch-Eurasische Kontinental-Kollision« genannt wird. Das Bild eines Höchstgeschwindigkeits-Sportwagens, der in einen geparkten 50-Tonnen-Laster knallt, ist trotzdem irreführend, und wenn nur deshalb, weil Indien sich seit 50 Millionen Jahren ohne einen Hinweis auf weitere Verlangsamung in Eurasien rammt. Die Himalaja-Bergkette ist nur ein Blechschaden, ein verbogenes Schutzschild, verglichen mit dem ausgedehnten Faltenwurf, den Brüchen, Verbiegungen und Verdrehungen, die benachbarten Regionen zugefügt wurden.

Der Zusammenstoß dieser zwei Landmassen hat das südliche Eurasien zusammengepreßt und emporgehoben und so das Plateau Tibets gebildet, und weiter nörlich hat er einen Keil erhöhten Terrains gepflügt, der die höchsten Berge außerhalb des Himalaja und Tibets (Tian-Shan), den tiefsten See (Bai-

kal) und das zweittiefste Talbecken (Turfan) umschließt. Darüber sind Friedhöfe menschlicher Katastrophen verstreut. Die anhaltende Kollision hat die verheerendsten Erdbeben der Welt verursacht, von denen einige über 100 000 Menschenleben kosteten.

Der Meeresboden nördlich von Indien war schon vor der Kollision unter den Südrand Eurasiens geglitten. Die Lithosphäre, die äußerste Schicht der Erde, die sowohl die Kruste als auch den harten obersten Mantel umfaßt, trägt nicht nur den Meeresboden als »Passagier«, sondern auch den Indischen Subkontinent. Die Kollision begann, als der Indische Subkontinent südlich von Eurasien nach unten in einen »Tiefseegraben« gelenkt wurde und, da er dem Meeresboden vor sich folgte, anfing, unter den Rand Eurasiens zu rutschen. Es hätte ein beständiger, wenig ereignisreicher Prozeß gewesen sein können, wären da nicht zwei wichtige Faktoren gewesen.

Erstens ist die Kruste leicht und schwimmt daher oben; wie ein Rettungsfloß im Wasser versinkt sie nicht in der Erde. Statt der dünnen Meereskruste unter Eurasien zu folgen, weigerte sich die Kontinentalkruste Indiens unterzutauchen, schob sich nordwärts und quetschte und verstärkte die Kruste Eurasiens, während sie vorrückte. Viel von dieser verstärkten Kruste Eurasiens unterlegt nun das Plateau Tibets und trägt seine hohe, ebene Oberfläche.

Zweitens sind Kristalle des Mantelgesteins härter als die Kristalle des chemisch unterschiedlichen Krustengesteins. Bei Temperaturen, die für die untenliegende

Kruste und den Mantel darüber charakteristisch sind, kann Mantelgestein sich Deformationen widersetzen, während Krustengestein eher bricht oder (nach geologischen Maßstäben) wie Honig zerfließt. Als nun Indien in Eurasien eindrang, wurden Scheiben von Indiens Nordrand abgekratzt und auf Haufen im Hintergrund geworfen, während sein Mantel und die darunter liegende Kruste sich fast unbeschädigt vorwärts bewegten. Als es Südeurasien tiefer in den Rest Eurasiens hineinschob, trug Indien diesen anwachsenden Haufen von Krustenscheiben nach Norden – einen sehr beeindruckenden Haufen, denn diese Scheiben bilden fast allein den Himalaja. Die Grenze zwischen dem alten Südrand Eurasiens und Indiens Nordküste – die Kontaktzone der Kollision – wird von den Flüssen Indus und Tsangpo markiert, die direkt nördlich vom und parallel zum Himalaja durch Tibet fließen. Am ganzen Verlauf dieser Flüsse kann man verstreute Blöcke aus dunkelgrünem Fels finden, die einst den Boden des Indischen Ozeans bildeten.

Der Himalaja besteht aber noch aus mehr. Tief eingeschnittene Scheiben vom Fels des eurasischen Binnenlands wurden ebenfalls durch das Darüberkratzen abgetrennt, dann nach hinten über Tibet geschoben und schließlich in Tiefen von 20 bis 30 Kilometer oder mehr begraben. Dieses durchdringende Abtrennen zeigt sich im hohen Himalaja an einer bestehenden, nach Norden gerichteten Neigung von Schichten, die an einen umgekippten Kartenstapel erinnert. Dieser nordwärts geneigte Stapel ist zehn Kilometer dick und

besetzt eine 30 Kilometer brcite Region südlich der hohen Gipfel. Durch den überdeckenden Effekt des dicken Haufens von Indien abgekratzten Materials erwärmt, verwandelten sich die begrabenen Felsen, und einige davon schmolzen und bildeten den ungewöhnlichen weißen Granit, der für vor kurzem geschmolzenes Himalaja-Felsgestein typisch ist. Dieses stark geschmolzene und verwandelte Binnenlandgestein kam auf hohen Gipfeln und in tiefen Tälern ans Tageslicht. Ein besonders eindrucksvoller Teil dieses bemerkenswerten Felsens unterlegt den Nuptse, direkt südwestlich des Everest.

Gipfel wachsen mit einer Geschwindigkeit von ein paar Millimetern pro Jahr, als Reaktion auf den stetigen Schub von Material. Lawinen und Felsabgänge tragen regelmäßig etwas Gestein von der Felsspitze ab, das Flüsse dann als Schutt oder Schlamm forttransportieren. Der Mount Everest könnte eventuell noch eine Weile jedes Jahr ein bißchen wachsen, aber schließlich wird ein Erdrutsch oder Steinschlag seine Höhe um mehrere Meter reduzieren und damit einem vorher vergrabenen Felsen die Chance geben, das Dach der Welt zu werden. Die Durchschnittshöhe des Himalaja wird sich wohl nicht ändern.

Während man die Berge bestaunt, könnte man einmal darüber nachdenken, wie Gletscher und Flüsse aus dem Rohmaterial des Tibetischen Plateaus Berge geformt haben – Werke unvergleichlicher Schönheit. Ohne die tiefen Täler, die vom unbarmherzigen Scheuern der Erosion saubergefegt werden, gäbe es keine Gipfel.

Dun im indischen Himalaja. Wissenschaftler haben vor Ort nach Archivmaterial und anderen Berichten als schriftliche Beweise für Beben gesucht. Sie fanden heraus, daß 1255 ein Drittel der Bevölkerung des Katmandu-Tals einschließlich des Königs bei einem Erdbeben getötet wurde. Der Sohn des Königs wurde gekrönt, und während seiner dreijährigen Regentschaft ereigneten sich mehrere weitere Erdbeben – eventuell Nachbeben, die bewiesen, daß das ursprüngliche Beben wahrscheinlich ein großes Beben gewesen war.

»Seitdem sind die Nachrichten und Geschichtsbücher Westnepals, die aufs Wichtigste beschränkt waren, in Sachen Erdbeben merkwürdig verschwiegen«, sagte Roger. »Entweder es wurde ein Bericht zerstört oder in einem späteren Beben vergraben, oder es gab hier seit sehr langer Zeit kein Erdbeben.«

Die hohen Geschwindigkeiten (Erschütterungen) von großen Erdbeben können Felsen aus dem Boden reißen. Mit dem Leuchten jugendlichen Staunens erklärte Roger, daß sogar das Algenwachstum an Geröllblöcken als Indikator früherer Erdbeben verwendet werden kann: Heftige Erdbeben können große Felsen herumrollen, so daß die andere Seite an die Oberfläche kommt und neue Algen wachsen können, und diese können dazu verwendet werden, das Ereignis zu datieren.

ERDBEBEN-UNTERSUCHUNGEN

Seismologen sind im Hinblick auf das nächste große Erdbeben in Sorge. Wegen der Form des

David Breashears, der das Drama im Eisbruch dokumentiert, richtet sein Objektiv auf Sumiyo Tsuzuki (oben) und Araceli (rechts). Die speziell entwickelte Kamera arbeitete einwandfrei, trotz der extremen Kälte, starken Winds, Schneefalls – und des Verschleißes und Gezerres aufgrund der täglichen Reise auf den Rücken der Sherpas. Eine 150-Meter-Rolle Film läuft ganze 90 Sekunden, was, wenn überhaupt, nur wenige Szenen-Wiederholungen erlaubt.

Himalaja werden die seismischen Wellen, die vom Bebenzentrum ausgehen, vor allem in den Süden geleitet werden und in den sich nach und nach verengenden Sedimentstreifen des Himalaja in Südnepal und Nordindien zusammentreffen. In der Folge könnten die dichtbevölkerten Gebiete in dieser Region einem vehementeren Stoß ausgesetzt sein als Orte, die näher am Bebenzentrum selbst liegen.

Während des großen Bihar-Nepal-Bebens von 1934 »sprangen« die niedrigen Berge Ostnepals fast sechs Meter nach Süden in Richtung der indischen Ebenen. Zehntausende starben. Falls dieses Erdbeben sich heute wieder ereignen würde, wäre die Zahl der Toten wahrscheinlich noch höher, und die Zerstörung wäre noch verheerender, teils aufgrund des Bevölkerungswachstums und teils aufgrund der größeren Anzahl von Gebäuden, die höher und dürftig konstruiert sind.

Sicherlich würden 100 Millionen Bewohner Nepals und Nordindiens von der, wenn auch begrenzten, Fähigkeit, Erdbeben vorauszusagen, profitieren. Roger Bilham betont, daß dies jedoch sehr schwierig ist. »Wir können den Zeitpunkt zukünftiger Erdbeben nicht genau bestimmen, aber wir können sagen, daß sie definitiv eintreten werden; wir können ihr Ausmaß und ihre Geschwindigkeit schätzen, und wir können die Gebiete umreißen, wo sie vermutlich ihr Zentrum haben werden.«

Der Geologe Kip Hodges hebt hervor, daß verläßliche Vorhersagen niemals möglich sein werden. Eine der Variablen sei, daß Verschiebungen an

der Oberfläche mechanisch von der tiefer liegenden Kruste abgespalten werden können. Auch könnten kleine dauernde Bewegungen an einer bestimmten Stelle ein seismisches »Kriechen« anzeigen, das die Möglichkeit eines katastrophalen Erdbebens reduziert. Unter »Kriechen« versteht man den Prozeß, in dem Felsen verhältnismäßig sanft gleiten und den Aufbau von Druck, der heftige Erdbeben auslöst, verzögern.

Doch Roger ist davon überzeugt, daß die Erdbeben-Ruhe in Westnepal nicht auf dieses »Kriechen« zurückzuführen ist. Wenn der Himalaja sanft über Indien gleiten würde, müßte er die Hügel und Bergketten Südnepals zusammenpressen. Doch diese Bergketten sind – zumindest in den letzten 20 Jahren – nicht in dem Maße gewachsen, das dieser Prozeß nach sich zöge. Jedes »Kriechen« würde nur ein unvermeidliches Erdbeben verzögern.

Zur Zeit können nur zahlenmäßige Wahrscheinlichkeiten für Erdbeben angegeben werden, die sich irgendwann in einem recht breiten Zeit-

EVEREST: GIPFEL OHNE GNADE

DER BERG, DER SICH AUS DEM MEER ERHOB

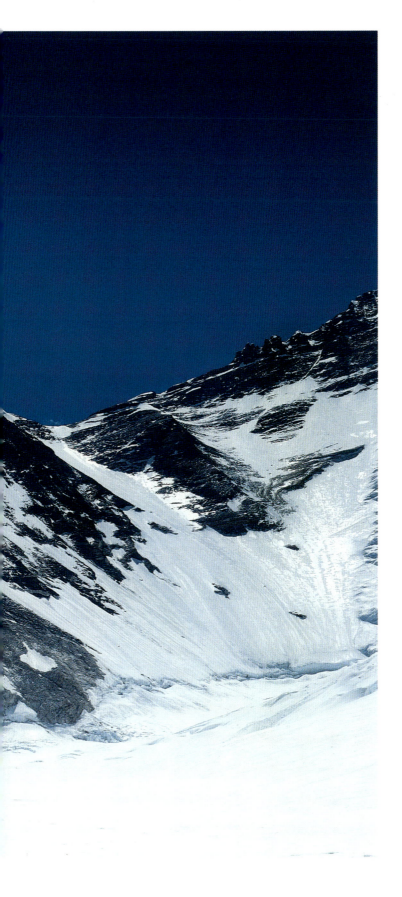

rahmen von etwa 30 Jahren ereignen. Was auch immer für Fortschritte gemacht werden, Voraussagen werden niemals vorbeugende Messungen ersetzen.

»Unglücklicherweise sträuben sich öffentliche Amtspersonen zu glauben, daß die Wiederkehr von alptraumhaften Erdbeben unvermeidlich ist«, sagte Roger, »und mittlere Erdbeben mit verhältnismäßig kleinen Schäden sind nicht häufig genug, um die Leute an die Gefahren mangelhafter Bauweise zu erinnern. So mache ich, wo immer ich im Himalaja unterwegs bin, Erdbeben bekannt, vor allem unter Stadtplanern.«

ERWARTUNG

Wie David und Ed waren auch andere Expeditionsleiter aufgrund der großen Anzahl von Teams auf dem Berg und der Gefahr eines möglichen Gedränges besorgt. Um die teuren und womöglich gefährlichen Konsequenzen unerwarteter Verzögerungen zu vermeiden, sprachen Scott Fischer und Rob Hall über die zeitliche Abstimmung der Gipfelvorstöße ihrer Teams.

Schon bevor sie das Basislager erreicht hatten, hatte Hall vorgehabt, am 10. Mai einen Gipfelsturm zu versuchen. In früheren Jahren war er an diesem Tag zur Bergspitze geklettert, und er betrachtete ihn als Glückstag. 1994 hatten fast alle seiner Kunden den Gipfel erreicht, doch 1995 schaffte es keiner.

Ursprünglich hatte Fischer den Versuch für den 9. Mai geplant. Aber als er mit Hall über die knappe Zeit und die benötigten Arbeitskräfte sprach, um die Seile hoch auf dem Berg zu befestigen, entschlossen sie sich, ihre erfahrenen Mann-

Vor dem Everest sind die Bergsteiger, die auf das vorgeschobene Basislager (Lager II) am Rand des Gletschers zusteuern, fast nicht zu erkennen. Oben und rechts krönt der Südsattel die oberen Bereiche des Western Cwm.

schaften zusammenzufassen. Sie wählten den 10. Mai als Gipfel-Tag für beide Teams und benachrichtigten dann die anderen Expeditionsleiter, denen sie vorschlugen, einen Zeitpunkt bald danach zu wählen. Spätere Gruppen, so erklärten sie, würden von den Fixseilen profitieren, die die Teams von Fischer und Hall am tückischen Hillary Step und am Gipfelgrat zurücklassen würden.

David, Ed und Robert waren auf dem Everest ohne Fixseile schon bis über den Südsattel gestiegen und wußten, daß Jamling, Araceli und Sumiyo sich dies ebenfalls zutrauten. Sie wählten den 9. Mai, einen Tag vor den beiden großen Gruppen. Aus film- und sicherheitstechnischen Gründen wollte David, daß das Team am Gipfel-Tag verhältnismäßig allein wäre.

VOM BASISLAGER ZUM WESTERN CWM

Am 5. Mai entzündete das Team auf dem *lhap-so* Weihrauch und verließ das Basislager in Richtung Lager II. »Ein Teil von mir ist aufgeregt und neugierig auf das, was geschehen wird«, sagte Araceli, »und ein anderer Teil von mir hat Angst. Aber diese Angst begründet meinen Respekt vor dem Berg.«

David hatte eine positive, aber vorsichtige Einstellung. »Wir halten den Fahrplan gut ein, und wenn das Wetter hält, wir gesund bleiben und die Kamera nicht kaputtgeht, sollten wir zum Gipfel kommen und diese Bilder einfangen.«

Die Bergsteiger tauchten aus dem Eisbruch auf 6035 Meter Höhe auf und stiegen zum von der Sonne beschienenen massiven Gletscherfeld, bekannt als *Western Cwm* (ein walisisches Wort für Tal oder Kar, *kuhm* ausgesprochen) oder Tal des Schweigens. Sie spannten ihre Schirme auf, um sich gegen das starke Sonnenlicht zu schützen. Der Schnee, der dieses seichte Tal bedeckt, wirkt als riesiger Solarofen, indem er die Sonnenstrahlen, die von den Nuptse-Wänden, den westlichen Stützen des Everest und dem breiten Gletschertal, das sich unter ihnen ausdehnt, reflektiert werden, konzentriert.

»Wenn die Menschen an den Everest denken, denken sie an Kälte und Wind. Doch manche der noch unangenehmeren Zustände dort werden von extremer Hitze verursacht«, erklärte David. »Die Umgebungstemperatur im Western Cwm kann gut unter dem Nullpunkt liegen, und doch kannst du nicht genügend Kleidung ablegen, um kühl zu bleiben. Wir beten für einen Windstoß, und wenn er kommt, steigert das sofort unsere Arbeitsleistung.«

Der Flüssigkeitsverlust durch Schwitzen – zusätzlich zu der großen Menge, die durch starkes Atmen ausgeschieden wird – erhöht das Risiko von Austrocknung, die eine ganze Reihe von Symptomen und Problemen verursacht. »Ich versuche allein an Ruhetagen, zwei oder drei Liter Wasser am Tag zu trinken«, sagte Ed. »Beim Klettern sollten wir mindestens doppelt soviel trinken, aber in großer Höhe sind wir oftmals gar nicht durstig. Und da ist auch noch diese entmutigende Sache, mitten in der Nacht aufstehen zu müssen.«

Lager II liegt im majestätischen, gemeißelten Talkessel am oberen Ende des Western Cwm. Die Südwestwand erhebt sich 2130 vertikale Meter über dem Lager und scheint in der Stratosphäre zu verschwinden. Obwohl die Temperaturen im Lager II nachts nach wie vor unter null Grad fielen, waren die Tage wärmer als zu dem Zeitpunkt, als das Team vor fast einem Monat zum erstenmal hier ankam. Nachmittags floß und gurgelte Wasser über die Felsen und bildete Bäche im Schnee.

Am 7. Mai verließ das Team Lager II, und sie wurden nur von ihrem langsamen Tempo und dem Bergschrund am Fuße der Lhotse-Flanke gebremst. Robert erzählte, daß Yasuko Namba, die nicht recht vom Gebrauch von Eispickeln überzeugt war, vor zwei Wochen die 15 vertikalen Meter des Bergschrunds von einem Sherpa hochgezogen werden mußte. Auf dem Sims an der Spitze traf Sumiyo Namba, und die beiden nickten und verneigten sich, während sie sich höflich unterhiel-

DER BERG, DER SICH AUS DEM MEER ERHOB

ten. »Sie wünschten einander sicherlich Glück«, sagte Robert, »aber ich konnte etwas wie den Hauch von Konkurrenz zwischen ihnen spüren.«

Das Team stieg auf der steilen Lhotse-Flanke zum Lager III, wo Zeltplätze aus der Wand selbst herausgemeißelt worden waren. Starker Wind fegte stetig über den Südostgrat hoch über ihnen, und es herrschte ein Gefühl nervöser Spannung. Ihre Gesichter waren angeschwollen und sonnenverbrannt, und sie redeten wenig über den Berg.

Ed rührte in einem Topf, der auf einem kleinen Ofen balancierte. »Also, wir werden heute etwas Bœuf Stroganoff zum Abendessen haben, obwohl Dosenfleisch mit Dijon-Senf ein vollständigeres Mahl wäre. Dosenfleisch hat viel Protein, es kommt schon in passenden Brocken heraus, und man bekommt 170 Kalorien mit nur 50

Unheilvoll ziehen Wolken das Western Cwm oder Westkar herauf, das »Tal des Schweigens«, wie es 1952 von Schweizer Bergsteigern getauft wurde.

FOLGENDE SEITEN:

In einer langen Reihe ziehen Bergsteiger aus den Teams von Hall und Fischer vom Lager III zum Südsattel.

Gramm!« Araceli verdrehte die Augen. Sumiyo richtete die Videokamera auf Ed, und er übermittelte eine Botschaft für Paula.

Die Kassette würde am nächsten Tag von einem Sherpa zum Basislager mitgenommen werden. »Wir stoßen morgen zum Südsattel vor«, sagte Ed zuversichtlich. »Bitte sorg dich nicht um mich.«

»Ich bin selbst besorgt«, warf Araceli außerhalb der Kamerareichweite leise ein, »vor allem davor, zu frieren.«

Sumiyo beendete die Aufnahme und drehte sich zu Araceli um. »Welche Socken wirst du zum Gipfel anziehen?« Sie kannte Aracelis Problem mit niedrigem Blutdruck.

»Oh, ich kann mich nicht zwischen den roten und den pinkfarbenen entscheiden«, feixte Araceli. Sie hatte früher schon angemerkt, daß moderne Bergsteigerausrüstungen zwar leichter und

149

wärmer seien, daß der Berg selbst sich aber nicht verändert habe. »Deine Ausrüstung und dein Körper müssen bereit sein, aber der Gipfel-Tag wird am schwierigsten sein, weil du in dem Moment schwach bist, in dem du aufbrichst. Die anderen Bergsteiger, das Team und das Teamwork werden bestimmen, ob wir den Gipfel erreichen.«

Drei Tage zuvor hatte sich Sumiyo beim heftigen Husten eine Rippe angebrochen. »Wißt ihr, ich habe meinem Vater nicht gesagt, daß ich hierherkommen würde, um auf den Everest zu steigen«, bemerkte sie und zog damit die Aufmerksamkeit auf sich.

»Das erzählt sie uns jetzt«, sagte Ed.

»Wir sind stark, und die vergangenen Tage waren gut«, sagte Jamling optimistisch. »Aber ich vermisse meine Frau, und meine Tochter wird morgen zehn Monate alt. Ich werde mich aufs Klettern gut konzentrieren müssen.«

Wie an vielen Abenden zuvor verbrachten David und Robert in Lager III zwei Stunden damit, die IMAX-Kamera und ihre Ausrüstung zu säubern und zu überprüfen. Robert arbeitete bis spät in die Nacht daran, Filmmagazine mit dem unhandlichen Großformatfilm zu laden.

Das Team schaute zum oberen Teil des Berges. Und lauschte. Grimmiger Wind fegte noch immer von Tibet wie durch einen Trichter über den Südsattel und drohte in das Western Cwm herunterzukommen. Robert nannte diesen Sturm, der sich wie ein Güterzug anhörte, den »Lhasa-Katmandu-Expreß«. Bergsteiger, die ihn aus nächster Nähe erlebten, beschrieben das Geräusch als Wechsel zwischen ohrenbetäubendem Lärm und einem endlosen, nervenaufreibendem Heulen, das Zelte so heftig flattern läßt, daß es fast unmöglich ist zu sprechen. Schlafen ist schwierig.

Als David ein paar Tage zuvor Lager III eingerichtet hatte, sah er ein Zelt mit 100 Stundenkilometern durch die Luft fliegen; bei einer früheren Expedition hatte er gesehen, wie alle Speise-

zelte in Lager II weggeblasen wurden. »Dein Zelt ist 15 Sekunden lang ruhig, dann ist es plötzlich minutenlang einem Sperrfeuer ausgesetzt«, sagte er und schnitt Grimassen.

Der Wind untergräbt die Fähigkeit eines unter Sauerstoffmangel leidenden Menschen, überhaupt noch etwas Wärme zu erzeugen; Ed wußte, daß die Gipfelbesteigung, insbesondere ohne Sauerstoffflaschen, einen verhältnismäßig ruhigen Tag erforderte. Jedes Jahr im Mai gibt es einen Zeitraum von ein paar Tagen, in dem sich ein »Fenster« klaren und relativ ruhigen Wetters öffnet. »Das ist die Zeit, nach oben zu gehen«, sagte Ed.

Für die Bergsteiger ist das Wetter ein Glücksspiel: Es kann schön beginnen und sich plötzlich beim Klettern zu den höher gelegenen Lagern zum Schlechten wenden. Und auf dem Everest kann ein schlechter Tag tödlich sein. »Es gab in den letzten paar Wochen Tage, an denen wir als Bergsteiger den Everest hätten erklimmen können«, sagte David, »aber nicht als Filmteam. Ich muß ohne Handschuhe die Kamera sicher halten und den Film wechseln können.«

Robert hatte bereits früher unter extremen Bedingungen gefilmt: bei einer britischen Expedition auf den bis dahin nicht bestiegenen Nordostgrat. »Der heftige Wind und das schlechte Wetter hinderten uns fast zwei Monate lang, die Tour zu machen, und während des Gipfelsturms mußte ich umkehren, weil meine Finger beim Filmen eingefroren waren.«

30 BERGSTEIGER AUF DEM WEG NACH OBEN

An diesem Abend schaute das Team vom Lager III auf das Western Cwm hinunter und sah einen Strom von mehr als 30 Menschen, die auf Lager II zusteuerten. Die Gruppe schloß zwei taiwanische Bergsteiger und einige Sherpas und Führer ein, aber die meisten waren Kunden von Scott Fischer und Rob Hall. Alle würden sie am nächsten Tag zum Lager III kommen.

Ed und David brauchten keine Worte. »Wir wußten sofort«, erzählte Ed später, »daß wir nicht am 9. Mai auf den Gipfel wollten.« Der Abstieg von den obersten Abhängen des Everest ist der gefährlichste Teil der Besteigung. Das Team würde auf dem Weg vom Gipfel nach unten an diesen Bergsteigern vorbeigehen und viele Male ihre Karabiner vom Fixseil lösen und dann wieder daran befestigen müssen, um an Leuten mit zweifelhaften Bergsteiger-Qualitäten vorbeizukommen. Würden die Kunden aufs Seil steigen und es mit ihren Steigeisen durchschneiden? Eis oder Fels lostreten?

»Ihre Anwesenheit gab mir das Gefühl von Bedrängnis«, sagte David.

Ed und David stimmten darin überein, daß das Team zum Lager II absteigen sollte. Sie würden warten, bis die anderen »durchgestiegen« waren. Außerdem schien der sanfte Wetterwechsel nicht das übliche aufklarende Mitte-Mai-»Fenster« zu sein, und das Abwarten könnte auch bessere Wetterbedingungen für ihren Aufstieg bringen.

Auf ihrem Weg nach unten am 8. Mai stiegen hinter ihnen die anderen Gruppen nach oben. David sagte, er fühle sich unbehaglich, als würden er und seine Freunde mit dem Fallschirm über den anderen Teams auf dem Berg hängen. Direkt über Lager II ging Robert in der Nähe des Bergschrundes am Fuß der Lhotse-Flanke an Rob Hall vorbei. Trotz der Tatsache, daß das Team extrem vorsichtig war, war Hall besorgt, daß Eisbrocken oder Steine, die David und das Team lostreten könnten, auf seine Gruppe fallen würden. Robert meinte, daß Hall seine Sorge besser auf die Kunden gerichtet hätte. Einige von ihnen hatten bereits Sauerstoffmasken angelegt, obwohl die meisten Bergsteiger sie erst über Lager III benutzten.

»Bei einigen wackelten die Fußknöchel«, sagte Robert. Kein gutes Zeichen. Kurz danach wurde wahrscheinlich von einem hochkletternden Bergsteiger ein Stein losgetreten und sauste etwa einen halben Meter an Roberts Kopf vorbei.

Araceli drückte die Weisheit und Erfahrung eines echten Bergsteigers aus. »Ja, wenn dir auf dem Weg nach unten Leute entgegenkommen, denkst du, wir haben womöglich die falsche Entscheidung getroffen – vielleicht wird das Wetter morgen besser. Aber umzukehren ist nie eine schlechte Entscheidung. Es gibt dir die Möglichkeit, es noch einmal zu versuchen.«

Eine andere Frau aus Katalonien versuchte zur gleichen Zeit, den Everest von der Nordseite zu besteigen, aber Araceli sagte, sie fühle keinen Konkurrenzdruck, die erste Spanierin auf dem Everest zu sein.

TOD AUF DEM BERG

In den frühen Morgenstunden des 8. Mai verließ Chen Yu-Nan, ein 36jähriger Stahlarbeiter aus Taipeh, sein Zelt im Lager III auf der steilen Lhotse-Flanke, vielleicht um sich zu erleichtern. Er trug keine Steigeisen und rutschte 18 Meter weit die Flanke hinunter und fiel schließlich in eine viereinhalb Meter tiefe Gletscherspalte. Ein Sherpa zog ihn heraus.

Chen sagte zu »Makalu« Gau Ming-Ho, dem Führer des taiwanischen Teams, daß er im Lager III bleiben würde, und versicherte ihm, daß er wohlauf sei. Im Glauben, der Zustand seines Teammitglieds sei gut, brach Gau Seite an Seite mit Halls und Fischers Teams zu Lager IV auf.

Später am Tag kehrten Sherpas des »Everest«-Teams vom Südsattel ins Lager III zurück. Sie fanden Chen von Schmerzen, die offenbar von inneren Verletzungen herrührten, geplagt vor. Sie fingen an, ihn an den Fixseilen entlang nach unten zu führen. Er wurde immer schwächer, ging aber weiter. Um 15 Uhr funkten die Sherpas zum Lager III, daß sich sein Zustand verschlechtert hätte.

Eine halbe Stunde später sendeten sie wieder einen Funkspruch. Chen war nach etwa zwei

EVEREST OHNE SAUERSTOFF

Die Debatte über den Gebrauch von zusätzlichem Sauerstoff beim Bergsteigen in extremen Höhen begann während der ersten Everest-Besteigungsversuche in den 20er Jahren und hält bis heute an. »Wenn ich mir vorstelle, mit vier Zylindern voll Sauerstoff auf dem Rücken und einer Maske über dem Gesicht auf einen Berg zu steigen – nun, es verliert seinen Charme«, schrieb George Mallory. Sein Kollege, J.P. Farrar, ein einflußreiches Mitglied des British Alpine Club, konterte: »Genaugenommen, glaube ich, ist Sauerstoff kein künstlicheres Hilfsmittel als Nahrung.«

Daß Bergsteiger ohne Sauerstoff bis in die Todeszone hochsteigen können, stellt ein Zusammentreffen von menschlicher und planetarischer Evolution dar: Der höchste Punkt der Erde ist auch der höchste Punkt, wo der menschliche Körper noch ohne zusätzlichen Sauerstoff funktionieren kann. Dr. David Shlim, Direktor des CIWEC Travel Medicine Center, nennt den Everest-Gipfel einen »mystischen Ort«. Wenn er sehr viel höher wäre, könnte er wohl ohne zusätzlichen Sauerstoff nicht erreicht werden.

In dieser Höhe nur zu überleben – ganz zu schweigen vom Klettern – ist keine leichte Aufgabe. »Wenn dir der Flaschensauerstoff in dieser Höhe ausgeht, könntest du genausogut unter Wasser sein«, merkte der Bergführer Pete Athans an. »Du ziehst dich in dich selbst zurück. Du wirst langsamer.«

Der Autor und Everest-Kunde Jon Krakauer meinte, die Welt so zu sehen, »als würde ein Film in Zeitlupe auf meine Schutzbrille projiziert ... Du bist dir dunkel bewußt, daß das cool ist und spektakulär und daß es ein langer Weg nach unten ist, aber du fühlst dich wie unter Drogen.«

Bergsteiger leiden dauernd unter Sauerstoffmangel, und sie berichten, daß die Haut der anderen Bergsteiger deshalb einen bläulichen Schimmer hat. »Dein Körper wird eine Maschine, die alles, was sie an Sauerstoffmolekülen in der Luft finden kann, verarbeitet«, bemerkte David Breashears. Reinhold Messner sagte, daß er sich bei seiner ersten Everest-Besteigung ohne Sauerstoff im Jahr 1978, zusammen mit Peter Habeler, fühlte, als wäre er »nur mehr eine einzige, enge, keuchende Lunge geworden, die über Nebeln und Gipfeln schwebt«.

Obwohl unsere Energie für den Stoffwechsel von der Nahrung stammt, ist Sauerstoff der Katalysator für den Stoffwechselprozeß, und seine Anwesenheit bestimmt,

Ed Viesturs freut sich darauf, alle 8000-Meter-Gipfel der Welt zu besteigen – ohne zusätzlichen Sauerstoff.

ob wir Leistung erbringen können oder nicht. »Es ist unheimlich«, sagte Ed Viesturs. »Wenn du jemanden den Sauerstoff abdrehst, hört er auf, sich zu bewegen. Mit Sauerstoff funktionierst du besser, denkst klarer, bleibst wärmer und kannst stetig hochsteigen, ohne nach jedem Schritt eine Pause einlegen zu müssen, um sechs oder acht keuchende Atemzüge zu nehmen.«

Wenn Sauerstoff so wertvoll ist, warum klettern Bergsteiger ohne ihn hoch?

»Wenn ich einen Himalaja-Gipfel zum erstenmal besteige«, erklärte Ed, »klettere ich ohne Flaschenluft, auch wenn mich das davon abhält, den Gipfel zu erreichen. Mein persönliches Ziel ist, zu sehen, was ich leisten kann, den Berg zu erfahren, wie er sich darstellt, ohne daß ich ihn auf mein Niveau bringe. Für mich ist es wichtiger, wie ich die Spitze erreiche, als die Tatsache, daß ich es tue.«

Flaschenluft einzuatmen ist nicht das gleiche wie das Atmen auf Meereshöhe. Auf dem Gipfel »befördert« einen zusätzlicher Sauerstoff nur um 600 bis 1200 Meter weiter »runter« und bringt somit einen kleinen, aber dennoch signifikanten Unterschied für nach Sauerstoff hungernde Bergsteiger.

»Wenn Bergsteiger die Sauerstoffmasken angelegt haben«, fuhr Ed fort, »werden sie stärker. Aber der Sauerstoff ist ein wenig wie eine Krücke. Ohne ihn habe ich keine mechanische Vorrichtung, die versagen und mich dadurch in Gefahr bringen kann. Das Sauerstoffsystem ist außerdem unpraktisch. Die Sonnenbrille paßt nicht über die Maske, weshalb ich eine Schutzbrille tragen muß, die beschlägt. Ich kann auch scheinbar nicht genügend Luft schnell genug durch die Ventile der Maske einatmen – ich muß sie abnehmen, um einen vollen Atemzug zu nehmen.

Am wichtigsten ist, daß ich mir der Streiche, die die Höhe und Hypoxie einem spielen können, bewußt bin. Während des Hochsteigens teste ich mich selbst, ich frage mich, ob ich mir der Bedingungen meiner Handlungen und dessen, was mich umgibt, bewußt bin. Erschöpfung und Hypoxie kann einen nur veranlassen, es geistig zu ›verpassen‹, und ich erlaube mir nie, in dieses Stadium zu verfallen.

Wenn ich als Bergführer arbeite, benutze ich trotzdem immer Sauerstoff. Du bist für die Klienten da, und Sauerstoff läßt dich besser funktionieren, sowohl physisch als auch mental.«

Dritteln des Weges auf der Lhotse-Flanke nach unten zusammengebrochen, und nun glaubten sie, er sei tot. Sie ließen seinen Körper, ans Seil gebunden, zurück und stiegen zum Lager II ab.

Vom Lager II aus konnte man den auf dem Seil liegenden Chen sehen. David bestand darauf, daß sie sein Befinden untersuchten – es bestand die Möglichkeit, daß er nur bewußtlos war. Das Wetter war rauh geworden, doch David, Robert und Ed packten schnell ihre Sachen zusammen und brachen auf. Als sie den taiwanischen Bergsteiger erreichten, konnten sie durch den wehenden Schnee kaum sehen. Chen war tot.

Wenigstens konnten sie seinen Körper bergen. Die Sherpas würden das Fixseil nicht benutzen, solange eine Leiche daran festgebunden war, obwohl Mönche den weltlichen Sherpas sagten, daß es sogar günstig sein kann, tote Körper zu sehen, vor allem in Träumen oder auf Reisen. Trotzdem haben viele Sherpas eine Aversion gegen den Anblick oder gar das Berühren von toten Körpern.

David, Robert und Ed brachten Chen zum Fuß der Lhotse-Flanke und über den Bergschrund. Nachdem sie ihn in einen Schlafsack gepackt hatten, schleppten sie den toten Bergsteiger zum Lager II zurück und ließen ihn in der Nähe im Eis liegen. Er könnte später von seinen Teamkameraden hinuntergetragen werden.

Als Ed Makalu Gau auf dem Südsattel anfunkte, um ihm zu sagen, daß sein Kletterpartner tot sei, schien Makalu die Nachricht gar nicht aufzunehmen. Er war völlig auf seinen eigenen Gipfelsturm fixiert, so daß er nur vage antwortete: »Oh … vielen Dank.«

»Ich war über Makalu Gaus Entscheidung, Chen liegenzulassen und weiter hochzusteigen, aufge-

Folgende Seiten:

In einer Mission der Barmherzigkeit trotzen Freiwillige, David Breashears, Ed Viesturs und andere Unentwegte des »Everest«-Teams, einem Beinahe-»Whiteout«, als sie den Körper des abgestürzten taiwanischen Bergsteigers Chen Yu-Nan über die Lhotse-Flanke hinunter zum Lager II bringen. Der taiwanische Teamführer Makalu Gau setzte währenddessen seinen Aufstieg fort.

bracht«, sagte David. »Ich mußte hinaufsteigen und einen toten taiwanischen Bergsteiger herunterbringen. Ich mußte ihm die Augen schließen und sein Gesicht bedecken. Ich tat das nicht gern, es war ein sinnloser Tod.«

Dies war nicht Davids erste Erfahrung mit dem Tod auf dem Berg. 1984 versuchten Dick Bass und David mit der glücklosen nepalesischen Clean-up-Expedition eine Everest-Besteigung. Die Teammitglieder Yogendra Thapa und Ang Dorje stürzten vom Südostgrat auf den Südsattel. Sherpas verfrachteten ihre gefrorenen Körper in ein Zelt, aber dann löste sich das Zelt und fiel weitere 1200 Meter auf das Western Cwm. Als sie 1985 erneut zusammen hochstiegen, fand David Teile ihrer gefrorenen Körper, die zerschmettert waren, als sie auf dem Boden landeten. Er sammelte zusammen, was er konnte, und warf die Körperteile in eine Gletscherspalte.

»1986 wurde an der Nordseite ein Sherpa namens Dawa Nuru von einer Lawine mitgerissen«, erzählte David traurig. »Ang Phurba und ich fanden ihn, und einige Sherpas halfen uns, seinen Körper zum Basislager zu bringen. Ein Lama wurde gerufen, und er wurde im Nonnenkloster verbrannt.

Wenn du Leichen siehst, ist da kein Platz für Hysterie oder Emotionen – das ist ein reiner Überlebensmechanismus. Aber wir versuchen, sie runterzubringen, um für ihre Verwandten so etwas wie einen Schlußpunkt zu setzen.«

Jamling war aufgrund von Chens Tod beunruhigt, weil er sich am zehnten Todestag seines Vaters ereignete. Im Lager II verbrannte er Weihrauch, betete und sang religiöse Lieder. Die im Basislager Anwesenden taten das gleiche auf dem *lhap-so.*

EVEREST: GIPFEL OHNE GNADE

DER BERG, DER SICH AUS DEM MEER ERHOB

Bis zum 9. Mai hatten ein Skandinavier, ein Franzose, zwei spanische Brüder und Göran Kropp, der einsame Schwede, erfolglose Gipfelversuche über die Südsattelroute unternommen. Drei von ihnen waren bis zum Südgipfel auf 8751 Meter oder bis direkt darunter gekommen, waren aber von tiefem Schnee und starkem Wind zur Umkehr gezwungen worden. Auch das jugoslawische Team hatte am 9. Mai den Gipfelaufstieg versucht, gab aber das Vorhaben über dem Südgipfel auf. Sie kamen um 19 Uhr erschöpft auf dem Südsattel an. Audrey berichtete, daß eines der Mitglieder wenige Meter vor den Zelten kraftlos zusammenbrach und nach drinnen gezogen werden mußte.

Wie die Teammitglieder und viele andere wurde auch Charles Houston beim Anblick der Größe und Strenge des Berges demütig. »Eher bezwingt ein Berg die Menschen, als daß Menschen einen Berg bezwingen«, schrieb er 1953. »Für ein paar kurze Minuten, einmal in einer Million Jahren, haben Menschen den Gipfel des Everest und andere hohe Gipfel erreicht. Aber wieviel öfter sind sie vertrieben worden, als Opfer von Unglück, Sturm oder ihrer eigenen Schwäche. ›Sicher leben die Götter hier‹, sagte Kiplings Kim, und er sprach für viele, denen diese Herrlichkeit Ehrfurcht einflößt.«

Obwohl dies schon Eds achter Everest-Trip war, näherte er sich dem Gipfel mit ähnlicher Demut, die er etwas nüchterner ausdrückte: »Man kann den Everest nicht bezwingen. Man schleicht hinauf – und dann nichts wie weg!«

Aus Sicherheitsgründen sind die Bergsteiger, die an der unteren Lhotse-Wand nahe beim Lager III aufgereiht sind, an Fixseilen festgehakt. Nachdem sie das ausgedehnte Gelbe Band – eine besondere geologische Schicht, die hier sichtbar wird – erreicht haben, gehen sie in Richtung Genfer Sporn weiter.

159

FÜNFTES KAPITEL

DIE KATASTROPHE TRITT EIN

»Der mächtige Gipfel … schien kalt und teilnahmslos auf mich herabzusehen und in heulenden Sturmböen meine inständige Bitte zu verhöhnen, doch sein Geheïmnis preiszugeben: das Schicksal meiner Freunde.«

NOEL ODELL ZUM VERSCHWINDEN VON MALLORY UND IRVINE

Es war bereits eine Stunde nach Mittag am 10. Mai 1996, doch die Gruppen von Rob Hall und Scott Fischer waren noch immer hoch oben im Everest und strebten dem Gipfel entgegen, obwohl sie wußten, daß sie den Abstieg in Dunkelheit bewältigen müßten. Die ausgekühlten, erschöpften und unter Sauerstoffmangel leidenden Bergsteiger und ihre Führer würden außerdem mit dem stürmischen Wetter zu kämpfen haben, das sich seit einem Monat fast jeden Nachmittag einstellte. ¶ Im Laufe des Nachmittags erhielt das Basislager einen Funkruf vom Gipfel. Audrey saß zusammengekauert vor ihrem Laptop-Computer und tippte mit kalten Fingern die Nachrichten des heutigen Tages für das Satelliten-Fax: »Heute erreichten Rob Hall und zwei andere Führer sowie drei

Links: »Whiteout« – eine Schnee- und Nebelwüste im Western Cwm. In dem sich rapide verschlechternden Wetter, bei dem man kaum noch oben und unten unterscheiden kann, suchen Teilnehmer der »Everest«-Filmexpedition mit dem Leichnam eines taiwanischen Bergsteigers, der auf der Lhotse-Flanke umgekommen war, ihren Weg zurück zum Lager II.

Mitglieder ihrer Gruppe (Jon Krakauer vom Magazin *Outside*, eine Japanerin namens Yasuko Namba und Doug Hansen) zusammen mit drei Sherpas und neun Teilnehmern von Scott Fischers Gruppe den Gipfel … Wir hören, daß Makalu Gau, der Führer der tragischen taiwanischen Expedition, es auch geschafft hat. Jedoch gelangen alle Besteigungen erst gegen zwei Uhr nachmittags, und das ist ziemlich spät am Tag. Wir warten nun sehr angespannt auf die Nachricht, daß alle diese Bergsteiger heute abend wieder wohlbehalten zum Südsattel zurückgekehrt sind.«

Unglaublich – 23 Menschen waren zum Gipfel gelangt! Aber im Lager II war die Reaktion auf diese Nachricht eher zurückhaltend. »Sie erreichten die Spitze erst mitten am Nachmittag? *Auweia!*« sagte Araceli und seufzte laut vor Überraschung und Besorgnis. Ed drehte am Funkgerät, konnte aber nur eine Unterhaltung mithören: Scott Fischer sagte zu seinem Sherpaführer, er solle Rob Hall mitteilen, daß drei seiner Teilnehmer kurz vor dem Gipfel, unterhalb des Hillary Step, aufgegeben hätten.

Ed, David und Robert wandten sich um und schauten vom Lager II aus das Western Cwm hinab zum Basislager. In der Ferne sahen sie eine große Wolkenfront aufsteigen. Gegen vier Uhr nachmittags rollte sie auf sie zu. Gleichzeitig hüllte eine zweite Wolkenfront gut tausend Meter über ihnen den oberen Teil des Berges ein.

Um 4.30 Uhr machte Paula in der Teamküche des Basislagers Kartoffelsuppe. Der Geodäsie-Ingenieur Dave Mencin kam von Rob Halls Lager herüber und teilte ihr mit, daß er soeben ein beängstigendes Funkgespräch zwischen Hall und seinem Führer Andy Harris mitgehört habe. Hall, der noch oberhalb des Südgipfels war, hatte Harris zugerufen, daß ihr Teilnehmer Doug Hansen zusammengebrochen sei und dringend Sauerstoff benötige. Hall wollte bei Hansen bleiben, um ihm zu helfen.

Das war zweifellos eine Situation, in der es um Leben oder Tod ging. Paula ließ alles stehen und liegen, und als sie aus dem Küchenzelt kam und emporschaute, sah sie dichte, finstere Wolken ungewöhnlich schnell aus dem Tal auf das Basislager zukommen.

»Es war unheimlich, schaurig. Zweimal hatte ich eine Saison im Basislager verbracht, aber nie zuvor solche Wolken gesehen«, sagte sie. »Sie waren dunkel, purpur-schwarz.«

Wolken, die sich hier in der Region bildeten, rollten jeden Nachmittag vom Tal herauf. Aber diese jetzt ließen nichts Gutes ahnen.

Es begann zu schneien. Paula lief zu Robs Lager, konnte aber kein weiteres Gespräch von Rob oder den anderen am oberen Berg empfangen. Sie funkte Ed und David in Lager II.

Denen verschlug es die Sprache. Rob Hall hatte sich entschlossen, bei dem Teilnehmer Doug Hansen in der Nähe des gefährlich hohen und ungeschützten Südgipfels zu bleiben, obwohl er wußte, daß er Hansen nicht allein herunterbringen konnte. Hall und Hansen waren zweifellos entkräftet. Ihr Sauerstoffvorrat dürfte verbraucht sein. Und jetzt kämpften sie sich im tobenden, eiskalten Sturm durch eine stockfinstere, undurchdringliche Schnee- und Nebelwüste, den »Whiteout«.

»Ich versuchte mir vorzustellen, was sie durchmachten«, sagte Ed. »Ein Alptraum!« Hoch auf dem Südostgrat ließ der Sturm fortwährend ein entferntes, drohendes Heulen vernehmen. David und Ed ließen das Funkgerät eingeschaltet.

VERWIRRUNG AM SÜDSATTEL

Irgendwann nach acht Uhr abends funkte Paula abermals Ed und das Team in Lager II an. Die Informationen von Lager IV waren nur bruchstückhaft, aber das Basislager hatte gehört, daß erst ein paar der 23 Gipfelbesteiger und anderen

DIE KATASTROPHE TRITT EIN

Kletterer vom oberen Berg in ihre Zelte am Südsattel zurückgekehrt waren. Nur diejenigen, die vom Gipfel rasch abgestiegen oder noch davor umgekehrt waren, hatten das Lager erreicht. Keiner wußte, wo die übrigen steckten.

David und Ed kannten das Gefühl, vom Gipfel zum Südsattel zurückzukehren. »Man ist ausgepumpt, und wenn man sein Zelt findet, kriecht man hinein und verläßt sich darauf, daß die Bergsteiger, die hinter einem waren, es auch bis ins Lager geschafft haben«, erklärte Ed. »Man will nicht mehr aufstehen, man will nichts mehr nachprüfen oder gar irgendwo herumgehen – man will sich nur noch fallenlassen.«

In nicht sehr großer Entfernung vom Lager bahnte sich inzwischen eine Tragödie an. Nahe

Das ersehnte Ziel vor Augen, arbeiten sich Klev Schoening und Mike Groom die letzten dreißig oder vierzig Meter zum Gipfel empor. Was ihnen dann noch zu tun bleibt, ist – lebendig wieder herunterzukommen.

Folgende Seiten:
Während orkanartige Stürme ihnen das Seil wegreißen, befestigen die Bergführer am steilen, felsigen Höcker, der als Hillary Step bekannt ist, Fixseile.

dem Sattel schlugen den zurückkehrenden Bergsteigern heftige Stürme und Schneetreiben entgegen. Wegen der Gefährlichkeit, bei den immer schlechter werdenden Witterungsverhältnissen über einen steilen Abschnitt aus felsenhartem Eis oberhalb des Sattels – »Eiswulst« genannt – hinabzuklettern, orientierte sich eine Gruppe von elf Bergsteigern leicht östlich von der Aufstiegsroute. Bis sie den Sattel erreicht hatten, war die Dunkelheit eingebrochen.

Der Sattel hat die Größe mehrerer Fußballplätze und ist beinahe flach, ähnelt also einer weiten, konturenlosen Ebene. Der tobende Sturm beschränkte die Sichtweite auf einen halben Meter, und wenn die Bergsteiger ihre dunklen Schutzbrillen abnahmen, um in der Finsternis etwas erkennen zu

können, mußten sie in einen 100-km/h-Schneesturm blinzeln.

Sie froren, litten unter Sauerstoffmangel und waren müde, hungrig und ausgetrocknet – was die Durchblutung ihrer Hände und Füße beeinträchtigte und ihr Denken trübte.

Im Basislager versammelten sich Teilnehmer aller Gruppen bei Rob Halls Zelt. Viele hatten Funksprechgeräte in der Hand und versuchten, mit den Bergsteigern, die noch auf dem Berg waren, Verbindung aufzunehmen. Aber die Batterien in Scott Fischers Funkgerät waren leer, und so konnte niemand die Teilnehmer seiner Gruppe erreichen.

»In unseren Köpfen rotierten unbeantwortete Fragen«, sagte Paula. »Unsere schlimmsten Befürchtungen und größten Hoffnungen wirbelten unsere Gedanken durcheinander. Ich schlief nur eine Stunde in dieser Nacht. Matratzen lagen auf dem Boden von Rob Halls Zelt, wo sich 15 Leute wie schlafende Hunde zusammengerollt hatten und unruhig vor sich hin dösten, jederzeit auf dem Sprung.«

Die meiste Zeit war es still in dem Zelt, gelegentlich hörte man jemanden weinen oder beten. Die Sherpas blieben wach und spielten Karten. Alle warteten verzweifelt auf irgendwelche Nachrichten, aber die Leute vom Südsattel antworteten selten, und wenn sie es taten, konnten sie nur spärliche Informationen geben. Helen Wilton, die Rob Hall im Basislager vertrat, erstellte eine Namenliste der Bergsteiger und hakte diejenigen ab, von denen gemeldet wurde, daß sie heil zurückgekehrt waren. Auf ihrer Liste blieben 17 Namen von Leuten, deren Schicksal ungewiß war – eine Zahl, die bis zum nächsten Morgen nicht aufgeklärt werden sollte.

Rechts: Im Lager II sind die Augen aller Expeditionsteilnehmer auf den Berg gerichtet, denn soeben erhielten sie per Funk die unheilvolle Nachricht: Der taiwanische Bergsteiger Chen Yu-Nan war während seines Abstiegs über die Lhotse-Flanke plötzlich zusammengebrochen.

»Rob war der einzige, über dessen Lage wir wirklich Bescheid wußten«, sagte Paula, »und während der ganzen Nacht dachte ich, daß er niemals mit jemandem zurückbleiben würde, ohne zu versuchen, sich irgendwie zu *bewegen*. Er kannte die Gefahren unbeweglichen Verharrens in dieser Höhe.« Jeder Bergsteiger, der mit Rob Hall in Funkkontakt stand, hatte ihn beschworen herunterzukommen und ihm versichert, daß am nächsten Tag sofort ein Rettungsteam ausgesandt würde, um Doug zu holen.

»Es war erschütternd«, erinnerte sich Audrey. »Hier war nun eine Situation eingetreten, in der ein Bergführer seinen Gast, der noch am Leben war, zurücklassen müßte. Ich erinnere mich, wie ich mir vorstellte, daß dies seine Zukunft als Führer ein für allemal beenden würde und daß er sich in einer unmöglichen Lage befand: von aller Welt verurteilt, wenn er es tat; zum Tode verurteilt, wenn er es nicht tat. Und noch schockierender war das gänzliche Ausbleiben jeder Nachricht über die 17 Bergsteiger, die zu ihren Zelten am Südsattel hätten zurückkehren sollen.«

Nach Mitternacht stolperten Mike Groom und Neal Beidleman, Führer in den Teams von Hall und Fischer, mit zwei von Fischers Teilnehmern sowie zwei Sherpas in das Lager IV am Südsattel. In einem Zustand nahezu völliger Erschöpfung schilderten sie Anatolij Bukrejew, einem russischen Bergsteiger, der als Führer für Scott Fischer arbeitete, wo die übrigen sich zusammengekauert hatten: Frierend, erschöpft und außerstande, etwas zu sehen, waren fünf von ihnen in der Nähe der Kangshung-Flanke an der äußersten östlichen Seite des Südsattels liegengeblieben, nur etwa 360 Meter entfernt …

Groom, Beidleman und die anderen schafften es kaum bis zu

ihrem Zelt. Bukrejew, der von seiner Gipfelbesteigung ohne Sauerstoff erschöpft war, machte sich auf, die Zurückgebliebenen zu suchen. Als er sie nicht finden konnte, ging er zurück, um noch genauere Instruktionen von Beidleman und Groom einzuholen. Beim nächsten Versuch fand er nicht weit von der zuvor erreichten Stelle drei Bergsteiger, die er ins Lager IV zurückleitete. Zwei wurden zurückgelassen: Beck Weathers, von dem Bukerejew sagt, daß er ihn nicht gesehen habe, und Yasuko Namba, die, wenn sie nicht schon tot war, nicht in der Lage war zu laufen. Beide waren Kunden von Rob Hall.

DER NÄCHSTE MORGEN IM BASISLAGER

Um 4.45 Uhr früh schlug das Funkgerät Alarm. »Holt mich hier jemand ab?« fragte eine knakkende Stimme. Es war Rob Hall. Helen griff blitzartig zum Funkgerät.

»Doug ist fort«, lautete Halls unklare Botschaft. Seine Stimme war teilweise von seiner

Sauerstoffmaske verschleiert. Es blieb unklar, ob Hall sich woanders als sein Kunde Doug Hansen befand, oder ob Hansen bereits tot war. Jedenfalls war Hall immer noch am Südgipfel.

Paula bat Ed in Lager II per Telefon, Rob anzufunken. Es wäre das beste, wenn ein Kamerad, ein Freund, mit ihm sprechen würde. Irgend jemand *mußte* Rob dazu bringen, weiterzugehen. Ed und die anderen Bergsteiger versammelten sich in Robs Gemeinschaftszelt in Lager II. Mehrmals fragte Hall: »Wo ist Andy? Er war die vergangene Nacht bei mir!«

»Wir wußten nicht, was er meint, denn Halls Kunde Jon Krakauer hatte berichtet, er habe Andy Harris viel weiter unten, beim Südsattel, gesehen«, erinnert sich Ed. »Andy muß dort oben mit Rob und Doug wenigstens einen Teil der Nacht verbracht haben. Rob hat aber auch keine weitere Erklärung zu Doug abgegeben.«

Ed vermutet, daß Hansen entweder auf dem Grat zwischen dem Hillary Step und dem Südgipfel abgestürzt sei oder aber, was wahrscheinlicher ist, daß er es zu dem Spalt, den Hall als Zuflucht in der Nähe des Südgipfels benutzte, geschafft hat und sie dort die Nacht verbracht haben. Und in dieser Nacht muß Doug gestorben sein.

EIN SCHWIERIGES TELEFONAT

Erst spät am Vormittag des 11. Mai erhielten die Menschen im Basislager und im Lager II weitere Nachrichten aus Lager IV: Andy Harris wurde vermißt, Scott Fischer und Makalu Gau waren zuletzt unterhalb des »Balkons«, des Vorsprungs am unteren Ende des Südostgrats, gesehen worden. »Zwei Körper« sind ausserhalb des Lagers IV, am Südsattel, identifiziert worden, und zwar die von Beck Weathers und Yasuko Namba.

Mindestens zwei Sherpas und ein Arzt aus Halls Gruppe hatten sich dorthin begeben und entfernten den Schnee von Yasuko Namba. Einer von ihnen meinte, ihre Pupillen hätten sich bereits erweitert gehabt, doch habe sie noch schwach ge-atmet. Ein anderer berichtete, daß sie völlig schlaff gewesen sei. Beck Weathers war an der Grenze zum Tod, und möglicherweise hat sich der Arzt dem Urteil der beiden Sherpas gefügt, daß die beiden nicht überleben könnten. Sie kehrten zu den Zelten in Lager IV zurück, woraufhin dem Basislager berichtet wurde, daß Weathers und Namba tot seien.

Dort war man sich einig, daß Beck Weathers' Frau informiert werden sollte, bevor sie diese Nachricht in der Presse lesen würde. Also benach-richtigte Helen Wilton Halls Büro in Neuseeland. Der Büroleiter rief Peach Weathers in Dallas an und teilte ihr mit, daß ihr Mann als tot gemeldet und sein Leichnam identifiziert worden sei. Das war kurz nach 7.00 Uhr am Morgen in Dallas.

Außer Hall und Hansen mußten jetzt noch Scott Fischer, Andy Harris und Makalu Gau im oberen Bereich des Berges sein. Doch den ganzen Vormittag über blieben der Südostgrat und der Südgipfel bei heftigen Stürmen von Wolken ein-gehüllt, bei einer Windtemperatur weit unter Null. Die Sherpas in Lager IV waren erschöpft; um sie dazu zu bringen, für Rettungsaktionen am Südsattel noch einmal loszuziehen, mußte Wong-chu vom Basislager aus massiven Druck ausüben.

MOTIVATION FÜR DEN ABSTIEG

Links: Der Südsattel, Standort für Lager IV, ist einer der trostlosesten Plätze auf Erden: voller unwegsamer Felsblöcke, meterdickem Eis und mit fast ununterbrochen pfeifenden, orkanartigen Stürmen – und das Ganze auf 7925 Meter Höhe.

Paula versuchte, eine positive Hal-tung einzunehmen, doch das wollte ihr nicht recht gelingen. Selbst wenn die Retter Hall und alle, die bei ihm waren, erreichten – wie könnten sie sie herunterbringen? Den ganzen Vormittag über versuchten sie und Guy Cutter – ein guter Freund von Rob Hall, der im nahe gelegenen Pumori beim Bergsteigen war, als das schlechte Wetter einbrach –, Rob dazu zu bringen, wach zu bleiben, sein Sauerstoffgerät anzu-schließen und weiterzugehen. Seine Expeditionsärztin, Caroline Mackenzie, forderte ihn auf, das Eis von seiner Sauerstoffmaske zu klopfen, damit sie wieder richtig arbeiten könne. Der Sauerstoff würde ihm das nötige Quentchen Energie geben, um weiterzugehen. Auch Ed und die anderen in Halls Gemeinschaftszelt im Lager II beteiligten sich an dem Funkgespräch mit Hall. »Einige sagten, ›Mach dir keine Sorgen, wir werden dich holen kommen‹, als wollten sie ihn damit trösten«, erzählte Ed. »Doch für eine Bergung war er viel zu weit oben auf dem Berg. Paula wußte dies ebenfalls und ermahnte mich, unnachgiebig mit Rob zu sein, um ihn um jeden Preis anzuspornen. Rob *sollte* beunruhigt sein.«

Wahrscheinlich war es für Rob allein physisch unmöglich, aufzustehen und weiterzugehen. Und wenn er es geschafft hätte, wäre er nach dieser Nacht auf dem Südgipfel unsicher und schwach

auf den Beinen gewesen und hätte leicht abstürzen können. Außerdem würde er, bevor er
sich nach unten schleppen könnte, erst nach
oben über den Südgipfel steigen müssen – ein
Anstieg von fast acht Metern. In seinem
Zustand bedeutete dies eine furchtbare Anstrengung.

Wieder und wieder flehte Ed in das Funkgerät:
»Rob, du mußt aufstehen und gehen – dreh deinen Sauerstoff voll auf und krieche und ziehe dich
am Seil entlang hoch über den Südgipfel.« Er versuchte, ihm beizubringen, nicht auf die Sherpas
zu warten, sondern sie auf halbem Weg zu treffen.
Er versuchte, mit ihm Späße zu machen: »Ich
sagte ihm, ›Du mußt wenigstens für deine Frau
und dein neues Baby runterkommen, das hoffentlich etwas hübscher geraten ist als du!‹. Das
fand er auch lustig und lachte. Fast die ganze Zeit
über war er mit uns verbunden.«

Helen Wilton rief in Neuseeland Dr. Jan Arnold, die Frau von Rob Hall, an und hielt den
Hörer des Telefons an das Funkgerät. Die Anwesenden im Lager II hörten das Gespräch mit an.

»Rob klang wie ein anderer Mensch, als er mit
Jan sprach«, erzählt Ed. »Er wirkte viel klarer und
sagte mehrmals zu Jan, sie solle sich keine Sorgen
über ihn machen. Er war optimistisch und stark
– zu einem Zeitpunkt, als all die Mithörer es
schon ›aufgegeben‹ hatten.«

»Also gut, ich werde jetzt versuchen hoch-
zukommen und zu gehen«, sagte Rob endlich.
Jeder atmete deutlich hörbar auf.

Als Rob sich etliche Stunden später meldete,
fragte Ed ihn voller Hoffnung, geradezu euphorisch: »Wie kommst du vorwärts, Rob? Wo
bist du jetzt?«, und er antwortete »Ich bin noch
keinen Schritt vorwärts gekommen – meine
Hände sind so stark erfroren, daß ich die Seile
nicht greifen kann.«

David und Ed schauten sich an, die Gesichter
von Verzweiflung gezeichnet. Jetzt war klar, daß

Hall nicht in der Lage war, ohne Hilfe aufzustehen und weiterzugehen.

KOORDINIERUNG IN LAGER II

Auch andere brauchten dringend Hilfe. Das
»*Everest*«-Team bereitete sich auf Rettungsaktionen vor, doch zuerst brauchten sie weitere Informationen von Lager IV. Zwar gab es in Halls
Zelt im Lager II eine 25-Watt-Funkstation, aber
die Batterien des einen Handgeräts am Südsattel
waren fast leer.

Die Südafrikaner besaßen Funkgeräte im Basislager und im Lager IV – die einzigen Geräte
am Berg, die alle Frequenzen, die von den anderen Gruppen benutzt wurden, empfangen konnten. Sie waren am 9. Mai auf den Südsattel gestiegen, um am 10. zum Gipfel zu gelangen. Als
sie aber den Sattel erreicht hatten, waren sie so
ausgepumpt, daß sie ihr Gipfelvorhaben verschoben hatten.

Paula und die anderen im Basislager baten
Philip Woodall, den Basislagerleiter des südafrikanischen Teams, mit Nachdruck darum, seinen
am Südsattel campierenden Bruder Ian Woodall
zu benachrichtigen. Vielleicht könnte man für
diesen Notfall deren Funkgerät ausleihen. Ian
Woodall verweigerte seine Hilfe.

»Sie sind ganz auf sich gestellt, ohne Nahrung,
ohne Sauerstoff«, verteidigte Philip die Interessen
seiner Gruppe. Diese Beschreibung paßte nicht
zu einer Expedition, die den Gipfelsturm noch
vor sich hatte, und auch Philip war offensichtlich
nicht wohl bei dieser Entscheidung seines Bru-
ders. »Man kann sie nicht bitten, das Funkgerät,
ihre einzige Verbindung zur Außenwelt, herzu-
geben.«

»Es war so verrückt«, meint Audrey, »wie sich
die Südafrikaner als völlig losgelöst von allen
anderen betrachteten, als ob sie auf einem anderen Planeten wären. Hätten sie sich um die
Gemeinschaft am Berg bemüht, wäre ihnen klar-

geworden, daß diese Gemeinschaft auch ihnen zugute kommen konnte.«

David beauftragte Jon Krakauer, das südafrikanische Gruppenzelt am Südsattel aufzureißen und sich die Batterien zu schnappen. Die Sherpas hatten darauf bestanden, daß das Zelt verschlossen bleiben sollte, nachdem die Steigeisen am Fuß des Khumbu-Eisbruchs gestohlen worden waren.

Als die Funkgeräte am Südsattel nun arbeiteten, wollte David erst die Lage beurteilen, bevor er Bergsteiger und Material einsetzte. Wenn sie jetzt den Berg hochstürmten, bestand die Gefahr, daß sie sich verloren und die Situation sich damit verschlimmerte. Sie mußten genau wissen, welche Art Hilfe benötigt wurde: Kleidung, Nahrung, Sauerstoff oder Bergung.

»Ich glaube, daß jetzt alle ziemlich am Ende sind«, meinte David zu Guy Cotter, nachdem er mit Lager IV gesprochen hatte. »Die Leute sind kraftlos und leiden an Sauerstoffmangel; Aufstehen und sich bewegen ist ein echtes Problem. Sie sind alle guten Willens, aber viele haben auch Angst. Wir werden versuchen, frische, gestärkte Leute zu finden, die mit dem benötigten Material aufsteigen. Doch wenn wir auf unserem Weg zu Rob zum Beispiel Scott Fischer, Makalu Gau und andere in einer ähnlich schrecklichen Lage finden – was machen wir dann? Das wird eine Auslesesituation.«

DAS LAGER IV ALS TRÜMMERFELD
Etwas früher am selben Morgen des 11. Mai brachen Todd Burleson und Pete Athans heldenhaft von Lager III aus, wo sie bereits die Nacht verbracht hatten, zum Südsattel auf. Um die Lhotse-Wand tobten heftige Stürme, daß selbst die, die in ihren Zelten in Lager III blieben, befürchteten, vom Berg gefetzt zu werden.

Zu diesem Zeitpunkt wußten Todd und Pete nur, daß 17 Menschen noch nicht zurückgekehrt

waren. In der Nähe des Genfer Sporns trafen sie auf eine Gruppe ausgelaugter, unterkühlter Bergsteiger auf ihrem Weg nach unten. Nachdem sie ein paar spärliche Neuigkeiten über die anderen am Südsattel erfahren hatten, zogen Pete und Todd weiter.

Pete erschrak angesichts der Zustände in Lager IV. »Unsere Befürchtungen bestätigten sich«, berichtete er. »Ausrüstungsteile lagen im Freien verstreut umher, und zerrissene Zeltwände schlugen lose im Wind.« Bei einer halbwegs intakten Gruppe von Zelten hörten sie Stimmen. Innen fanden sich Jon Krakauer sowie ein anderer aus Robs Gruppe, die ihnen berichteten, was sie wußten. Dabei erzählten sie, daß die Körper von Beck Weathers und Yasuko Namba am Rand der Kangshung-Flanke lagen, wenige hundert Meter vom Lager entfernt.

Pete und Todd gingen ans Werk. David hatte sie angewiesen, sich aus den Expeditionszelten, die mit Sauerstoff und anderem Material für den Gipfelanstieg gerüstet waren, zu nehmen, was immer sie brauchten.

»David gab immer freizügig aus, was gebraucht wurde, auch wenn er nicht wußte, ob er es je zurückbekommen würde«, erzählt Pete. »Sauerstoff nachzufüllen ist zum Beispiel sehr teuer, doch ohne ihn kann die Gruppe die richtige Gelegenheit für den Gipfel verpassen.«

Jeder auf dem Südsattel befand sich in seinem Zelt, und die meisten waren zu müde, um aus ihren Schlafsäcken zu kriechen – nicht einmal für die nahe gelegenen Sauerstoffflaschen. Keiner war mehr in der Lage, einem anderen zu helfen, und zwischen den Zelten fand keine Kommunikation mehr statt, obwohl die meisten von ihnen nicht weiter als fünf Meter auseinander standen. Die Sherpas – diejenigen, die nicht mehr auf den Berg gegangen waren, um nach den fehlenden Bergsteigern zu suchen – waren entkräftet, und einige waren verwirrt.

»Es war wie ein Szene aus einem Horrorfilm«, erinnert sich Pete. »Wir mußten sie herunterbringen, aber einige Teilnehmer aus Robs Gruppe wollten nicht ohne ihn den Sattel verlassen. Nur indem ich mich damit beschäftigt habe, den anderen zu helfen, gelang es mir, meine Fassungslosigkeit zu überwinden und das Surreale der Situation zu verdrängen.«

Pete und Todd ermutigten die Gehfähigen und nicht völlig Übermüdeten, vom Südsattel abzusteigen. »Wir begannen, in den Zelten Flaschen zu verteilen, wie Pizzastücke«, erzählt Pete. Einigen Teilnehmern setzten sie Sauerstoffmasken auf und versorgten sie mit Flüssigkeit und Nahrung.

Die Bergsteiger am Südsattel drohten in einem gefährlichen Zustand der Apathie zu versinken, der Pete und Todd an den K2 im Jahr 1986 erinnerte. Dort hatten sieben Bergsteiger infolge eines Unwetters zu lange an der Bergschulter, die mit knapp unter 8000 Metern etwa die gleiche Höhe wie der Südsattel hat, verharrt. Als das Wetter sich besserte, waren nur noch drei in der Lage, es bis zum Basislager zu schaffen, wobei einer von ihnen auf dem Weg dorthin starb. Fünf mußten ihr Leben lassen.

Der Sturm blies ununterbrochen mit etwa 120 bis 130 Stundenkilometern bei noch stärkeren Böen, und eine 800 Meter breite Wolkenwand zog vom Balkon herüber. Die Sherpas hoch oben auf dem Berg mußten jetzt zum Sattel umkehren, und Todd und Pete mußten einsehen, daß es praktisch unmöglich war, Hall zu retten.

Soweit Todd und Pete es beurteilen konnten, blieben die südafrikanischen Expeditionsteilnehmer während der ganzen Zeit, in der sie auf dem Sattel waren, in ihren Zelten.

Links: Zu hoch auf dem Everest und viel zu spät am Tag – Teilnehmer von Scott Fischers Team steigen im heraufziehenden Unwetter gegen 4 Uhr nachmittags über den Hillary Step ab. Dieses Foto stammt von Fischers letzter Filmrolle.

DIE SHERPAS KEHREN UM

Gegen 4 Uhr nachmittags machten sich Lhakpa Tsering und Rob Halls Sherpaführer, Ang Dorje, an den Abstieg zum Südsattel. 244 Meter fehlten ihnen zum Südgipfel – doch unter den gegebenen Umständen hätten sie dafür noch zwei Stunden gebraucht. Am höchsten Punkt, den sie erreichten, hinterließen sie etwas Sauerstoff und einen Skistock.

Auf den Südsattel zurückgekehrt, erzählte Ang Dorje schluchzend von ihren Bemühungen, an Hall heranzukommen. Tränen strömten über sein verzerrtes Gesicht, während er sich geradezu wie ein Brett in den permanent pfeifenden Wind lehnte. Pete, der genauso entmutigt war, konnte ihn nur stumm anschauen.

Todd funkte, daß eine Sherpagruppe bis zum Südostgrat gekommen war, dann aber wegen der heftig tobenden Stürme umkehren mußte.

David, Robert und Ed stiegen gerade über die Lhotse-Flanke zum Lager III auf, als David, der etwa 30 Meter hinter Ed war, die Nachricht von den Sherpas übermittelt bekam. Ed blieb stehen und weinte.

»In diesem Moment wußten wir alle, einschließlich Rob, daß es um ihn geschehen war. David meinte, ich sollte mich am besten verabschieden. Doch was sagt man in einer solchen Situation? – ›Halte durch‹« Das letzte Mal hatte ich zu ihm gesagt, daß wir uns am Südsattel wiedersehen würden. Vielleicht wäre es das beste, ihn in diesem Gedanken zu verlassen. Ich brachte es einfach nicht fertig, ihm auf Wiedersehen zu sagen, selbst wenn das Funkgerät in meiner Hand gewesen wäre.«

»Wir empfanden eine tiefgreifende Hoffnungslosigkeit«, sagte David. »Rob war nur 1200 Höhenmeter von uns entfernt, aber wir hätten genausogut versuchen können, die Astronauten von Apollo 13 retten zu wollen. Keine Macht der Erde hätte uns schnell genug über die Lhotse-Flanke und den Südostgrat bringen können, und in diesen Höhen ist eine Hubschrauberrettung unmöglich. Nur sehr wenig Menschen haben eine Nacht oberhalb des Südsattels überlebt, wobei das gemeinsame Merkmal dieser Nächte darin bestand, daß sich der Wind gelegt hatte«.

Als Rob von dem vergeblichen Rettungsversuch der Sherpas gehört hatte, behielt er den Finger auf dem Funkgerät. David, Ed und das Basislager konnten ihn weinen hören. Guy Cotter versprach ihm, daß es morgen wieder jemand versuchen würde.

»Rob meinte, daß er es keine weitere Nacht durchstehen würde«, erzählt Ed. »Er wußte Bescheid. Doch dann machte er plötzlich eine Kehrtwendung und sagte: ›Okay, ich halte durch und es wird in Ordnung sein.‹«

STÄRKUNG IN LAGER III

David, Araceli, Robert und Ed stiegen weiter zum Lager III auf. Dort angekommen, bauten sie mit den anderen Führern eine Wegstation auf und fingen an, Wasser für Kakao und Suppe zu kochen. Es dauerte nicht lange, und der Strom der Bergsteiger, die von Todd und Pete gefunden worden waren, kam entkräftet und teilweise unter Sauerstoffzuführung von Lager IV herunter. Das Team entfernte die Steigeisen, schob die Bergsteiger in die Zelte und begann, sie aufzuwärmen und Flüssigkeit zuzuführen.

»Ich schaute das Gesicht der Verzweiflung« meinte David, nachdem er mit ein paar Rückkehrern gesprochen hatte. »In ihnen steckte eine zwiespältige Mischung an Glücksgefühl über ihre

Rechts: Ankündigungen des Todes… Am Morgen, nachdem mehrere Bergsteiger gestorben waren und noch weitere vermißt wurden, versammelten sich alle im Lager II in Rob Halls Gemeinschaftszelt. Ed und David flehen Rob per Funk an, den Abstieg zu versuchen.

Errettung und dem Bewußtsein, daß Schreckliches passiert sein mußte.«

»Während der ganzen Zeit dachten wir alle an Rob und die Überlebenden, die jetzt abstiegen«, fuhr Ed fort. »Auch Scott Fischer und Andy Harris waren noch da draußen – was würden sie wohl durchmachen?«

Kurz nachdem die erste Sherpagruppe zum Südsattel zurückgekehrt war, stiegen auch Ngawang Sya Kya und zwei andere Sherpas ab. Dabei stützten sie Makalu Gau, der kaum gehfähig war und offensichtlich schwere Erfrierungen hatte.

Sie hatten Gau und Fischer nicht weit voneinander entfernt liegend gefunden, wenig mehr als 300 Meter oberhalb des Lagers.

Ngawang Sya Kya gab an, daß Fischer kaum noch atmete, seine Zähne zusammengepreßt und seine Augen starr waren, ohne Blinzeln. Auch auf den Sauerstoff und die heiße Flüssigkeit, die sie ihm einflößten, hatte er nicht reagiert.

Der Nachmittag des 11. Mai neigte sich dem Ende zu. Nach einer zweiten Nacht oberhalb des Südsattels würde jeder, der jetzt noch lebte, gestorben sein. Anatolij Bukrejew begann, Sauerstoffflaschen einzusammeln – im Bewußtsein, daß er der einzige war, der noch ausreichend Kraft für einen weiteren Rettungsversuch für Fischer hatte. Pete, Todd und die meisten von denen im Basislager, die über Funk eingeschaltet waren, rieten ihm ab und versicherten ihm, daß ihm niemand einen Vorwurf machen könne, wenn er nicht ging. Unfälle und Ausfälle häufen sich schnell, wenn Bergsteiger müde und angespannt sind oder unter Sauerstoffmangel leiden.

»Bei Rettungsaktionen unter extremen Bedingungen«, meint Todd bestimmt, »muß man sehr objektiv sein können – und sehr bedacht.«

DIE KATASTROPHE TRITT EIN

»Und als oberstes Gebot gilt der Selbstschutz«, ergänzt Pete. »Wenn man selbst nicht mehr in der Lage ist abzusteigen, dann kann es das Opfer auch nicht.«

Im Basislager versuchte Paula die Ärztin aus Fischers Team, Ingrid Hunt, zu trösten, die völlig aufgelöst war und schluchzend darum bat, Bukrejew möge noch einmal einen Versuch zur Rettung Fischers unternehmen. Stokkend beschrieb sie Bukrejew, wo eine Spritze mit Dexamethason, einem Kortisonpräparat gegen Hirnödem, von dem außerdem angenommen wird, daß es auch dem Körper vorübergehend Kraft zuführt, in Fischers Jacke eingenäht sei. Er solle Fischer damit ins Bein spritzen.

Sekunden später, es war ungefähr 4.30 Uhr und Todd befand sich im Gespräch mit Bukrejew außerhalb des Zeltes, glaubte Todd zu seiner eigenen Verblüffung, in etwa 50 Meter Entfernung ein Gespenst zu sehen: Da taumelte doch ein Bergsteiger gegen den 100 Stundenkilometer starken Wind auf das Lager zu!

»Während ich ihm entgegenkam, konnte ich erkennen, daß seine Jacke bis zum Bauch offen stand, sein Augen zugeschwollen waren und sein Arm sich nach oben spreizte, wie eine Mumie in einem schlecht gemachten Horrorstreifen«, erzählt Todd. »Sein Gesicht war bis zur Unkenntlichkeit erfroren. Langsam wurde mir klar, daß es Beck sein mußte.«

Beck Weathers, der sowohl von einem Sherpa als auch von einem Arzt für tot beziehungsweise fast tot erklärt worden war, hatte sich erhoben und kam in das Lager gelaufen. Todd und Pete schauten sich an, als ob sie Geister gesehen hätten, und zogen Beck schnell in Scott Fischers Zelt, wobei sie sich mit der Tatsache abfinden mußten, daß Fischer nicht zurückkehren würde. Weathers rechter Arm war völlig erfroren und fühlte sich wie Elfenbein an, und er wirkte wie tot. Sie waren außerdem wegen der Möglichkeit eines Herzinfarktes beunruhigt: Wenn ein stark unterkühlter Mensch sich erwärmt und das kalte übersäuerte Blut aus den Extremitäten zum Herzen zurückfließt, besteht die Gefahr sich fatal auswirkender Herzrhythmusstörungen.

Todd und Pete packten Weathers in zwei Schlafsäcke ein, drehten den Sauerstoff auf volle Leistung – vier Liter pro Minute –, flößten ihm Flüssigkeit ein und brachten ihm Flaschen mit heißem Wasser. »Beck war in einem Ausmaß ausgelaugt, wie ich es wahrscheinlich nie kennenlernen werde«, sagt Pete.

Todd übermittelte die Neuigkeit von Weathers' Wiedererwachen ins Basislager. »Ich halte jetzt alles für möglich, und wenn dieser Mann überlebt, wette ich, daß er es genauso sieht.«

Peach Weathers in Dallas erhielt vier Stunden nach dem vorhergehenden einen zweiten Anruf, wieder aus Neuseeland. »Die Nachricht über seinen ernsten Zustand habe ich gar nicht wahrgenommen. Ich habe nur gehört, daß er lebt, und da wußte ich, daß ich ihn wiedersehen würde.« Ihr Bruder war bereits von Atlanta aus abgeflogen, um bei den Vorbereitungen für Becks Trauerfeier dabei zu sein. Die Totenwache verwandelte sich in ein Fest.

Anatolij Bukrejew war wie elektrisiert. »Ich gehe jetzt auf jeden Fall hoch – Scott lebt bestimmt auch noch«, verkündete er.

»Zu diesem Zeitpunkt hätte ich mir das auch vorstellen können«, erzählt Pete. »Und ich muß zugeben, daß ich erst Scott zu sehen glaubte, als Beck auf mich zukam.«

Pete und Todd entschieden, bei Weathers zu bleiben, während Bukrejew seine Ausrüstung schnappte und loszog – um 5 Uhr nachmittags. Er kam weit nach Einbruch der Dunkelheit zurück und konnte nur bestätigen, daß Fischer tot war.

Die Nachricht löste im Basislager Erschütterung aus. Voller Verzweiflung schleuderte Ingrid Hunt ihr Funkgerät weit von sich, so daß es in das vereiste Geröllfeld krachte.

DIE LETZTE FUNKVERBINDUNG

Gegen 6 Uhr am Abend des 11. Mai, als für Rob Hall die zweite Nacht auf dem Südgipfel begann, sprach er noch einmal mit seiner Frau. »Schlaf gut, mein Herz«, sagte er zu ihr, bevor er zum letzten Mal den Funk abschaltete. Der Klang seiner Stimme, meint Audrey, habe allen – obwohl die Chancen schlecht standen – das Gefühl vermittelt, sie würden ihn am nächsten Morgen wieder sprechen können.

»Unsere Funkgeräte blieben eingeschaltet, und wir hörten nicht auf, mit ihm zu reden«,

berichtet Ed. »Wir wußten, daß es schier unmöglich war, eine weitere Nacht zu überstehen. Hier lag ein intelligenter, nachdenklicher
Mensch, der wußte, daß er sterben würde. Zuvor
sprach er noch von einem unkontrollierbaren
Schütteln, das ihn erfaßt habe, doch gegen Ende
stumpften seine Sinne ab, und er wurde ganz
apathisch, was bei großer Kälte der Fall ist. Er
hatte keine Schmerzen. Nachdem er sein Funkgerät abgeschaltet hatte, muß er sich hingelegt
haben und eingeschlafen sein. Unter diesen
Umständen ist der Tod eine Erleichterung.«

DIE ZWEITE NACHT AM SÜDSATTEL

Nur wenige im Lager IV wußten, daß Beck lebte,
und sie vermuteten, daß er am nächsten Morgen
tot sein würde – in jedem Fall wäre er unfähig zu
gehen, was fast das gleiche bedeutete. Ihn vom
Südsattel nach unten zu tragen war
ausgeschlossen. An diesem Abend entstand einige Verwirrung darüber, wer nach ihm schauen
würde. Weathers erinnert sich, daß er zwar lebend den Südsattel erreicht hatte, aber allein und
in großer Not war. »Für die Nacht standen zwar
einige Wasserflaschen bereit, aber mit meinen
gefrorenen Händen konnte ich sie nicht greifen,
und Hilfe holen konnte ich auch nicht. Dann
bemerkte ich, daß mein Arm anschwoll, verursacht durch das billige Uhrenarmband aus
Plastik, das die Blutzirkulation in meiner rechten
Hand und im Unterarm behinderte.«

Einmal steckte ein Sherpa, der nur ein mini-
males Englisch beherrschte, seinen Kopf ins Zelt,
doch Weathers konnte sein Verlangen nach Wasser und dem Entfernen seiner Uhr nicht verständ-
lich machen. Erfolglos versuchte er in dem stock-
dunklen Zelt, das Uhrenarmband durchzunagen.
In der Zwischenzeit drückten, wie bei den anderen Bergsteigern auch, orkanartige Stürme das
Zelt auf ihn herunter; also rollte er sich zur Seite,
damit er etwas Platz zum Atmen schaffen konnte.

Kurz vor Sonnenaufgang blies der Sturm die
Eingangstür nach innen, und das Zelt füllte sich
rasch mit Schnee. Als es endlich heller wurde,
begann er zu rufen, in der Hoffnung, jemand
würde ihn hören.

»Jon Krakauer steckte seinen Kopf zum
Eingang herein und war völlig bestürzt«, erzählt
Weathers. »Ich fragte ihn, ob er vielleicht Pete
Athans holen könnte.« Zu dieser Zeit bereiteten
Pete und Todd Becks Abstieg vor. Es war der
Morgen des 12. Mai. Glücklicherweise hatte sich
der Sturm etwas gelegt.

ER ERHEBT SICH – UND STEIGT AB

Beck trank einen Liter Wasser und nahm etwas
Suppe zu sich. Vor allem das Sehen bereitete ihm
Probleme, aber er konnte laufen – stockend und
mit Unterstützung. Da Pete und Todd vermutet
hatten, daß seine Füße erfroren waren, zogen sie
ihm nicht die Stiefel aus; denn wenn die Füße
erstmal auftauen und anschwellen, ist es
unmöglich, ihnen wieder Schuhe überzustreifen.
Doch im Gegensatz zu Makalu Gau, dessen
Füße starke Erfrierungen erlitten hatten, trug
Beck ein neues, mit High-Tech-Materialien
isoliertes Bergstiefelmodell.

Pete funkte Ken Kamler, einem Arzt aus
seinem Team in Lager III, daß sie Beck Weathers
herunterbringen würden. Lager III bestand aus
ein paar engen Zeltplattformen, die in einen
Abhang mit 35 Grad Gefälle hineingeschaufelt
waren – kein Platz für eine Behandlung welcher
Art auch immer. Am Tag zuvor hatte Kamler das
Basislager gebeten, medizinisches Versorgungs-
material ins Lager II hochzuschicken, und nachdem er mit Pete gesprochen hatte, kletterte er
hinunter, um dort ein Feldlazarett einzurichten
und sich auf Beck vorzubereiten.

Vor ein paar Jahren hatte Beck sich einer
Hornhautoperation unterzogen, um seine Seh-
schwäche zu korrigieren. Er war sich nicht

EINE NACHT IN DER TODESZONE

VON SEABORN »BECK« WEATHERS

Als ich den Südostgrat kurz vor Sonnenaufgang erreichte, fühlte ich mich kräftig, aber mit meinen Augen konnte ich einfach nicht mehr genau sehen. Zwar mußte ich die Route nicht erkennen können, nachdem tiefe Stufen direkt vor mir eingeschlagen waren. Der Übergang am Fuß des Südostgrats erforderte jedoch mehr Sehkraft, und ich hatte reichlich Schwierigkeiten, mir den Weg zu ertasten. Als wir den »Balkon« erreichten, mußte ich Rob Hall mitteilen, daß ich nicht mehr weiterklettern konnte – jedenfalls im Moment. Vielleicht würde die Helligkeit der Sonne meine Pupillen zusammenziehen, so daß ich später nachfolgen konnte. Optimistisch erzählte ich ihm das.

»Nur wenn ich dich für die nächsten 30 Minuten hier zurücklassen kann«, meinte Rob zu mir.

»Gut, und wenn ich nicht kann, werde ich den Berg wieder absteigen.«

Doch Rob gefiel diese Vorstellung nicht, daß er nicht Bescheid wußte, ob ich sicher unten angekommen war oder nicht, und so versprach ich ihm, mich nicht vom Fleck zu rühren.

Ich saß immer noch da, als die Abenddämmerung heraufzog. Mit der Erweiterung der Pupillen verschlechterte sich wieder meine Sehfähigkeit. Inzwischen bereute ich mein Versprechen an Hall, vor allem, nachdem bereits Stunden zuvor, gegen 1 Uhr mittag, auch andere aus unserer Gruppe den Gipfelversuch abgebrochen und mir ihre Hilfe für den Abstieg angeboten hatten.

Das erste Teammitglied, das vom Gipfel herunterkam, war Jon Krakauer. Er erwähnte nicht, daß

sich ein Sturm zusammenzubrauen schien, obwohl er in einem seiner Berichte darlegt, daß er, als er hoch oben auf dem Berg war, gesehen hat, wie eine Wolkendecke im Süden ganz schnell über dem klaren Himmel aufgezogen war. Ich erzählte Jon, daß ich nicht mehr richtig sehen würde und ich herunter müßte, ihn aber dazu bräuchte, damit er ganz dicht vor mir absteigen und für mich sehen könne.

Jon zeigte sich dazu bereit, wendete aber ein, daß er kein Führer sei und Mike Groom etwa 20 Minuten hinter ihm folgen würde. Mike hätte ein Funkgerät, so daß er Hall wissen lassen könne, daß ich mit ihm abstieg.

Als Mike eintraf, führte er Yasuko Namba, die völlig erschöpft war. Auch Neil Beidleman kam mit Klienten aus Scott Fischers Gruppe herunter. Mike übergab Yasuko an Neil und seilte mich über die Dreieckwand ab.

Von hier kletterten wir auf den Südsattel, den wir kaum erreicht hatten, als schon der Sturm losbrach – rasend schnell. Ich fror, aber ich war nicht ausgesprochen erschöpft, und ich hielt mich an Grooms Jackenärmel fest. Die Sicht wurde immer schlechter, und die anderen Bergsteiger waren in dem Schneetreiben und der zunehmenden Dunkelheit nur noch als verschwommene, körperlose Stirnlampen wahrzunehmen. Völlig desorientiert folgte die ganze Herde dem nach, der gerade führte – wie Kinder beim Fußballspielen. Nur wenige Meter von der steil abfallenden Kangshung-Wand, am östlichen Rand des Südsattels, kamen wir zum Stillstand; hier drängten wir uns zu einem Haufen zusammen.

Unser gesamter Sauerstoffvorrat war verbraucht; wir rieben und klopften uns gegenseitig ab, in dem Bemühen, jeden Muskel in Bewegung zu halten, uns zu wärmen und wach zu bleiben. Ich zog meinen rechten Fäustling aus, behielt den leichten Futterhandschuh aus Polypropylen an und wollte meine Hand zum Wärmen in den Parka schieben. Augenblicklich erfror die Haut auf meinem Arm. In dem permanent wehenden Sturmwind flog mein Fäustling davon, und ich war plötzlich nicht mehr in der Lage, meine Jacke zuzuziehen. Das Reservepaar in meinem Rucksack hätte genausogut auf dem Mond sein können; außerdem war ich nicht mehr in der Lage, den Rucksack zu öffnen.

Etliche Stunden später blinkten ein paar Sterne durch ein Loch in der Wolkendecke, und schleppend diskutierten wir über das weitere Vorgehen. Einige konnten kaum gehen, und ich konnte nichts sehen. Groom und Beidleman entschieden sich, loszuziehen und das Lager zu suchen, um uns dann Hilfe zu schicken. Das klang vernünftig.

Mit der Zeit rückte der ganze Schauplatz immer weiter ab. Ich hatte den Eindruck, ich würde schweben, und empfand keine Kälte mehr. Zu dieser Zeit muß ich in Ohnmacht gefallen sein. Als Anatolij zu uns stieß, war ich nicht bei Bewußtsein.

Irgendwann am nächsten Nachmittag fand ich mich allein auf dem Eis wieder. Erst empfand ich es gar nicht so unbequem und war überzeugt, ich würde träumen. Richtig schlimm wurde es, als ich begriff, daß die Situation echt war

– und ziemlich ernst. Ich wälzte mich zur Seite und und schaute auf meine rechte Hand. Sie erschien mir wie ein unnatürliches, plastikartiges, verdrehtes graues Teil, das am Ende meines Arms befestigt war – und keineswegs als die Hand, die mir vertraut war. Ich klopfte damit auf das Eis, und ein hohler, widerwärtig dumpfer Klang antwortete mir.

Da wurde ich hellwach. Ich sah meine Familie direkt vor meinen Augen, und es gelang mir, mich aufzusetzen. Ich erkannte, daß, wenn ich jetzt nicht weiterging, ich hier für alle Ewigkeit liegen würde. Keinen aus unserer Gruppe konnte ich entdecken; entweder waren sie alle gegangen oder von mir getrennt worden. Mit Hilfe war jedenfalls nicht zu rechnen.

Ich ließ meinen Rucksack und den Eispickel im Bewußtsein fallen, daß ich nur einen Schuß frei hatte: Entweder ich fand das Lager, oder ich verpulverte meine letzten Energien, so daß ich mich nur noch niederlassen und auf das Ende warten konnte. Etwa eineinhalb Stunden irrte ich in die verschiedenen Richtungen, unfähig, mich zu orientieren, aber in der Hoffnung, irgend etwas erkennen zu können.

Schließlich erinnerte ich mich, daß in der Nacht jemand gesagt hatte, daß der Wind von Westen aus dem Western Cwm über den Südsattel hinweg blasen würde. Das Lager mußte im Gegenwind liegen. Also drehte ich mich in den Wind, senkte den Kopf und malte mir aus, daß ich entweder in das Lager oder über einen Abhang gehen würde.

Der schlichte Wunsch zu überleben trieb mich an. Mein sauer-

Nicht nur einmal, sondern gleich zweimal wurde der schwer frostgeschädigte Beck Weathers mit seinen bis zur Unbrauchbarkeit erfrorenen Händen für tot gehalten. Nachdem er unter entsetzlichen Umständen, völlig ungeschützt und mit dem Gesicht im Schnee die Nacht auf dem Berg überstanden hat, erhält er hier in Lager III die dringend benötigte Flüssigkeit.

stoffentleertes Hirn funktionierte zwar nicht, aber einer Sache war ich mir sicher: daß ich sterben würde, sowie ich mich im Schnee niederließ, da die Erschöpfung und die Kälte mich überwältigen würden. Ich fing an zu halluzinieren. Die Umgebung bewegte sich, die Felsen nahmen andere Formen an und krochen um mich herum; doch ich akzeptierte das und ging einfach weiter. Das alles flößte mir überhaupt keine Angst ein, und ich befand mich in einem sehr ruhigen Zustand. Lediglich ein Gefühl von Traurigkeit hatte mich erfaßt, weil ich meiner Familie nichts mehr von dem würde sagen können, was ich gerne noch losgeworden wäre. Ich wußte, daß ich bereit war zu sterben.

Doch es gab eine ganze Menge, für das ich noch leben wollte, und das ging mir nicht so schnell aus dem Sinn. Meine Familie, die da fast leibhaftig vor mir stand, gab mir eine enorme Antriebskraft. Wegen der unterschiedlichen, unebenen Oberfläche aus Eis und Fels verlor ich mehrmals das Gleichgewicht und kippte um. Mir war klar, daß ich nicht auf meine Hände fallen durfte; also drehte ich mich während des Sturzes – was für sich allein schon anstrengend war.

Und dann passierte ein Wunder: Vor mir tauchten mehrere weiche, bläuliche Felsen auf, und ihre geschwungenen Formen verleiteten mich zu der Annahme, daß das Zelte sein könnten. Sofort unterdrückte ich diese Gedanken wieder, denn ich wußte, daß eine Enttäuschung mich noch mehr schwächen würde. Nachdem ich sowieso in diese Richtung strebte, stellte ich mich darauf ein, daran vorbeizulaufen.

Plötzlich stand da einer – es war Todd Burleson. Nur kurz schaute er mich an, dann nahm er mich am Arm und führte mich ins Lager. Pete Athans und Todd waren ebenfalls überzeugt, daß ich sterben würde; ich bin nur froh, daß sie mir das nicht gesagt haben. Wenn ein Mensch mittleren Alters – wie ich – so etwas überlebt, ist es ein Beweis, daß diese Art Stärke in jedem von uns wohnt, bewußt, daß als mögliche Nebenwirkung davon die Sehkraft bei niedrigem Luftdruck beeinträchtigt sein konnte. Von diesen Nebeneffekten war erst kurz zuvor in medizinischen Fachzeitschriften berichtet worden, und mehrere Bergsteiger, die genauso behandelt worden waren, hatten keine Sehprobleme, während sie sich hoch oben auf dem Everest befanden. Diese Nebenwirkung, die als selten eingeschätzt wird, ist immer nur vorübergehender Art. Durch die Erfrierungen und das Ausgesetztsein war Becks Gesicht stark geschwollen und beeinträchtigte zusätzlich seine Sehfähigkeit.

Todd und Pete spritzten Beck eine Dosis Dexamethason, von der sie sich eine vorübergehende Rückkehr seiner Kräfte versprachen, schnallten ihm Seile und Steigeisen um und machten sich an den Übergang zum Genfer Sporn. Als sie den Berg hinunterstiegen, beschrieben sie ihm jeden einzelnen Schritt.

Beim Verlassen des Südsattels schauten Pete und Todd kurz zurück – es war ihnen schmerzhaft bewußt, daß sie ihre Freunde Scott und Rob auf dem Berg zurückließen. »Meine Gefühle lassen sich durch die logischen Gründe für das Handeln nicht trösten«, schrieb Pete später. »Immer wieder verfolgt mich das Bild von zwei zitternden und einsam verlassenen Gestalten bis in meine unruhigen Träume.«

Robert und Ed stiegen über das Lager III hinaus auf, um Todd und Pete beim Abstieg mit Beck zu helfen. Oberhalb des Gelben Bandes trafen sie sich, und zu viert ließen sie Beck hinunter und seilten sich neben ihm ab. Hatte Beck erst einmal die Fixseile an

Rechts: Beck Weathers (dritter von rechts), der zwar gehen, aber weder seine Hände benutzen noch etwas sehen kann, bewegt sich mit Hilfe von Bergsteigern aus drei verschiedenen Teams vorsichtig von Lager III nach unten.

Folgende Seiten:
Rettungsversuch auf 6000 Metern Höhe: Pilot Lt. Col. Madan K. C. reizt die Flughöhengrenze seines Hubschraubers ganz aus und setzt mit Hilfe von Eds behelfsmäßigem Windsack auf einer eingefärbten »X«-Markierung direkt oberhalb des Eisbruchs auf – in der Hoffnung, Beck und den schwerverletzten Makalu Gau evakuieren zu können.

der Lhotse-Flanke erreicht, würde er selbst absteigen können. Seine Hände waren zwar weiterhin erfroren, aber auf dem einen Auge konnte er teilweise wieder mit räumlicher Wahrnehmung sehen.

»Beck war geistig voll da«, sagt Todd. »Er wußte, daß er seine Hände verlieren würde, aber er witzelte zum Beispiel über seine großen Pläne als Invalide. Viele Menschen werden bei Sauerstoffmangel aggressiv und arbeiten gegen einen. Doch Beck war sehr verträglich; er sagte uns, wir sollten einfach »tun, was ihr tun müßt«.

»Beck war ein lustiger Geselle«, meint Robert voller Staunen. »Er war gar nicht so sehr niedergeschlagen. Auch in meinem Land sind die Pathologen diejenigen, die auch in schlimmen Situationen eine gute Miene zum bösen Spiel machen können. Und in den Alpen habe ich viele Menschen den Berg heruntergebracht, die besser dran waren als er, die aber noch auf dem Weg gestorben sind.«

Im Lager III angekommen, bat Beck um schwarzen Tee mit Zukker. Nachdem er mit seinen gefrorenen Händen nichts fassen konnte, bekam er ihn eingeflößt.

»Wißt ihr, Jungs, ich werde zwar meine Hände verlieren, aber ich kann meine Frau und meine Kinder wiedersehen – wenn ich hier je herunterkomme.«

»Das kriegst du hin«, meinte David.

»Wenn du glaubst, daß ich es schaffe, dann trau ich mich, darauf zu wetten«, antwortete Beck.

Von Lager III aus konnte David mithelfen, den Abstieg über die Lhotse-Flanke zu bewäl-

DIE KATASTROPHE TRITT EIN

tigen. Die ganze Zeit über ging einer voran, der Beck stützte und seine Füße dirigierte, und ein anderer kam hinterher und hatte Beck an seinem Gurtzeug gepackt. Die Verankerungen für die Fixseile erwiesen sich als heikel: Die Bergsteiger mußten erst Beck und dann sich selbst vom Seil loshaken, um sich dann auf der anderen Seite der Seilverankerung wieder einzuklinken.

Immer wieder wollte Beck nach dem Seil greifen, wenn er zwischendurch das Gleichgewicht verlor, doch seine Hände konnten es nicht fassen.

»Ich habe meinen Patienten immer erzählt, daß ich meinen Job auch mit zusammengebundenen Händen verrichten könnte – jetzt habe ich die Gelegenheit zu schauen, ob mir das wirklich gelingt«, grinste Beck. Er verglich ihre dicht

»ES WAREN DIE HÄNDE EINES TOTEN«

Von Dr. med. Kenneth Kamler

Ganz schnell mußte ich mich darauf vorbereiten, zwei schwerverletzte Bergsteiger zu behandeln, die gerade ins Lager II hinuntergeführt wurden. Eigentlich gehörten sie auf die Intensivstation eines Krankenhauses, aber ich wollte versuchen, sie im Gemeinschaftszelt der Neuseeländer zu behandeln und mit den vielschichtigen und komplizierten medizinischen Problemen fertigzuwerden – auf einer Höhe, in der schon das Schuhebinden zu einer schwierigen Aufgabe werden kann. Sherpas, andere Bergsteiger und Dr. Henrik Hansen halfen mir dabei, Schaumstoffmatten und Schlafsäcke auf dem Zeltboden auszulegen, trockene Kleidung heranzuschaffen, Infusionsbeutel in Karabinerhaken einzuhängen, Sauerstoffflaschen und Regler vorzubereiten, Verbandsmaterial und Medikamente bereitzustellen und große Töpfe mit Wasser abzukochen.

Alle Finger und Zehen von Makalu Gau waren erfroren. Mit dem Skalpell entfernte ich ein Stück von seinem Socken, das am Fuß festklebte. Er wies die schlimmsten Erfrierungen auf, die mir bisher untergekommen waren – bis ich Beck Weathers sah, der hereingebracht wurde, als wir gerade Makalu weitgehend stabilisiert hatten.

Ich hatte ein aufgelöstes, halb bewußtloses Etwas erwartet, aber Beck betrat das Zelt fast ganz aus eigener Kraft. In einem lockeren Gesprächston sagte er: »Hallo, Ken! Wohin soll ich mich setzen?« Er war hellwach und hatte seine Bewegungen unter Kontrolle; er zeigte keinerlei Anzeichen von Unterkühlung. Wir betteten ihn auf einen Schlafsack und tauschten seine ganzen Kleider aus, die bis zur Unterwäsche durchnäßt waren.

Als ich ihm seine Sauerstoffmaske abnahm, war ich schokkiert. Durch die Ödeme war sein Gesicht auf die doppelte Größe angeschwollen. Die Wangen waren schwarz und seine Nase sah wie ein Stück Holzkohle aus. Seine rechte Hand, ein Drittel des Unterarms und seine linke Hand waren tief blaurot angelaufen und starrgefroren. Von ihnen strömte Kälte aus. Keine Blasen, kein Pulsschlag, kein Gefühl und kein Schmerz. Es waren die Hände eines Toten, doch bizarrerweise konnte er die Finger bewegen: Die lebenden Muskeln in seinem Unterarm zogen an den toten Knochen. Ich legte eine Infusion und spritzte Nifedipin, ein Medikament, das den Blutstrom in die Extremitäten leitet, aber einen plötzlichen Blutdruckabfall verursachen kann. Nachdem ich keinen Manschetten-Blutdruckmesser zur Verfügung hatte, mußte mir die Pulsstärke seiner Hauptschlagader am Hals Aufschluß über seinen Zustand geben. Seine Hände waren in Schüsseln mit 40° C warmem Wasser getaucht, doch sie waren buchstäblich zu Eisblöcken gefroren, die das Wasser sehr schnell abkühlten. Um die erforderliche Temperatur halten zu können, mußte das abgekühlte Wasser ständig durch heißes aus einem Thermosbehälter ausgetauscht werden. Die Sherpas waren eifrige Assistenten und hatten den Bogen schnell heraus.

Während der Behandlung redete Beck immer wieder etwas. Hätte man ihn gehört, ohne zu sehen, was vor sich ging, konnte man glauben, er wäre nur zum Tee vorbeigekommen. Zwar waren Beck und Makalu unter Kontrolle, aber ich blieb die ganze Nacht über bei meinen beiden Patienten, wechselte die Infusionen, regelte die Sauerstoffzufuhr und beobachtete ihre Atmung.

Es war eine lange und anstrengende Nacht.

Morgens um 7 Uhr erhielten wir die entmutigende Nachricht, daß der Rettungshubschrauber

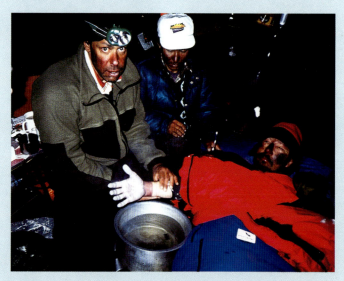

Ken Kamler, Bergsteiger und Arzt, behandelt in Lager II die schweren Erfrierungen an Beck Weathers' Händen.

wegen des Windes nicht über den Eisbruch fliegen könne. Dadurch mußte ich eine schwierige Entscheidung treffen: entweder auszuharren, bis der Wind sich legte, und das auf einer Höhe, in der selbst kleinere Schnittwunden nicht heilten, oder ins Basislager abzusteigen und Beck und Makalu erneut Kälte und Trauma auszusetzen, ganz abgesehen von den Gefahren, denen die Rettungsmannschaft bei einer Bergung über die Gletscherspalten hinweg ausgesetzt war. Ich entschied mich für die Evakuierung über das Eis.

Während die Rettungsmannschaften organisiert wurden, deckte ich jeden von Becks und Makalus Fingern mit Vaselinegaze ab, umwickelte ihre Hände mit einem dicken boxhandschuhähnlichen Verband und steckte sie dann in daunengefütterte Schneeschuhe, um sie warmzuhalten. Nachdem jetzt ihre Sauerstoffmasken entfernt waren, konnte ich die Erfrierungen in ihren Gesichtern mit einer weißen Silvadene-Brandsalbe behandeln. Beck erzählte ich, daß ich ein Make-up auftragen würde, damit er im Basislager gut aussähe.

Beck war in der Lage zu laufen, doch Makalus Füße waren erfroren, und so mußte er getragen werden. Ich folgte den beiden Teams das Western Cwm hinunter und war so in Gedanken versunken, daß ich nicht bemerkte, wie sich der Wind legte. Ein Hubschrauberdröhnen über mir holte mich schnell in die Gegenwart zurück.

Kenneth Kamler war bei vier Everest-Expeditionen dabei. Er arbeitet als Mikrochirurg in New York und ist auf Handchirurgie spezialisiert.

beieinander gehende Gruppe mit einer Formation von Conga-Tänzern, und die Bergsteiger fielen mit ihm in den Refrain aus »*Chain of Fools*« ein.

Am Fuß der Lhotse-Flanke mußte Beck die 12 Meter tiefe, senkrecht abfallende Gletscherwand abgeseilt werden. Die Bergsteiger brauchten nicht über das Vorgehen zu diskutieren. Sie hatten lange genug zusammengearbeitet, um genau zu wissen, was getan werden mußte. Im Lager II übernahm Dr. Ken Kamler den Verletzten, unterstützt von Sumiyo, die sich bereits um Makalu Gau gekümmert hatte, als er herunterkam.

EVAKUIERUNG

Guy Cotter im Basislager glaubte an die Möglichkeit, daß ein Hubschrauber oberhalb des Eisbruchs landen könnte. Doch der Luftdruck in über 6000 Metern Höhe liefert im Vergleich zur Meereshöhe nur die Hälfte des Auftriebs für den Start, und einen Hubschrauberpiloten zur Landung in der Nähe von Lager I zu überreden, dürfte auch keine leichte Aufgabe sein.

Cotter telefonierte mit Katmandu, damit von dort aus die amerikanische Botschaft benachrichtigt werden würde. Gleichzeitig rief eine Gruppe von Frauen aus Dallas, die von Peach Weathers mobilisiert worden war, ihre Senatoren und im Außenministerium an. Doch als die Anfragen aus den Vereinigten Staaten in Nepal ankamen, hatte der amerikanische Botschafter in Katmandu, Dave Schensted, bereits die Royal Nepalese Army wegen eines notwendigen Rettungseinsatzes alarmiert.

»Zwei Wochen zuvor war ich zum Basislager gewandert«, erzählt Schensted. »Also kannte ich die Lage dort oben, und das war bei den Überlegungen, wie der Hubschrauber am besten zum Lager I kommen könnte, sehr hilfreich.« Er forderte den Armeepiloten Lt. Col. Madan K. C.

(für »Khatri Chhetri«) an, der einem Mitglied der US-Botschaft zugeteilt war.

Am 13. Mai um 6 Uhr früh führten das »*Everest*«-Team, Todd Burleson, Pete Athans, eine Gruppe von Sherpas und noch ein paar andere Beck Weathers von Lager II hinunter; neun Sherpas zogen Makalu Gau auf einem behelfsmäßigen Schlitten, und auch der Leichnam von Chen Yu-Nan wurde von ihnen befördert. Die anderen Taiwaner befanden sich im Basislager.

Alle sahen mit großer Beunruhigung dieser extrem schwierigen Bergung von Weathers und Gau aus dem Eisbruch entgegen. Als sie die Hälfte des Western Cwm hinter sich gebracht hatten, erhielten sie vom Basislager per Funk die Nachricht, daß sich der Wind unten gelegt habe und daß Lt. Col. K. C. eine Landung mit einem französischen Hubschrauber über dem Eisbruch versuchen würde. Nur wenige der Bergsteiger wagten zu hoffen.

Doch dann geschah ein Wunder. Das Bergungsteam überquerte gerade einen flachen Abschnitt oberhalb des Lagers I, als plötzlich ein kleines, grünes, insektenähnliches Objekt über dem Eis sichtbar wurde, das langsam über dem Basislager kreiste. Während sie alle ungläubig verharrten, schraubte sich der Helikopter mit einem entfernt klopfenden Knattern zu ihnen hoch.

Da wurde Ed klar, daß sie nichts dabei hatten, mit dem man eine Landemarkierung anbringen könnte. »Doch Araceli rief ›Warte – ich habe noch rote Rettungsfarbe!‹. Sie öffnete den Rucksack, zog eine Flasche mit der Flüssigkeit heraus und warf sie mir zu.«

Lt. Col. K. C. flog über das Lager I auf 5940 Meter Höhe hinweg und weiter in Richtung Lager II, kehrte dann um und senkte sich zum Landungsversuch. Um die Maschine leichter zu machen, hatte er seinen Kopilot im Basislager abgesetzt und flog jetzt allein.

EVEREST: GIPFEL OHNE GNADE

Ed goß ein schmales »X« über einen flachen, 30 Meter breiten Streifen zwischen zwei Gletscherspalten. David ließ sich auf ein Knie in den Schnee nieder, um dem Piloten zu winken, und Ed band einen Schal als Windsack an eine Lawinenstange. Langsam und vorsichtig schwebte der Pilot herunter, dem bei diesem Landeplatz sichtlich unbehaglich zumute war. Als der Helikopter auf einer Seite der Landungszone die tiefe Gletscherspalte überflog, verlor er kurzerhand den tragenden »Bodendruck«, so daß das Heck rückwärts kippte. Das Schutzkabel unterhalb des rückwärtigen Teils wäre beinahe an die Kante der Gletscherspalte gestoßen – genau in dem Moment, als K. C. mit den Gleitkufen den Schnee berührte.

Schnell hob er wieder ab.

»Oh nein, das war's, er wird nie landen – dem reicht's!« meinte Robert gequält. Doch K. C. stieg hoch und schwebte diesmal direkt von oben herunter. Er setzte nie das ganze Gewicht des Hubschraubers auf den Schnee.

»An der Stelle trat ein Rückenwind auf, der sehr schwer in den Griff zu kriegen war«, erklärte K. C. später voller Ruhe. Windböen auf Bodenhöhe können den Auftrieb und die Steuerung der Rotorblätter unterbrechen, die in dieser Höhe sowieso gefährdet sind. Und wenn der Hubschrauber auf weichem Schnee oder über einer verborgenen Gletscherspalte aufgesetzt wird, sackt das Heck möglicherweise ein und die Rotorblätter können Schaden nehmen – was das Festsitzen des Helikopters zur Folge hätte.

»Schon das bloße Steckenbleiben in Lager I hätte fatale Folgen für den Piloten«, sagt Dr. David Shlim. »Ohne Akklimatisierung und ohne konstante Sauerstoffzufuhr könnte er auf dieser Höhe nicht lange überleben.«

K. C. trug seine Sauerstoffmaske, und seine ganze Aufmerksamkeit galt den Kontrollinstrumenten. Mit einer Hand signalisierte er, daß er nur einen Passagier aufnehmen könnte.

»Für mich war es ausgeschlossen, in den Hubschrauber zu klettern und Makalu Gau zurückzulassen«, erinnert sich Beck. Makalu konnte nicht gehen, und seine Evakuierung über den Eisbruch würde besonders schwierig sein. Also sollte Makalu einsteigen. Die Sherpas luden ihn schnell hinter dem Piloten in die Maschine. »In diesem Moment rutschte mir das Herz in die Hose«, erzählt Beck. Der Helikopter hob vorsichtig ab, drehte die Nase

Links: Beck Weathers wird endlich erlöst und kann in den Rettungshubschrauber steigen. Der riskante Flug ersparte ihm die noch größeren Gefahren bei einer Überquerung des Khumbu-Eisbruchs.

langsam nach vorne, und sackte wie ein Stein aus dem Blickfeld – den Eisbruch hinunter. Lt. Col. K. C. landete im Basislager und lud Makalu Gau aus.

Endlose 30 Minuten vergingen. Beck schaute auf Pete.

»Ob er wohl zurückkommt?«

»Wahrscheinlich gibt's im Yak-und-Yeti-Hotel gerade Frühstück, wenn du unten landest«, lächelte ihn Pete an.

K. C. kam wieder. »Es war eine unglaubliche Erleichterung, daß wir Makalu oder Beck nicht über den Eisbruch tragen mußten«, erinnert sich Ed. Er kratzte sich am Kopf und seufzte.

»Wir hätten noch einen Tag und eine Nacht gebraucht, und viele wären einem erheblichen Risiko ausgesetzt gewesen. K. C. gehört zu der Sorte Mensch, für die wir nur dankbar sein können. Das Beste an der ganzen Expedition war für mich Becks aufgeregter, freudiger – und leicht ungläubiger Ausdruck über seine Erlösung.« Es war einer der höchsten Hubschrauber-Rettungseinsätze in der Geschichte.

K. C. legte noch einmal einen Zwischenstopp im Basislager ein, nahm Makalu Gau und den Kopiloten auf und transportierte alle nach unten. Als sie auf dem Rollfeld im warmen Katmandu landeten, klopfte der in Tränen aufgelöste Beck mit seinen verbundenen Händen K. C. auf die Schulter. Er sagte Madan unumwunden, wie dankbar er sei und daß er wisse, wieviel Mut diese Aktion gefordert habe.

»Immer schon sagte man mir, ich hätte ein tapferes Herz«, meinte K. C. später, »doch bis zu dieser Bergung hatte ich keine Gelegenheit, das wirklich zu überprüfen.«

SECHSTES KAPITEL

RÜCKKEHR IN DIE
TODESZONE

*»Man kann den Everest nicht bezwingen. Man schleicht
sich hinauf – und dann nichts wie weg!«*

ED VIESTURS

Die Mitglieder des »*Everest*«-Teams stiegen durch den Eisbruch wieder ab und kamen erschöpft, völlig niedergeschlagen und geschockt im Basislager an. Genau wie die Führer und Klienten, die am Vortag zurückgekehrt waren, weinten einige – nun endlich in der Lage, den Schmerz, den sie über die tragischen Ereignisse am Berg empfanden, zu zeigen. ¶ Als sie ihre Steigeisen ablegten, erfuhren sie darüber hinaus, daß neben den fünf an der Südseite umgekommenen Bergsteigern am 10. Mai drei indische Staatsbürger, die den Berg von der Nordseite bestiegen hatten, unterhalb des Gipfels ums Leben gekommen waren. ¶

Links: Dieser Leichenrest, ein grauenvoller Hinweis auf frühere Katastrophen am Everest, lag mehrere Jahre etwas abseits am Fuß des Lhotse, bevor er 1996 von Bergsteigern aufgefunden wurde. Die Überreste wurden – wie im Hochgebirge üblich – in eine Gletscherspalte hinabgelassen.

EVEREST: GIPFEL OHNE GNADE

EINE ANDACHT

Am Nachmittag des 14. Mai, zwei Tage nachdem die meisten Bergsteiger ins Basislager zurückgekehrt waren, nahmen mehr als 60 Menschen an einem improvisierten Gedenkgottesdienst für die toten Bergsteiger teil, der bei dem von Scott Fischers Expeditionsteilnehmern aus Steinen errichteten *lhap-so* abgehalten wurde. Es war kalt und grau. »Nur wenige Tage zuvor hatte eine aufgeregt optimistische Stimmung geherrscht, und jetzt nahmen wir plötzlich an einem Totengedenken teil«, stellte Brad Ohlund fest. Er war wie die meisten anderen über die Todesfälle geschockt und konnte nicht recht verstehen, was da geschehen war.

Neil Beidleman, Fischers Freund und Bergführer in seinem Team, eröffnete – gegen Tränen ankämpfend – den Gottesdienst und mußte mehrfach weinend innehalten. Wongchu hielt die Sherpas an, am Fuß des kleinen Steinaltars Wacholderzweige zu entzünden. Als der Rauch zum Berg hinaufstieg, sangen die Sherpas Gebete.

Kekse und süße Riegel wurden als Kommunion herumgereicht. Rob Halls Sirdar Ang Tsering sagte: »Wenn ich unsere guten Freunde am Berg sterben sehe, dann ist es wirklich nicht gut.«

Die Hände und Füße vieler Bergsteiger waren bandagiert, und sie sahen wie Kriegsheimkehrer aus. Nur wenige sprachen, bis einige Teammitglieder, zumeist aus den Gruppen von Fischer und Hall, nacheinander vortraten. Einige sagten ein Gedicht auf. Viele weinten. Manche riefen Erinnerungen an alte Zeiten wach, als ob es ihnen schwerfiele, ihre Freunde loszulassen. »Als jedem Opfer gedacht wurde, schaute ich den Eisbruch hinauf und hatte das Gefühl, sie könnten sogar jetzt noch, so spät, zwischen den Eisblöcken herunter ins Lager gestapft kommen – vor allem Andy Harris, der einfach verschwunden war«, erinnerte sich Audrey Salkeld.

Pete Schoening, ein Bergsteigerveteran, der 1953 am K2 auf heldenhafte Weise mehrere Expeditionsmitglieder gerettet hatte, lieferte einen bewegenden Beitrag. In seiner verschossenen grünen Daunenjacke mit pelzeingefaßter Kapuze sah er wie ein grau gewordener Alaska-Pionier aus, als er von Scott Fischers Vitalität und seiner Fähigkeit, andere zu begeistern, sprach.

»Die Atmosphäre war ein wenig unheilvoll, und es schien recht früh zu sein, eine Trauerandacht für Scott und Rob zu halten«, meinte Pete Athans, »aber eine Achtungsbezeigung war einfach notwendig. Die Zusammenkunft der Leute aus allen Gruppen, von denen die meisten sehr effizient zusammengearbeitet hatten, war ganz besonders gut.«

Araceli Segarra betrachtete die Andacht aus europäischer Sicht und meinte, daß man bei etwas so Endgültigem wie dem Tod vielleicht zu offen und redselig gewesen sei. »Vielleicht macht man

Links: Erschöpfte und nachdenkliche Bergsteiger, die wie »aus dem Krieg zurückkehrende Überlebende« aussehen, halten für ihre toten Kameraden am lhap-so *des Basislagers vier Tage nach der Tragödie einen Gedenkgottesdienst ab.*

das in Amerika so. Sicher, sie müssen große Trauer empfinden, aber wir Europäer sind es nicht gewohnt, jedem unseren Schmerz zu zeigen.«

»Aber Wunden heilen nicht, wenn Trauer und Emotionen hinuntergeschluckt werden«, meinte Paula.

Der Gedenkgottesdienst sollte der letzte Anlaß sein, an dem alle Teams zusammen waren. Da die Gruppen von Hall und Fischer am nächsten Morgen aufbrachen, fühlten sich die Bergsteiger, die zurückblieben, um so mehr mit ihren Gedanken und dem Berg allein. Als einer von ihnen traurig über das Geröllfeld zwischen den verlassenen Zeltplätzen hindurchging, konnte er sich, so sagte er, die frühere Geschäftigkeit und Aktivität richtig vorstellen, als ob die Teams noch immer da seien.

REFLEXION UND BEWERTUNG
Nach der Zeremonie zog sich das »*Everest*«-Team ins Küchenzelt zurück und saß eine Weile vollkommen stumm da. In den darauffolgenden Tagen konnten sie, da sie in relativem Sauerstoffüberfluß aßen, sich erholten und schliefen, klarer über die jüngsten Ereignisse nachdenken und darüber sprechen. Audrey meinte, sie könne die Worte hören, die Oberst Edward F. Norton niedergeschrieben hatte, nachdem Mallory und Irvine 1924 nahe des Gipfels an der Nordseite verschollen waren:

»Wir waren eine traurige kleine Gruppe; von Anfang an nahmen wir den Verlust unserer Kameraden hin …, und nie kam ein Hang zum morbiden Herumreiten auf dem Unwiderruflichen auf. Aber die Tragödie war sehr nah; die leeren Zelte unserer Freunde und ihre leeren Plätze am Tisch erinnerten uns ständig daran, welche Stimmung im Lager geherrscht hätte, wenn die Sache anders gelaufen wäre.«

Die Nachricht von der Tragödie gelangte in die Presse und ins Internet. *Newsweek* bereitete eine Titelgeschichte vor. Liesl Clark von *NOVA Online* berichtete, daß die Internetseite, auf der über die Expedition berichtet wurde, in der Woche nach der Tragödie täglich mehr als 100 000 Mal abgerufen wurde. »Die Presseberichte, das Fernsehen und andere Medien erinnerten uns an das Geschehene, und das half uns, uns unseren Ängsten zu stellen, mit unserer Trauer umzugehen und damit fertigzuwerden«, sagte Paula.

Zusammen mit Freunden aus anderen Expeditionen diskutierten die Bergsteiger über die Tragödie, nicht in der Absicht, einzelnen Schuld zuzuweisen – als ob das überhaupt möglich wäre –, sondern um der Katastrophe einen Sinn zu geben und aus den begangenen Fehlern zu lernen. Sie kamen überein, daß die Tragödie die Folge von Pech und falscher Einschätzung gewesen sei. Die Führer und die Klienten gemeinsam hatten ihre Sicherheitsmargen zu gering gehalten.

Im Monat April und Anfang Mai hatte oben auf dem Berg nur einen oder zwei Tage den ganzen Tag über schönes Wetter geherrscht. Robert stellte fest, daß einige Überlebende den Sturm vom 10. als unvorhersehbar, beziehungsweise als eine Wetterlaune bezeichnet hatten. Aber er und andere waren nicht sicher, ob der Sturm wirklich so außergewöhnlich war. Everest-Besteiger sollten immer mit solchen Bedingungen rechnen und darauf vorbereitet sein, betonte er.

»Die Ereignisse des 10. Mai waren weder ein Unfall noch ein Eingreifen Gottes«, stellte Jim Williams, ein Bergführer, kategorisch fest. »Sie waren das Endergebnis der Entscheidungen von Leuten, ob und wie weitergegangen wird. Unglücklicherweise hatten nicht alle Bergführer tatsächliche Entscheidungsbefugnis oder Anweisungen, um mit den verschiedenen Situationen, zu denen es am Berg kam, umgehen zu können. Die Organisation war insgesamt sehr lose.«

Hall und Fischer hatten sich vorgenommen, sehr frühzeitig oben am Berg Fixseile anzubringen. Das wurde nicht gemacht und führte zu einer Situation, in der schwierige Entscheidungen ganz schnell getroffen werden mußten. Halls Kunde Doug Hansen brach beim Abstieg vom Gipfel zusammen, und Hall sah sich vor eine schreckliche Entscheidung gestellt. »Rob beschloß, bei seinem Schützling zu bleiben, bis er tot wäre«, sagte Ed Viesturs. »Ich an seiner Stelle hätte, mag es richtig sein oder falsch, wahrscheinlich den Abstieg begonnen, sobald mir klar geworden wäre, daß ich für Doug nichts mehr tun könnte, auch wenn er noch am Leben gewesen wäre. Aber Rob war ein pflichtbewußter Mann.«

»Ich glaube nicht, daß man einen einzelnen für den Tod der anderen verantwortlich machen kann. Die Leute starben aufgrund ihrer eigenen persönlichen Entscheidungen«, sagte Lou Kasischke, der mit Rob Hall aufgestiegen war. Direkt unterhalb des Südgipfels wurde Kasischke, nachdem ihm einer der Sherpas gesagt hatte, daß es noch zwei Stunden bis zum Gipfel wären, klar, daß es für ihn Zeit zum Umkehren war. Noch zwei weitere Mitglieder aus Halls Team gaben um 11.30 Uhr in der Nähe des Südgipfels auf. Um sie herum zogen bereits Wolken auf, und sie spürten, daß das Wetter umschlagen würde.

»Wir hatten wegen der Verzögerung im Engpaß und unserer auf 13 Uhr festgelegten Umkehrzeit das Gefühl, daß es für die Besteigung des Gipfels zu spät sei und der Abstieg daher zu gefährlich werden würde«, erklärte Kasischke. »Ich habe niemanden gerettet, und am Tag der Gipfelbesteigung habe ich nichts getan, worauf ich stolz sein könnte – außer daß ich im entscheidenden Moment die persönliche Verantwortung, die ein jeder von uns trägt, übernommen und die Entscheidung getroffen habe umzukehren.«

Nach der Tragödie haben das »*Everest*«-Team und andere Mount-Everest-Besteiger die Hinter-

gründe der Ereignisse vom 10. Mai durchgespro-
chen und genauestens analysiert. Sie kamen überein, daß keine einzige der am Berg getroffenen
Entscheidungen eindeutig falsch war. Wären jedoch von vielen Entscheidungen ein oder zwei anders ausgefallen oder wäre kein Unwetter aufgezogen, dann hätte es ganz anders ausgehen können.
Zu den Todesfällen kam es letztendlich aufgrund
verschiedener zusammentreffender Faktoren:

Die Nachteile großer Teilnehmerzahlen

Wenn gleichzeitig mehrere Teams aufsteigen,
kommt ihnen die zusätzliche Zahl an Bergsteigern
beim Bahnen der Spur oder beim Anbringen der
Seile zugute. Die große Zahl an Aufsteigenden
führt jedoch an Stellen wie dem Hillary Step zu
Staus und Verzögerungen. David Breashears
meinte, daß auch ein »Mitzieheffekt« festzustellen gewesen sei. Wenn große Teams wie die von
Hall und Fischer zum Gipfel drängen, fühlen sich
weniger erfahrene Teilnehmergrüppchen oder Ein-
zelpersonen in der Gruppe stärker und gehen
möglicherweise davon aus, daß ihnen schon
jemand zu Hilfe kommen werde, sollte irgend
etwas schiefgehen. Aber die Kletterer haben weder
ausreichend Zeit noch Kraftreserven, um in extremer Höhe auf einen langsamen Bergsteiger warten
oder eine erschöpfte Person retten zu können.

»Ab einem gewissen Punkt vermindern große
Teilnehmerzahlen die Erfolgschan-
cen eines Bergsteigers nur«, erklärte
David. »Es steht von vornherein fest,
daß von einem Dutzend Leuten einige Probleme bekommen werden, und
wenn es soweit ist, geraten alle in Gefahr, denn jede Rettung in großer
Höhe stellt ein Risiko für den Retter
dar. Wenn jemand in einer lebensbe-
drohlichen Situation ist, mache ich
mich sofort daran, ihm zu helfen,
egal was ich gerade tue, und ich hoffe,
andere werden das gleiche machen.«

Dr. Tom Hornbein vertritt die gleiche Meinung. »Ich habe es abgeschrieben, zur beliebten
Westwand des McKinley im Denali Park zu
gehen, weil ich mich verpflichtet fühlen würde,
jedem Verletzten zu helfen, und ich will nicht bei
der Hilfeleistung für einen Fremden umkommen,
der hier möglicherweise gar nichts zu suchen hat.
Das, was sich letzten Mai ereignet hat, wird sich
bestimmt in irgendeiner Form wiederholen.«

»Es ist ein Merkmal westlicher Gesellschaften,
zu erwarten, daß ein Krankenwagen kommt und
einen rettet, wenn man einen Autounfall hat«,
fügte Todd Burleson hinzu. »Das geschieht in den
Bergen eben nicht.«

Pete Athans und Todd waren die einzigen, die
während der Rettungsphase den Südsattel erreichten und die ganze Zeit gegen Winde in Sturm-
stärke anzukämpfen hatten. Wie andere, die die
Szene am Südsattel miterlebt hatten, kamen sie
ganz demütig zurück. Sie spielten ihren eigenen
heroischen und lebensrettenden Einsatz herunter
und wiesen darauf hin, daß die einzige wirkliche
Rettung von den Sherpas geleistet wurde, die
Makalu Gau unterhalb des Südostgrats aufgefunden hatten. »Jedesmal wenn wir uns den Kräften
der Natur entgegenstellen, die so gewaltig und
erhaben sind, wie die, die wir dieses Jahr am
Everest erlebt haben«, sagte Pete, »dann wird uns
klar, wie hilflos wir sind und wie
unbedeutend unser Tun ist.«

Unerfahrenheit

»Es waren viele, die im Basislager so
selbstsicher und mutig erschienen
wie durchtrainierte junge Männer
und Frauen, und dennoch brauchten
sie mehrere Stunden, um nur ein
kleines Stück aufzusteigen«, stellte
Robert Schauer fest, »und manche
ihrer Klettertechniken waren unge-
schickt und ineffizient.« Ein Bergsteiger wies darauf hin, daß auch

Folgende Seiten:

*Die atemberaubende
Schönheit des Himalaja,
hier in Alpenglühen ge-
taucht, beherrscht diesen
Ausblick von der Nähe des
Basislagers und macht
sowohl die Herausforderung
als auch die Belohnung
einer Everest-Besteigung
deutlich.*

einige der Bergführer noch nie über den Südsattel hinausgekommen waren. »Wie könnte so jemand aus Erfahrung die verschiedenen schwierigen Entscheidungen kennen, die getroffen werden müssen – vor allem an einer Stelle wie dem Südgipfel?«

Die Umkehrzeit

Schon vor Erreichen des Basislagers waren alle Teilnehmer darüber informiert, wie wichtig es ist, den Abstieg vom Gipfel rechtzeitig anzutreten, um vor Einbruch der Dunkelheit zum Südsattel zurückzugelangen. Die Bedeutung einer strikten Umkehrzeit wurde gegenüber den geführten Klienten sehr betont, doch am Berg wurden diese guten Vorsätze von allen – mit Ausnahme von ein paar wenigen Bergsteigern und Führern – außer acht gelassen.

Im Jahr zuvor war Ken Kamler am Everest weit hinauf gelangt und hatte das Gefühl gehabt, daß Hall, Hansen und das Neuseeland-Team schon damals zu lange oben auf dem Berg geblieben waren. Einige Teammitglieder waren mit Erfrierungen ins Lager IV zurückgekehrt.

Lou Kasischke erinnerte sich, daß Doug Hansen, bevor der Südostgrat erreicht wurde, aus der Reihe der Aufsteigenden heraustrat. Als Kasischke ihn überholte, sagte Hansen zu ihm, er sei müde und plane umzukehren. Doch statt sich an den Abstieg zu machen, änderte Hansen seine Meinung und setzte den Aufstieg fort.

Kommunikation

»Diese Tragödie hat in jedem Fall die Notwendigkeit der Festlegung einer nicht *verhandelbaren* Zeit zum Umkehren, einer guten Unterstützung am Berg, ausreichender Reserven an Sauerstoffflaschen und einer funktionierenden Kommunikation bestätigt«, stellte Pete Athans fest.

In Fischers Gipfelgruppe trugen nur Fischer und Lobsang Jangbu, sein Sirdar, Funkgeräte bei sich. Mike Groom, ein Führer von Hall, hatte ein Funkgerät dabei, das nicht funktionierte. Beck Weathers wies später darauf hin, daß ihm Hall,

wenn der Teil seines Teams, der sich zur Umkehr und zum Abstieg entschlossen hatte, ein Funkgerät mitgeführt hätte, wahrscheinlich geraten hätte, sich ihnen anzuschließen. Und wenn zumindest einer der verschollenen Bergsteiger, die schließlich den Südsattel erreichten, ein Funkgerät gehabt hätte, dann hätten sie möglicherweise den Weg zum Lager gefunden, oder man hätte eine Gruppe zu ihrer Rettung schicken können. Tom Hornbein vertritt die Meinung, daß nicht nur eine Funkverbindung zwischen den Gruppenführern und ihren Bergführern, sondern insbesondere zwischen den Führern der beiden Teams diese in die Lage versetzt hätte, gemeinsam eine Entscheidung zu treffen und möglicherweise beide Gruppen zur Umkehr zu bewegen. Wenn es keine Möglichkeit gibt, alle am Berg auftretenden Ereignisse zu besprechen, ist es für einen Führer schwieriger, allein die Entscheidung zur Umkehr zu treffen, während die andere Gruppe noch auf dem Weg zum Gipfel ist.

Die Führung ohne Sauerstoff

Die meisten Führer, einschließlich Ed Viesturs, verwenden Sauerstoffflaschen, wenn sie in extremer Höhe führen, wohl wissend, daß ihre Fähigkeit, auf Vorkommnisse zu reagieren, durch die vom Sauerstoff gelieferte zusätzliche mentale und körperliche Energie verbessert wird. Am 10. Mai übernahm Lobsang Jangbu, Scott Fischers Sirdar, viele Pflichten eines Bergführers und war ohne Sauerstoffzufuhr auf dem Weg zum Gipfel. Anatolij Bukrejew, der für Fischer führte, ging ebenfalls ohne Sauerstoff an den Aufstieg. Beim Anstieg zum Gipfel verbrachte Bukrejew nur wenig Zeit bei den Klienten und machte sich nach Erreichen des Gipfels vor ihnen an den Abstieg zum Südsattel. Er war in seinem Zelt, als sie verschollen gingen. Obwohl ihm zu Recht zugute gehalten wurde, daß er wieder hinausging und drei von ihnen rettete, wurde seine Entscheidung, den Aufstieg ohne Sauerstoff zu wagen und seine Schützlinge sich selbst zu überlassen, von vielen routinierten Bergsteigern kritisiert.

Bukrejew argumentierte, daß er, wenn ihm der Sauerstoff aus der Flasche ausgehe, durch den Schock, diesen zu verlieren, schlechter dran sei, als wenn er die ganze Zeit nur sehr dünne Luft atme. Dr. Hornbein stellt das, was Bergsteiger über ihre Erfahrungen berichten, nicht in Frage, weist aber darauf hin, daß dieses Argument wissenschaftlich nicht belegt ist. Das Nachlassen des Urteilsvermögens, zu dem es in großer Höhe kommt, trifft sehr erfahrene Führer ebenso wie jeden anderen. Den Everest ohne Sauerstoff zu besteigen, kann nur als ganz persönliches Erfolgserlebnis, nicht aber als Sicherheitsmaßnahme verstanden werden.

Bukrejew erklärte darüber hinaus, daß er auf dem Gipfel eine Stunde gewartet habe, bevor ihm kalt wurde, eine potentiell gefährliche Situation. Er habe gedacht, daß er durch seinen Abstieg vor seiner Gruppe jenen, die den Südsattel spät erreichen würden, Sauerstoff bringen könnte, doch die Witterungsverhältnisse hätten dies vereitelt.

Ehrgeiz

Die zwanghafte Vorstellung, den Gipfel erreichen zu müssen, spielte bei der Tragödie eine ganz entscheidende Rolle. Viele waren der Meinung, daß Hall und Fischer unter Erfolgsdruck standen: Die Klienten hatten ihnen beträchtliche Summen dafür gezahlt, bis ganz hinauf zum Gipfel gebracht zu werden. Man könnte annehmen, daß sich dies in offenem Druck durch die Kunden äußern könnte, doch weder Yasuko Namba noch Doug Hansen waren der Typ, der Halls Ratschlag in Frage gestellt hätte. Die Führer stellten vielmehr hohe Ansprüche an sich selbst, um einen neuen Erfolgsrekord in dem lukrativen Bergführergeschäft aufzustellen. Alle Bergsteiger waren sich bewußt, daß eine Umkehr auf halbem Weg zum Gipfel wahrscheinlich die Rückkehr ins Basislager erforderlich machen würde und dann wenig Hoffnung auf einen zweiten Anlauf bestehen könnte.

Die Presse und die anderen Medien spielten möglicherweise ebenfalls eine Rolle, vor allem weil der Journalist Jon Krakauer vom Magazin *Outside* und die NBC-Korrespondentin Sandy Pittman zu den Klienten gehörten. Unter den Augen der Welt und dem damit einhergehenden Erfolgsdruck kann es gut sein, daß Hall und Fischer in eine Art freundschaftliche Konkurrenz getreten sind. »Man kann sich schwerlich vorstellen, daß es Rob nichts ausgemacht hat, zu sehen, daß vor seinen alle Kunden von Scott den Gipfel in Angriff nahmen und erreichten – vor allem, nachdem vier Mitglieder aus Robs Team schon früh aufgegeben hatten«, sagte Williams. Im Vorjahr hatte keiner von Halls Klienten den Gipfel erreicht.

Am Morgen des Gipfelsturms verließ Fischer sein Zelt eine Stunde nach den anderen, stieg langsam auf und konnte seine Klienten nicht mehr einholen. Vielleicht hat er unter Höhenkrankheit gelitten – oder vielleicht war er nur einfach wirklich krank –, und im nachhinein kann man sagen, daß er sich früher zur Umkehr hätte entschließen sollen. »Scott war stark wie ein Stier, aber irgend etwas ist mit ihm passiert«, meinte Todd Burleson. »Es ist unheimlich. Er hat den Everest zuvor ohne Sauerstoff bestiegen, und jetzt, mit Sauerstoff, hat er es nicht bis zurück geschafft. Das sagt mir, daß sogar wir als professionelle Führer gefährdet sind, daß wir uns selbst genau beobachten und darauf vorbereitet sein müssen umzukehren.«

»Scott war charismatisch, großherzig, hatte eine hohe Meinung von den Menschen – er hatte eine positive Einstellung, die man einfach als enthusiastisch bezeichnen könnte«, stellte David fest. »Er war gleichermaßen Stimmungsmacher wie Organisator. Vielleicht war ihm nicht klar, was für ein absolutes Chaos bei einer Expedition entstehen kann, daß es zu Situationen kommen kann, die die Grenzen unserer Kontrolle ernsthaft auf die Probe stellen.«

»Führer und Bergsteiger sind ehrgeizig, aber durch Ehrgeiz wird man nicht stärker«, fügte er hinzu. »Er kann dich in Situationen bringen, in die du nicht hineingeraten solltest. Mir sind Bergführer begegnet, die fröhlich feststellten: ›Alle sind bestens drauf. Wir werden es alle bis zum Gipfel schaffen.‹ Und ich dachte mir, gut, sie haben jetzt Lager II erreicht. Mal sehen, wie es ihnen in Lager III an der Lhotse-Flanke und dann beim Lager IV geht. Da ist eine menschliche Art von Optimismus im Spiel, aber diese grenzt an Anmaßung. Andererseits kann darin gerade eine gute Führung bestehen. Es ist schwer zu definieren.«

»Ungezügelter Ehrgeiz kann dich umbringen«, stellt Lou Kasischke, 53, ganz offen fest. »Und er hätte mich beinahe umgebracht. Ich wünschte, ich wäre nie am Everest gewesen. Wenn ich an meine Verantwortung für meine Familie und an mein Alter denke, kann ich mir nicht verzeihen, diese extremen Risiken auf mich genommen zu haben.«

DIE EINSCHÄTZUNG DER TRAGÖDIE DURCH DIE SHERPAS

Die Sherpas sind der Meinung, daß der Ablauf tragischer Ereignisse nicht immer einfach zu erklären ist und daß Faktoren wie Glück, astrologische Konstellationen und das Reifen des angesammelten Karmas – zusammen mit Urteilsfähigkeit – eine entscheidende Rolle spielen.

Jamling hebt hervor, daß die Göttin Miyolangsangma von Leuten, die den Berg mißachten –

Der gefeierte Alpinist Reinhold Messner triumphierte 1980 mit seinem Alleingang auf den Everest ohne den Einsatz von Sauerstoffflaschen. Das dreibeinige Stativ, das von einem erfolgreichen chinesischen Team fünf Jahre früher zurückgelassen wurde, ist inzwischen verschwunden.

RÜCKKEHR IN DIE TODESZONE

ihn mit Müll verschmutzen oder versuchen, ihn ohne den angemessenen Respekt zu bezwingen –, erzürnt wird. »Die Göttin kann darauf mit Wetterumstürzen reagieren, Lawinen oder Unfälle auslösen oder den Rückweg blockieren. Ich glaube, das erklärt zum Teil, was passiert ist.« Jamling und die anderen Sherpas sind der Meinung, daß die Berggottheiten den Ausländern »verzeihen« – aber nur insoweit, als sie von diesen Dingen nichts verstehen.

Kann man einem erzürnten Everest wirklich gewachsen sein? Es ist relativ einfach, sich für den Everest körperlich fit zu machen und die Besteigung logistisch zu planen.

Aber die mentale Vorbereitung beinhaltet nach Meinung der Sherpas, Achtung und die richtige Motivation zu entwickeln. Der frühere Mönch Phurba Sonam aus Tengboche hebt hervor, daß ein Ziel nie durch Kraft oder durch Zielstrebigkeit und Ehrgeiz allein erreicht werden kann. Aber wenn die Art der Motivation rein ist und dem hingebungsvollen Wunsch entspringt, anderen zu helfen, wird das Ziel fast immer irgendwann erreicht.

DIE FESTSTELLUNG DES TODES

All jene, die sich aufmachten, die Opfer und Überlebenden zu bergen, zeigten ein hohes Maß dieser Hingebung, und die Sherpas glauben, daß sich die Retter durch ihre Taten *sonam*, das heißt Verdienst, erworben haben. Aber sowohl die Opfer als auch die Retter hatten große Schwierigkeiten, in extremer Höhe »normal« zu reagieren, weil ihnen Sauerstoffmangel und Erschöpfung die Urteilsfähigkeit raubten.

»Ich glaube nicht, daß man den Arzt, der mich ansah und mich für tot beziehungsweise fast tot erklärte, kritisieren sollte«, sagte Beck Weathers später ruhig und gelassen. »Es war sicher nicht die beste Diagnose, aber wir alle machen manchmal Fehler, sogar auf Meereshöhe. Er ist ein ausgezeichneter Arzt und ein großartiger Mensch, und

er war einer von den vielen Bergsteigern am Südsattel, der sich zu einer Zeit ins Freie hinauswagte, als sich nicht viele getrauten, nach Überlebenden zu suchen.«

Viele Leute fragen sich, wie Beck für tot erklärt werden konnte, wo er doch später aufstand und loslief. »Weathers Auferstehung macht die ohnehin schon schwierige Aufgabe, den medizinischen Zustand eines Menschen in unwirtlicher Umgebung, in der nur selten jemand zum Leben zurückkehrt, zu beurteilen, noch komplizierter«, stellte Dr. David Shlim fest.

Wenn man Weathers Auferstehung nicht als Wunder erklärt – und Beck selbst weist ein Element des Wundersamen in seinem Überleben und seiner Rettung nicht zurück – dann muß man ein Überleben wie das seine für jeden als Möglichkeit in Erwägung ziehen. »Das Schöne an Becks Überleben ist, daß es nicht ganz erklärt werden kann«, meinte Dr. Charles Houston.

Worin bestehen die Konsequenzen aus Becks Überleben hinsichtlich der Anstrengungen, die unternommen werden sollten, um andere, die an extremen Stellen in Lebensgefahr geraten, zu retten? Heutzutage setzen Bergsteiger, Notärzte, Hubschrauberpiloten und andere ihre jahrelange Erfahrung und ihr ganzes Können ein, um Verletzte und Gestrandete zu retten. Sollte das Wissen, daß jemand, der an einer abgelegenen, gefährlichen Stelle liegt, möglicherweise – aber mit größerer Wahrscheinlichkeit doch nicht mehr – am Leben ist, die ohnehin aufopferungsvollen Retter dazu veranlassen, sich noch mehr in Gefahr zu begeben?

»Die Tatsache, daß Beck als tot zurückgelassen wurde und doch überlebte, wird in den nächsten Jahren bei allen Entscheidungen der Rettungskräfte eine Rolle spielen«, sagte Dr. Shlim, »Doch letztlich werden die, die man in Sicherheit bringen kann, gerettet, während jene, die leblos erscheinen oder für die nicht genügend Ressourcen zur Verfügung stehen, zurückgelassen werden.«

RÜCKKEHR IN DIE TODESZONE

Zum Beispiel Yasuko Namba. Sie starb am Südsattel ganz in der Nähe der Stelle, an der Beck Weathers lag, bevor er sich wieder erhob. Vielleicht hatte Namba – und in der Vergangenheit auch andere – länger Überlebenschancen als man annahm. Möglicherweise war sie am Morgen des 11. Mai noch am Leben, und sie lag nur 360 Meter relativ flachen Terrains von den Zelten von Lager IV entfernt.

Die Verwirrung darüber, wer sich um Beck Weathers hätte kümmern sollen, war ebenfalls verhängnisvoll. Nachdem Beck alle völlig verblüfft hatte, weil er den Sturm und eine Nacht alleine auf dem Südsattel überlebt hatte, wurde er in seinem Zelt in Lager IV unachtsamerweise vernachlässigt und zum Leiden oder Sterben alleingelassen. Erstaunlicherweise trotzte er den Widerständen gegen sein Überleben eine zweite qual-

Dehydriert und erschöpft erholt sich Messner nach seinem Solosprint im vorgerückten Basislager auf etwa 6500 Meter Höhe an der tibetischen Seite des Berges – auf einer Route, die Mallory und Irvine 50 Jahre zuvor zum ersten Mal gegangen waren.

volle Nacht lang und wurde dann am nächsten Morgen zum Lager II hinuntergeführt.

DIE HÖHE UND DIE URTEILSFÄHIGKEIT

Aber man kann sich die Bedingungen am Südsattel nur schwer vorstellen. In Anbetracht dessen, was die Leute wußten, die hinausgingen, um nach Weathers und Namba zu suchen, und angesichts der furchtbaren Witterungsbedingungen, faßten sie den wahrscheinlich angemessensten Entschluß. »So leicht es auch sein mag, ihnen im nachhinein Vorwürfe zu machen«, meint Charles Houston, »man kann sie für ihre in ihrem geistig betäubten Zustand getroffene Entscheidung nicht kritisieren.«

Man geht davon aus, daß vermindertes Bewußtsein und eingeschränkte Urteilsfähigkeit zu

201

vielen Todesfällen durch »Unfälle« am Everest beigetragen haben. In 8000 Meter Höhe denken
Menschen einfach nicht so wie auf Meereshöhe.
Eines der ersten Symptome des Sauerstoffman-
gels ist der Verlust einiger mentaler Leistungen,
vor allem des Urteilsvermögens.

Unter Sauerstoffmangel kommt es häufig zu
Halluzinationen. »Frank Smythe ließ 1933 einen
nicht vorhandenen Kameraden von einem Keks
abbeißen und sah über dem Nordgrat eigenartige
Flugobjekte, die seine Freunde scherzhaft als
›Franks fliegende Teekannen‹ bezeichneten«,
stellte Audrey fest. »Und Reinhold Messners
Gefährte Peter Habeler hatte eine außerkörper-
liche Erfahrung, als er, über seiner
eigenen Schulter schwebend, sich
selbst beim Anstieg an den oberen
Hängen beobachtete.«

EINE SCHWERE ENTSCHEIDUNG

»Nach der Tragödie fühlte ich mich
ungeheuer sterblich und demütig«,
erinnerte sich Breashears. »Der Berg
war für mich keine Quelle der
Freude mehr. Plötzlich schien der
Wind stärker, die Kälte kälter,
meine Beine schwächer und der
Berg höher. Ich dachte mir: ›Wow,
Breashears, diesmal hast du dir, indem du dich
und das Team einer solchen Gefahr ausgesetzt
hast, mehr aufgeladen, als du verkraften kannst.‹
Aber der Tod eines nahen Freundes in einer anderen Expedition nimmt dich weniger mit, als wenn
ein Mitglied deiner eigenen Gruppe umkommt.
Die unsere war noch komplett. Ich wollte es mir
noch ein paar Tage überlegen, ob ich bei unserem
Versuch noch weiter mitmachen sollte und eine
Entscheidung treffen, nachdem ich mit dem Team
gesprochen hatte. Zum Glück wurde von der
MacGillivray-Freeman-Filmgesellschaft keinerlei
Druck auf uns ausgeübt weiterzumachen.«

*Rechts: Die allgegenwär-
tige Gefahr – der äußerst
gefährliche Khumbu-
Eisbruch stellt die erste und
größte Herausforderung für
jeden Bergsteiger auf der
Route zum Südsattel dar.
Seit 1921 hat er mindestens
19 Opfer gefordert.*

Letztlich war es die persönliche Entscheidung
jedes einzelnen, ob er zum Berg zurückkehrte.
Ed wollte sich und anderen beweisen, daß der
Everest sicher bestiegen werden, sogar eine erfreu-
liche und lohnende Erfahrung sein kann.

Die Situation von Jamling war komplizierter.
Seine Frau Soyang und andere Verwandte waren
gegen seine Rückkehr an den Berg; es war für ihn
schon beim ersten Mal schwierig gewesen, seine
Frau zu überzeugen. Jamling bat sie, Geshé Rimpoche, ihren Familienguru und Berater, noch-
mals zu konsultieren und um ein neues *mo*, eine
Weissagung, zu bitten. Soyang sagte ihre Zustim-
mung zu, falls das *mo* günstig ausfalle.

Sie erzählte Rimpoche in Katmandu von der Tragödie und den Wet-
terverhältnissen und von Jamlings
Wunsch. Wieder befragte er seine
Perlen und gab ihr seine Antwort.

Soyang rief Jamling an und berichtete ihm, was Rimpoche gesagt
habe, und aus ihrer Stimme wußte
Jamling sofort die Antwort: »Geh!
Geh hinauf! Die Bedingungen haben
sich für dich nicht verändert.«

Jamling sagte, daß er ihren
Wunsch respektiert und auf einen
zweiten Versuch verzichtet hätte, falls
das *mo* ungünstig ausgefallen wäre. Er räumte
ein, daß er – wäre seine Familie nicht davon betroffen – vielleicht auch so weitergemacht hätte,
aber in jedem Fall mit zusätzlichen Vorsichtsmaß-
nahmen, nach der Durchführung weiterer pujas
und der Darbringung von Opfergaben und
Gebeten.

»Pujas zu machen und den Segen der Lama-
Priester zu erhalten, ist wichtig und kann sehr nützlich sein«, hob Jamling hervor, »doch für Sherpas
wie für Fremde ist bei der Everest-Besteigung das
Entscheidende, eine starke *lungta*, Windenergie,
und die richtige Motivation zu haben. Diese ent-

scheiden über unser Schicksal am Berg und liegen letztlich in unserer Hand. Wir müssen uns ein gutes Urteilsvermögen, Selbstbeherrschung und Respekt vor der Gewalt der Natur bewahren.«

Aber die Pechsträhne war noch nicht ganz vorüber. Nawang Dorje, der Sherpa aus Scotts Team, der sich ein möglicherweise kompliziertes Lungenödem zugezogen hatte, wurde – weil sich sein Zustand verschlechterte – von der Erste-Hilfe-Station in Pheriche nach Katmandu geflogen. Die Sherpas des Teams saßen im Basislager herum, demoralisiert und gar nicht begeistert, zum Berg zurückzugehen. Andere Sherpas waren – immer ans Praktische denkend – besorgt darüber, daß die Todesfälle zum Rückgang der Jobs bei Everest-Expeditionen führen könnten. Doch Führer und Sherpas sollten bald merken, daß die Ereignisse des Frühjahrs keine Auswirkungen dieser Art zu haben schienen.

Araceli wollte es noch einmal wagen, da sie schon so viel Zeit und Energie in diese Expedition investiert hatte. Aber ihr kamen Zweifel.

203

DER BERG,
DER IN DEN JETSTREAM RAGT

Jeden Sommer führt die tropische Hitze über dem Indischen Ozean zu großen Massen feuchter Luft. Sie werden durch die über dem weiten, 5000 Meter hohen tibetischen Hochplateau aufsteigenden Konvektionsströme über Indien zum Himalaja gezogen. Wenn dieser mit Feuchtigkeit gesättigte Wind, im Sommer vereint mit dem Südwestmonsun, auf den Himalaja trifft, steigt er auf und kühlt ab. Die Abkühlung führt zur Kondensation der Feuchtigkeit in Form von schweren Regenschauern – und in höheren Lagen von Schneefällen – hauptsächlich an der Südflanke der Gebirgskette.

Aber die meteorologischen Auswirkungen des Himalaja und der tibetischen Hochebene reichen weit über Südasien hinaus: Es ist bekannt, daß die Gebirgskette und das Hochplateau Auswirkungen auf die Jet-Ströme des ganzen Planeten haben und damit die globalen Wettersysteme beeinflussen.

Jetstreams sind Massen sich schnell fortbewegender Luft, die in 9500 bis 14 500 Metern über der Erdoberfläche zu finden sind. Normalerweise sind sie Tausende von Kilometern lang, ein paar hundert Kilometer breit, einige Kilometer hoch und ziehen von West nach Ost. Jet-Ströme entstehen bei starkem Temperaturgefälle und sind deshalb während der Wintermonate, wenn die Temperaturkontraste größer sind, stärker als im Sommer.

Der subtropische Jetstream verläuft entlang der vorderen Gebirgskette des Himalaja; manche Meteorologen gehen davon aus, daß viele, möglicherweise sogar alle Wettergeschehnisse der nördlichen Hemisphäre ihren Ursprung auf dem tibetischen Hochplateau haben.

Direkt an der Basis des subtropischen Jets kommt es zu einer außergewöhnlichen »Scherung«, normalerweise in etwa 8000 Meter Höhe.

»Eine der Gefahren des Everests liegt darin, daß es recht nahe am Gipfel zu dieser Scherung kommt«, stellte der Meteorologe Bob Rice fest, »so daß die Winde auf dem Gipfel urplötzlich von 45 km/h auf 270 km/h ansteigen können.« Man geht davon aus, daß einige im Frühjahr 1997 am Everest verschollene Bergsteiger vom Nordgrat buchstäblich fortgeweht wurden, als sie vom Jetstream erfaßt wurden.

»Der Kern des Jetstreams ist wie ein Band, das sich in alle drei Dimensionen bewegt«, erklärte Rice. »Die horizontalen Wellenbewegungen sind meist breit und relativ vorhersagbar, aber die Auf- und Abbewegungen erfolgen in vertikalen Wellen, wie eine knallende Peitsche, lediglich innerhalb von ein paar hundert Metern und sind nicht vorhersagbar.« Deshalb ist es besser, den Berg zu besteigen, wenn der Jetstream weiter nördlich verläuft und man weiß, daß er einem nicht in die Quere kommt.

Das »*Everest*«-Team verließ sich auf den britischen Meteorologen Martin Harris, dessen Vorhersagen des Verlaufs von Jetstreams bisher bemerkenswert zutreffend waren. Liesl Clark klickte für weitere Informationen das »Wetter-Fenster« von Bob Rice an, während Roger Bilham die Meteorologen des National Climate and Atmospheric Research Centers (NCAR) in Boulder anrief. Alle studierten die Satellitenaufnahmen, die regelmäßig vom Nationalen Wetteramt herausgegeben und durch Vorhersagen von Supercomputern über die weiteren Entwicklungen ergänzt werden. Kurz vor dem 23. Mai zeigten die Bilder, daß sich der Jet-Strom nach Norden bewegte.

Das Wetter und die Bewegungen des Jetstreams vorherzusagen, ist »ein bißchen wie Kaffeesatzlesen«, bemerkte Roger. Doch Meteorologen mit einem Computer und Zugang zu den Daten der Wettersatelliten haben die Vorhersage zu einem wertvollen und mitunter lebensrettenden Werkzeug für die Besteigung des Everest gemacht.

Deutlich linsenförmige Wolken über dem Everest und dem Lhotse sind Anzeichen eines starken Jetstreams, heftiger Winde und – in der Regel – mehrerer zu erwartender Schönwettertage.

»Ich will keine Route gehen, an der Tote liegen«, sagte sie unter Tränen.

»Das war ein schwerer Schock für mich, ich hatte zuvor noch nie so schwere Erfrierungen gesehen, und ich habe viel an die Toten und die Überlebenden gedacht«, bemerkte Sumiyo. »Ich habe Yasuko nicht gut gekannt; sie hatte den höchsten Gipfel auf jedem Kontinent bestiegen, und der Everest war ihr letztes großes Ziel. Aber das macht mir für unser Team keine Angst, denn ich vertraue jedem von ihnen. Wir sind stark, erfahren und gerüstet.«

»Ich hatte nie erwogen, nicht zurückzukehren«, sagte Robert. »Wir mußten unseren Job zu Ende bringen und hatten das Gefühl, daß die vorhergesagte Schönwetterperiode noch nicht gekommen war. Die anderen noch verbliebenen Teams gingen ebenfalls davon aus.«

Einstimmig waren sie der Meinung: Sie wollten versuchen, möglichst sicher möglichst hoch hinaufzukommen.

Paula Viesturs war noch nicht soweit für die Entscheidung. Sie war müde und gestreßt und wurde ärgerlich, als sie zum ersten Mal von den Plänen erfuhr. Ed war sich im klaren, daß es für Paula schwieriger sein würde als für ihn. Im Basislager herrschte noch immer die gleiche Spannung, und Paula beschloß, eine mehrtägige Tour zu unternehmen, wohlwissend, daß es so lange dauern würde, bis Ed und das Team wieder hoch oben auf dem Berg sein würden. Mit den abreisenden Neuseeländern ging sie nach Tengboche hinunter. Sie wollte einen klaren Kopf bekommen, Blumen sehen und die Spannung loswerden.

»Der Berg ist ein Ort von erstaunlicher Schönheit«, sagte David überschwenglich. »Wir würden bei all der Schinderei, den Tragödien und den Rückschlägen nicht wieder hinaufsteigen, wenn damit nicht auch eine Menge Freude verbunden wäre. Den Elan und Enthusiasmus der jungen Bergsteiger zu sehen, tut Ed und mir gut. Aber keiner von uns hat Angst, nach Hause zurückzukehren, ohne es bis zum Gipfel geschafft zu haben.«

Paula Viesturs leitete als Managerin das Basislager am Everest und war für die Besorgung der Lebensmittel und die Zubereitung der Mahlzeiten für die gesamte Mannschaft der »Everest«-Filmexpedition zuständig.

»Als erfahrene Bergsteiger haben wir alle im Laufe der Jahre gute Freunde an die Berge verloren«, überlegte Jim Litch. »Und trotzdem klettern wir weiter. Dahinter muß eine Art Verleugnung stecken, daß uns dies nie zustoßen könnte – wie könnten wir uns sonst wissentlich weiter der Gefahr aussetzen?«

WIEDERAUFFÜLLUNG AM SÜDSATTEL

Während sich die Mitglieder der meisten anderen Teams auf den Heimweg gemacht hatten, versuchte das »Everest«-Team, die Kraft und die Sauerstoffflaschen zu sammeln, um sich wieder an den Aufstieg zu machen. In der Rettungsphase hatten sie ihren Sauerstoff hergegeben, wie es alle außer der Expedition aus Südafrika gemacht hatten. Um filmen zu können, war ein Gipfelteam von 11 bis 13 Leuten nötig, mit einem Vorrat von vier bis fünf Sauerstoffflaschen pro Person – insgesamt also 50 Flaschen. 28 Flaschen waren auf dem Südsattel während der Tragödie verbraucht worden; das Lager auf dem Südsattel wieder aufzufüllen, würde mindestens zwei Tage Arbeit für die Sherpas bedeuten.

Todd Burlesons Team hatte noch Sauerstoff, aber auch sie planten, einen neuen Versuch zu unternehmen. Guy Cotter bot an, die Sauerstoffvorräte des »Everest«-Team weitgehend aufzufüllen, weil Halls Team auf dem Südsattel einen Großteil verbraucht hatte.

DER MONSUN NAHT, ABER DER WIND IST BEREITS DA

Das Grollen und Gleiten des Khumbu-Eisbruchs nahm zu, und es wurde schwierig, die Route durch ihn beizubehalten. Das Team von Mal Duff, das die Route im Frühjahr eingerichtet und immer wieder repariert hatte, war abgereist, aber zwei Sherpas blieben zurück, um daran zu arbeiten.

Am 17. Mai verließ das Team das Basislager und hatte bis zum späten Vormittag den Eisbruch hinter sich gebracht. Wieder stapften sie in die zurückstrahlende Wärme des Western Cwm und in das gleißende Licht der weichen, geschmolzenen Schneeschicht vor ihnen. Am frühen Nachmittag erreichten sie Lager II, das für sie zu einem zweiten Zuhause geworden war. Hier wollten sie warten, bis der Wind in seinem Angriff auf den Berg nachlassen würde.

Nachts hörte das Team in den Zelten das unheilvolle Tosen des Windes am Berg. »Wir brauchten bald schönes Wetter, weil unsere Besteigungsgenehmigung am ersten Juni ablief«, sagte David. »Aber vielleicht wäre unsere Motivation schon früher dahin gewesen.«

Sie dachten auch an den nahenden Monsun, die feuchtigkeitsreichen Winde aus dem Süden, die sich Ende Mai bilden. David stellte fest, daß in der zweiten Maiwoche die Vormittage klar waren wie üblich, aber sich die Wolken ein klein wenig früher am Tag bildeten. Er war frustriert. »1985 bestieg Stein Aasheim aus Norwegen den Everest und nahm in seinem Rucksack einen Drachen mit, mit dem er vom Gipfel herunterfliegen wollte – aber es gab zu wenig Wind, um abzuheben.«

Sollten die starken Winde anhalten, wäre ein Gipfelanstieg schwierig, und einen Film in die Kamera einzulegen, wäre unmöglich. Sie hofften,

Rechts: Verlassene und vom Wind zerfetzte Zelte liegen auf dem Eis von Lager III verstreut – Zeugnisse der menschlichen Schwäche und der Wildheit des Everest. Zwar werden diese irgendwann fortgeweht, doch unvermeidlich werden neue auftauchen.

zumindest den Auftrag, die Wetterstation auf dem Südsattel zu installieren, für den Roger sie vorbereitet hatte, erfüllen zu können.

Auch im Basislager war es windig. Brad Ohlund schätzte die Windgeschwindigkeit auf 65 Kilometer pro Stunde, und er machte sich Sorgen, sein Zelt könnte hüpfend und drehend mit ihm darin über den Gletscher fortgeblasen werden. »Drei Tage lang erhielt ich auf meine Anfrage über Funk, wie es den Kletterern oben geht, die gleiche Antwort«, berichtete er. »Uns ist kalt, wir sind müde. Wir wollen das hier fertigbringen und dann nach Hause.« Die Müdigkeit einer langen Expedition hatte eingesetzt.

Pete Athans, Todd Burleson und Jim Williams waren mit zwei ihrer fünf Klienten ebenfalls an den Berg zurückgekehrt. Sie ließen sich in Lager II neben dem »Everest«-Team nieder und warteten fünf Tage, bevor sie ihren Versuch aufgaben. Ihre Klienten hatten bei diesem Berg kein gutes Gefühl und beschlossen, nach Hause zu reisen.

»Wenn wir es bis zum Gipfel geschafft hätten, wäre es nicht schön gewesen, zahlende Kunden an den Leichen unserer Freunde vorbeiführen zu müssen«, sagte Pete. »Und ich muß zugeben, daß unsere Entscheidung zur Umkehr zum Teil von den internationalen Nachrichtenmedien beeinflußt wurde. Da das ganze Interesse auf den Berg konzentriert war, hätte uns die Presse gekreuzigt, wenn ein Klient zu Schaden gekommen wäre, und wir konnten das Risiko unmöglich eingehen.«

Ein Spanier, ein Franzose und Göran Kropp, der einzelgängerische Schwede, beschlossen, zusammen mit dem »Everest«-Team am Berg zu bleiben. Und auch die Südafrikaner kündigten

RÜCKKEHR IN DIE TODESZONE

ihren Plan eines erneuten Angriffs auf den Gipfel an, was einige Kletterer der anderen Teams beunruhigte.

Am 20. Mai sagten die Berichte und Satellitenbilder für den 23. Mai recht gutes Wetter voraus. Das Wetter besserte sich täglich, und in Lager II wurde es tagsüber in den Zelten heiß. Ed, der in 6300 Metern Höhe in Hemdsärmeln dasaß, dachte über den bevorstehenden Aufstieg nach. »Wir müssen davon ausgehen, daß es nicht jeder aus unserem Team bis zum Gipfel schafft«, sagte er. »Nur diejenigen Bergsteiger, die Geduld, Ausdauer und Motivationsreserven haben, werden es sein, die auf dem Gipfel stehen werden.«

Und die den Rückhalt des Glaubens haben: Vor Verlassen des Basislagers war Jamling nach Kala Pattar gewandert und hatte eine weitere Reihe von Gebetsfahnen entrollt. Jetzt hängte er die fünffarbigen Fahnen in Lager II auf, so wie er es auch in den höheren Camps tun würde. Er stand mehrere Minuten bewegungslos da und betete.

SIEBENTES KAPITEL

»CHOMOLUNGMA HAT EIN LICHT IN MIR ENTZÜNDET«

»... der Gipfel des Everest kann dich aus dem Gefängnis deines Ehrgeizes befreien.«
PETER BOARDMAN

Am Abend des 20. Mai erhielt das Team vom Meteorologen Martin Harris endlich die Bestätigung, daß der Jetstream nach Norden gezogen war. Eine kurze Schönwetterperiode stand bevor. ¶ David Breashears beschrieb den Gipfelplan: »Am frühen Morgen des 23. Mai werden wir – kurz nach Mitternacht – den Südsattel verlassen und uns an den Aufstieg machen. Vier Sherpas werden mit der Kamera zu tun haben, zwei Sherpas werden Sauerstoff für die anderen tragen, und zwei werden zusätzliche Flaschen für die zurückkehrenden Kletterer am Südostgrat bereithalten. Kein Sherpa wird mehr als 35 Pfund tragen.« ¶ Wenn alles nach Plan verliefe, würde das Gipfelteam aus elf Bergsteigern und Sherpas etwa gegen 10 oder 11 Uhr

Links: Zauber des frühen Morgens … In der Morgendämmerung vom »Balkon« aus Richtung Gipfel betrachtet, schwebt der dreieckige Schatten des Everest in der Ferne, er fällt auf nichts anderes als Luft.

am Gipfel und zwischen 14 und 16 Uhr auf dem Südsattel zurück sein, wodurch ihnen ein Sicherheitspolster von ein paar Stunden vor Einbruch der Dunkelheit bliebe. »Drückt die Daumen und sagt eure *mantras* auf«, riet David. »Jetzt brauchen wir nur noch gutes Wetter.«

ZUM SÜDSATTEL

Dann kümmerte sich das Team um wichtige Details, wie zum Beispiel eine isolierende Schicht um die Eispickel zu kleben. Denn das Festhalten von Stahl bei Temperaturen von minus 30 Grad würde die Kälte direkt in die Hände leiten und die Gefahr von Erfrierungen vergrößern.

Am 21. Mai machte sich das Team auf den Weg zum Lager III. Als sie am Nachmittag dort ankamen, krochen sie in die Zelte, die in von ihnen in die Lhotse-Flanke gegrabene Schneestufen gedrängt waren. Im Laufe der letzten Wochen waren sie viermal zum Lager III hinaufgestiegen und dann wieder ins Basislager zurückgekehrt.

Am nächsten Morgen setzten sie ihren Aufstieg fort. Beim Gelben Band, von Geologen als Chomolungma-Ablösung bezeichnet, der höchstgelegenen Verwerfung der Erde, erinnerte sich Ed daran, daß er beim Abstieg hier für den Geologen Kip Hodges Gesteinsproben sammeln wollte. Dann überquerte das Team den Genfer Sporn und erreichte am frühen Nachmittag Lager IV auf dem Südsattel in 7925 Metern Höhe.

Von Gedanken an die Tragödie verfolgt, machen sich Jamling und der Rest seines Teams am 22. Mai bei ihrem erneuten Versuch, den Gipfel zu erklimmen, auf den Weg zum Lager III.

FOLGENDE SEITEN:

Ed Viesturs durchquert auf seinem Weg zum Südsattel das Gelbe Band. Auf dem Rückweg nahm er hier Gesteinsproben.

210

» CHOMOLUNGMA HAT EIN LICHT IN MIR ENTZÜNDET «

EVEREST: GIPFEL OHNE GNADE

Araceli war beeindruckt von der Nähe des Everest. »Als ich auf den Sattel kam, konnte ich den Berg grummeln hören. Er erhob sich in voller Schönheit – schwarz, weiß, rot, orange und golden – eine herrliche Pyramide aus Fels und Eis.

Der Wind hatte eine ganz andere Landschaft geschaffen; die leeren Sauerstoffflaschen, das verbogene Aluminium und zerrissene Nylon der verlassenen Zelte ließen den Sattel wie ein Feld metallener Schneeblumen aussehen.«

Das Vorratszelt des Teams stand noch immer da. Obwohl für die Konstruktion der Zelte Hightech-Materialien verwendet werden, werden diese von den auf dem Sattel tobenden Winden häufig zerstört. Yasuko Nambas Leichnam befand sich knapp 400 Meter entfernt, zwei weitere Tote lagen ganz in der Nähe, doch niemand schenkte ihnen große Beachtung. Hier am unteren Rand der Todeszone war es dringender, sich um sein eigenes Leben zu kümmern.

David beschloß, daß ein Mitglied des Teams als Kommunikations- und Sicherheitsposten auf dem Südsattel bleiben sollte. Mit Bedauern wählte er Sumiyo Tsuzuki dazu aus, deren gebrochene Rippen ihre Gipfelbesteigung ohnehin gefährdet hätten. »Ich war enttäuscht, aber ich wußte, daß meine Aufgabe, das Team vom Südsattel aus zu unterstützen, für dessen sichere Rückkehr wichtig war«, sagte sie später.

Nachdem sie das Lager eingerichtet hatten, machten sich die Bergsteiger daran, ihre Kleider, Handschuhe und Innenstiefel zu trocknen, die vom Schweiß ganz feucht geworden waren. Um 17 Uhr am 22. Mai waren sie mit dem Schmelzen von Schnee und Eis für ihre Wasserflaschen fertig und hatten ein paar Bissen hinuntergewürgt.

DER AUFENTHALT IN DER TODESZONE

Ärzte und Himalaja-Kletterer verwenden das Wort Todeszone als allgemeinen Begriff, doch die gefährlichen Auswirkungen extremer Höhe auf Körper und Geist können kaum übertrieben werden. Über 8000 Meter Höhe empfinden Bergsteiger in der Regel kein Bedürfnis mehr nach Essen und Trinken, keinen Wunsch, die Stiefel anzuziehen und hinauszugehen – selbst die geringste körperliche Anstrengung stellt eine gewaltige Strapaze dar. Der Körperzustand verschlechtert sich in dieser Höhe rapide; Schlafen ist so gut wie unmöglich und nicht erholsam; und das Essen wird kaum verdaut. Der Mensch kann in dieser Höhe nicht längere Zeit überleben.

»Araceli setzte ihre Sauerstoffmaske auf und schlief augenblicklich ein!« lachte Ed. »Ich lag vier Stunden wach und dachte nach, wie schwer es ist, den Everest ohne Sauerstoff zu besteigen. War ich ausreichend trainiert? War ich mental überhaupt noch stark genug? Ich wollte nieman-

Links: Sherpas des »Everest«-Teams mühen sich, beladen mit Material, das für Lager IV und den Vorstoß zum Gipfel gebraucht wird, zum Gelben Band hinauf.

den enttäuschen, auch mich nicht, und war begierig, mich in Bewegung zu setzen.«

David und Robert Schauer hatten in dieser Nacht zu arbeiten. Mit ihrem Kochgeschirr und der Filmausrüstung in einem Dreimannzelt zusammengezwängt, mußte Robert vier große IMAX-Filmmagazine laden, während David die Kameras und deren Objektive überprüfte – Arbeiten, die durch ihre klobigen Sauerstoffmasken behindert wurden, die sie immer wieder absetzten. Doch sie konnten nur 15 Minuten ohne Sauerstoffzufuhr bleiben, weil sich dann ihre Muskelreaktionen und Bewegungen verlangsamten.

Paula im Basislager war nervös. »Ich träume noch immer von Eds Aufstieg und habe Angst. Ich habe mir selbst positives Denken antrainiert und bemühe mich, mir Ed und den Rest des Teams auf dem Gipfel stehend und dann sicher herunterkommend vorzustellen. Jeder Aufstieg ist eine neue Situation, ein neuer Berg, und ich habe Vertrauen in die Fähigkeit unseres Teams, die richtigen Entscheidungen zu treffen.« Paula, Liz, Brad und Wongchu beschlossen, ein wenig zu schlafen, aber es war eine schlaflose Nacht.

DER AUFSTIEG

Um 21 Uhr am 22. Mai stand Ed auf, schmolz noch mehr Schnee zu Wasser und würgte einen Müsliriegel hinunter, die letzte feste Nahrung, die er in den kommenden 48 Stunden zu sich nehmen würde. Da er wußte, daß er auf dem Berg nichts würde essen können, tat er zu seinen zwei Litern Wasser noch ein Energiegetränk in seinen Rucksack.

In großer Höhe können bis zu sieben Liter Wasser täglich nötig sein, um voll hydratisiert zu bleiben, aber so viel können die Bergsteiger nicht mit sich schleppen. Trotz des Flüssigkeitsverlusts ver-

EVEREST: GIPFEL OHNE GNADE

spüren sie kaum Durst, und meist ist ihnen zu kalt, um daran zu denken, den halbgefrorenen Schneematsch in ihren Wasserflaschen zu trinken.

»Ich weckte Araceli, rief Paula über Funk an, kletterte aus dem Zelt und sagte zu David, daß ich ihn bald sehen werde«, erinnerte sich Ed. Er verließ das Lager eine Stunde vor den anderen, um 23 Uhr. Da er ohne Sauerstoff aufstieg und den Weg bahnte, ging er davon aus, daß der Rest des Teams ihn bald einholen würde.

Der Himmel war schwarz. Ed versuchte, sich an seine Erkundung vom Vortag zu erinnern, wie er die Spalten des steilen Eiswulstes oberhalb von Lager IV umgehen konnte. »Wahrscheinlich war es reines Glück, daß ich das Fixseil unterhalb des dreieckigen Abhangs vor mir fand«, meinte er. Das Seil führte 250 Meter eine Schneerinne in einem Winkel von 30 bis 40 Grad hinauf, dann auf einen Schneehang von 50 Grad. Es war leicht windig, wie meistens am frühen Morgen am Berg. In Eds Gedanken hallten Paulas Worte, die sie über Funk gesagt hatte, wider: »Streng dich an diesem Berg an, wie du dich noch nie angestrengt hast«!

Er stieg überlegt voran, stapfte durch den frischen Schnee. Ab und zu schaute er sich um und hielt nach den Stirnlampen des Teams Ausschau. Sein Atem ging schnell. Schritt ... Atemzug ... Schritt ... Atemzug. Für jeden mühsamen Schritt brauchte er fünf Sekunden, eine Geschwindigkeit, die langsamer wurde, als er an Höhe gewann. Zwar beträgt die zurückzulegende Strecke zwi-

»Die höchste Müllkippe der Welt«, nannte Barry Bishop 1963 den Platz von Lager IV auf dem Südsattel, wo sich über Jahrzehnte hinweg Tausende leerer Sauerstoffbehälter und der Abfall der früheren Teams angesammelt haben. Zwischen 1994 und 1996 wurden bei Aufräumaktionen schätzungsweise 750 Sauerstoffbehälter entfernt; etwa 1500 sind noch da.

»CHOMOLUNGMA HAT EIN LICHT IN MIR ENTZÜNDET«

schen Südsattel und Gipfel nur 2,4 Kilometer, doch die Bergsteiger legen den Weg mit durchschnittlich bloß 3,5 Metern pro Minute zurück.

Mittlerweile hatten David und Robert Eis in einen Kessel getan und es »zusammengebraut«. Sie zogen ihre Überstiefel an und steckten jeweils zwei Wasserbehälter und zwei Sauerstoffflaschen in ihre Rucksäcke. Um Mitternacht trafen sie sich draußen mit Jamling und Araceli.

»Während wir in unseren Zelten lagen, hörte er nicht auf zu stürmen«, schrieb Araceli über den Wind am Berg. »Doch bevor wir den Sattel verließen, war er still geworden, als wäre er mit unserem Aufstieg einverstanden.«

Die Vier gingen in die Dunkelheit hinaus, die sichtbare Welt war für sie durch die Reichweite ihrer Stirnlampen begrenzt; zu hören war nur das schwere Atmen und das Knirschen der Steigeisen auf dem Eis. Jamling spürte den kühlen Elfenbeinrosenkranz seiner Mutter an seinem Handgelenk. Er sprach *mantras*, während er die Perlen zwischen seinem Daumen und dem gekrümmten Zeigefinger abzählte.

Auch die Sherpas waren für den Aufbruch vom Sattel bereit, und sie funkten zum Basislager, daß sie nun losgehen würden. Beim Basislager entzündete ein Sherpa auf dem *lhap-so* Wacholderräucherstäbchen. Er würde sie am Brennen halten, bis das ganze Team zum Lager IV zurückgekehrt war.

DER SÜDOSTGRAT

Ed kam schneller voran, als er erwartet hatte. »Der knietiefe Schnee war hinderlich, aber es war aufregend, dort oben zu sein, und ich war entschlossen, da hindurchzupflügen.« Nach zweistündigem Aufstieg beleuchtete der Strahl seiner Stirnlampe einen aufrecht dasitzenden Toten. Das

Rechts: Am Tag des Gipfelsturms hatte Ed Viesturs bei Sonnenaufgang bereits den Südostgrat erreicht, nachdem er Lager IV schon vor Mitternacht verlassen hatte. Dieses von ihm aufgenommene Bild zeigt den unteren Teil des Grats (im Vordergrund) und den fernen Gipfel des Makalu.

Gesicht und der Oberkörper waren mit Schnee bedeckt. Es war Scott Fischer. »Es fiel mir schwer, ihn anzuschauen«, erinnerte sich Ed traurig. »Ich wollte eine Weile dort bleiben und beschloß, beim Abstieg anzuhalten.«

Ed merkte, daß ihn der Rest des Teams in der Südrinne, direkt unter dem Südostgrat, nicht einholen konnte, deshalb grub er ein Loch in den Schnee, setzte sich hin und wartete. Ohne Sauerstoffzufuhr wurde ihm schnell kalt, und nachdem er 45 Minuten gewartet hatte, beschloß er weiterzugehen. Auf dem »Balkon«, dem ersten markanten Punkt des Südostgrats, in 8400 Meter Höhe, wartete er wieder. Er war ganz begeistert, schon so hoch gekommen zu sein, als der erste Schimmer am Horizont heller wurde und die Welt in gelbes Licht tauchte.

Der Rest des Teams schleppte sich bergauf. »Am Tag des Gipfelsturms fühlte ich mich wie in einen Kokon eingesponnen«, stellte David fest, als er den Angriff auf den Gipfel beschrieb. »Ich vertiefe mich in ein *mantra* des Rhythmus, und jedes bißchen Konzentration und Ehrgeiz wird darauf verwandt, einen Fuß vor den anderen zu setzen. Ich fühle mich auf elementare Gedanken reduziert, auf einen Bewußtseinszustand, der aus der Notwendigkeit zu überleben herrührt. Das ist kein kreatives Denken. Ich werde pragmatisch und methodisch und achte auf die Funktionen und Reserven meines Körpers. Bei jedem Schritt denke ich an meine Geschwindigkeit, meine Atmung, meine Haltung, den Zeitrahmen bis zum Erreichen des Südostgrats und an das Wetter – und frage mich, ob wir, wenn wir den Südgipfel erst einmal geschafft haben, noch eine Gruppe sein werden, mit Robert und der Kamera in der Nähe.«

Um warm zu bleiben, mußte Ed weitergehen, und er schob sich weiter durch knie- und hüft-

hohen Schnee. David, Robert, Araceli und Jamling warteten auf dem Balkon auf die IMAX-
Kamera, und Jesùs Martínez aus Spanien, Göran
Kropp aus Schweden und zwei Sherpas schlossen
sich ihnen an. Thierry Renault aus Frankreich, der
mit der Genehmigung der Südafrikaner aufstieg,
befand sich vor ihnen. »Als wir warteten und den
Sonnenaufgang beobachteten, drehte ich meinen
Sauerstoff ab, aber ich nahm alle zehn Minuten
ein paar Atemzüge davon, um warm und aktiv zu
bleiben«, sagte Robert.

Araceli war aufgeregt. »Ich fühlte
mich euphorisch, als wir den Südostgrat erreichten – zum Teil weil ich
diesen schönen Tag mit den Leuten
unseres Teams verbrachte. Wir waren guter Stimmung und wußten,
daß wir nun endlich auf dem Weg
zum Gipfel waren.«

Jamling saß da und blickte auf
die winzige flache Stelle unterhalb
des Balkons – das letzte Lager seines
Vaters und Sir Edmund Hillarys vor
dem Gipfel. Er erinnerte sich an die
Geschichte von der Nacht seines
Vaters dort auf dem Schneebrett, kaum breit
genug für ein kleines Zelt. Dann starrte Jamling
über den Khumbu, der weit unter ihnen ruhig
im Morgenlicht dalag. Er meinte, den rituellen
Gesang von Mönchen zu hören, ihre pulsartigen
Trommelschläge und hohen Hörnerklänge.

Als Jangbu mit der Kamera beim Balkon
ankam, machten David und Robert Aufnahmen.
Und sofort merkten sie, daß sie durch das tiefe
Einatmen der trockenen, kalten Luft durch die
Sauerstoffmaske, die die Luft noch trockener
macht, ihre Stimme verloren hatten – was in
dieser Höhe nicht ungewöhnlich ist. Sie
verständigten sich nun mit Handzeichen.

Vom Balkon startete das Team zu dem vertikalen Aufstieg von 335 Metern zum Südgipfel.

Rechts: Etwa zwei Stunden
hinter Ed schleppen sich
weitere Mitglieder des
Teams – nun bei Tageslicht
– den Südostgrat hinauf.

Folgende Seiten:
Von etwa der gleichen Stelle
wie das vorherige Foto auf-
genommen, aber bergauf,
sieht man hier, wie das
Team auf dem Südostgrat
vorwärtskommt.

Als sie ihn erreichten, waren sie bereits seit neun
Stunden unentwegt in Bewegung.

DER SÜDGIPFEL

»Um 9 Uhr klang eine krächzende Stimme aus
dem Funkgerät«, berichtete Liz Cohen vom Basislager, »und wir sprangen alle von unseren Stühlen auf. David und Ed waren auf dem Südgipfel,
und der Rest des Teams hinkte um mindestens
eine Stunde hinterher.« Die beiden warteten dort
ein paar Minuten, doch dann wurde
ihnen kalt und sie setzten sich wieder
in Bewegung. In dieser Höhe erfordert allein die simple Aktivität des
Atmens so viel metabolische Energie,
daß es nicht möglich ist, mehr als nur
eine kurze Zeit warm zu bleiben –
unabhängig von der Bekleidung.

Direkt nach dem Südgipfel stießen
David und Ed auf Rob Halls Leichnam. »Es war offenkundig, daß er
alles richtig gemacht hatte«, meinte
David. »Er hatte zusätzliche Sauerstoffflaschen neben sich gelegt und
die Steigeisen abgeschnallt, um seine
Füße warm zu halten. Er hatte seine ungeheure
Willenskraft und sein bergsteigerisches Können
in einem heroischen Versuch zu überleben eingesetzt. Aber für Rob war Hilfe in weiter Ferne gewesen. Niemand konnte bei diesen Bedingungen
überleben, und niemand hätte ihn retten können.«

»Der Anblick von Rob Halls Leichnam war das
Schlimmste am ganzen Aufstieg«, sagte Araceli.
»Und er befand sich genau an der Stelle, an der wir
uns am meisten konzentrieren mußten – einer
Stelle, an der man keinen Fehler machen darf.«

Sie waren jetzt nur noch knapp 100 Höhenmeter unterhalb des Gipfels, mußten aber noch
den tückischen Hillary Step überwinden. Audrey
erinnerte sich daran, wie Tenzing Norgay in »*Tiger*

of the Snows« den gewundenen, »mit Schnee-höckern« bedeckten Grat des Südgipfels und die 12 Meter hohe steile, felsige Stufe beschrieb – der man später den Namen Hillary Step gab und die 1953 das Vorwärtskommen von ihm und Hillary blockierte. Hillary entdeckte einen vertikalen Spalt im Fels, und es gelang ihm, sich hineinzu-zwängen und seinen Körper hinaufzuwinden. Tenzing folgte ihm.

Da David voranging, konnte er sehen, daß sich die Route über den Hillary Step geändert hatte und schwieriger und zeitraubender war als 1983 und 1985. Außerdem war die Route mit einem verwirrenden und verhed-derten Gewirr alter Fixseile versehen. Thierry Renault war vor David, kam aber nur langsam vorwärts und ließ in diesem Angst vor weiterer Verzö-gerung aufkommen.

Für Araceli schien am Hillary Step alles schiefzugehen. Ihre Nase be-gann zu bluten, und sie hielt an und behinderte damit die hinter ihr kom-menden Kletterer. Als sie schließlich ihr Taschentuch in die Sauerstoff-maske gesteckt hatte, beschlug sich ihre Schutzbrille. »Als ich endlich den Hillary Step geschafft hatte, fragte ich Jamling, wie weit es noch zum Gipfel sei«, erzählte sie. »Natürlich war auch er noch nicht dort oben gewesen, aber für mich schien der Gipfelgrat endlos weiterzugehen.«

DER TRIUMPH

Am 23. Mai um 10.55 Uhr nepalesischer Zeit funkte Ed zum Basislager, daß er und David so weit gekommen seien, wie es nur ging. »Von da, wo wir jetzt stehen, geht es nach allen Seiten nur abwärts«, verkündete er vom Gipfel. Die Sherpas hörten Freudenlaute aus dem Speisezelt und gesellten sich zu Liz, Paula, Brad und Wongchu.

Links: Nachdem die Teammitglieder den Südgipfel erreicht haben, steigen sie zum berühmt-berüchtigten Hillary Step hinauf, dann weiter zum Gipfelgrat – hier zu sehen – und dann schließlich zum Gipfel, der noch immer nicht in Sicht ist.

Jangbu stieß auf dem Gipfel zu Ed und David, und alle drei warteten 20 Minuten auf die Kame-ra. Auch der Sirdar Lhakpa Dorje kam nur lang-sam voran, da er beschlossen hatte, ohne Sauer-stoff hinaufzusteigen. Wieder wurde es Ed kalt, und er mußte sich in Bewegung setzen – das heißt an den Abstieg machen. Er begegnete Jamling und Araceli, die sich dem Gipfel näherten, und gratulierte jedem von ihnen mit einer Umarmung.

Etwa um 11.35 Uhr erreichten Jamling, Araceli, Robert und die Sherpas Lhakpa Dorje, Thilen Dorje und Muktu Lhapka den Gipfel. Araceli holte die katalanische Flagge heraus, und Jamling und David fotografier-ten sie. Über Funk war sie mit einem Reporter des katalanischen Fernse-hens verbunden, und sie erklärte, daß sie großen Hunger auf Schoko-lade verspüre.

Jamling war wohl der Begei-stertste von allen. »In dem Moment, als ich den Gipfel erreichte, war ich sehr aufgeregt. Das war die Stelle, an der mein Vater vor 43 Jahren gestanden war. Ich umarmte David und dankte ihm, weil er mir die Chance geboten hat, Chomolungma zu bestei-gen. Vor Freude weinte ich ein wenig, und als ich mich umschaute, legte ich meine Hände zusam-men und sagte *thu chi-chay* – danke – zu Cho-molungma. Dann betete ich.

Ich betete, mein Vater möge mich sehen und stolz sein, und ich betete auch für unseren siche-ren Abstieg.«

Jamling wandte sich nacheinander in alle vier Himmelsrichtungen und warf ein wenig geseg-neten Reis in die Luft. Dann entrollte er die lange Gebetsfahne und band sie an die vielen anderen Flaggen und *katas*, die den Vermessungs-pfosten zieren, den eine italienische Expedition im Schnee des Gipfels verankert hat.

Dann nahm Jamling für die Kamera die Gipfelpose seines Vaters ein, wobei er nicht bemerkte, daß er spiegelverkehrt zu der heute berühmten Aufnahme von Tenzing dastand. Über Funk war er mit seiner Frau, Soyang, in Katmandu verbunden, die vor Aufregung beinahe atemlos war. »Jetzt ist es aber genug!« rief sie aus und ermahnte ihn, beim Abstieg vorsichtig zu sein.

Er steckte Fotografien seiner Mutter, seines Vater und seiner Heiligkeit, des Dalai Lama, zusammen mit dem Paket der gesegneten Reliquien hoher tibetanischer Lamas an den Gipfel. Neben die Fotografien legte Jamling die Rassel seiner Tochter.

Als die IMAX-Kamera eintraf, begann David mit dem Filmen. Er behielt fast die ganze Zeit seine Sauerstoffmaske auf, um sich besser konzentrieren zu können, und drehte eine 90-Sekunden-Filmrolle. »Da ich den Everest ja schon einmal erklommen habe, war mein Hauptziel, die Kamera auf dem Stativ zu befestigen und loszulegen«, sagte Robert. »Als ich hörte, daß die Kamera problemlos lief, war ich begeistert, denn das war ja einer der Hauptgründe, wieso wir auf den Everest gestiegen waren.«

»Wir haben eine historische Leistung vollbracht, und es war ein wunderbarer Augenblick«, erklärte David. »Aber ich war auch besorgt, daß alle so sicher hinuntergelangten wie sie heraufgekommen waren.«

EIN SCHWIERIGER ABSTIEG

Ed stieg schnell bergab. »Am Südgipfel setzte ich mich neben Rob und redete einfach. Er lag auf der linken Seite, und sein linker Handschuh fehlte.« Halls Frau, Jan, hatte Ed gebeten, Fotos von der Leiche ihres Mannes zu machen. Als Ed

Rechts: Jamling Norgay in der Pose des Gipfelstürmers, fast so, wie sich sein Vater 43 Jahre zuvor hingestellt hatte. An seinem Eispickel flattern die Fahnen von Indien, Nepal, Tibet, den USA und der UN. Daneben zieren Gebetsschals und eine Reihe von Prismen, die ein italienisches Team zu Vermessungszwecken angebracht hat, den Gipfel.

und David diese Fotos später anschauten, sahen sie etwas, was Ed nicht bemerkte, als er sie gemacht hatte: Ein Stück Stoff ragte nur wenig von Hall entfernt aus dem Schnee, und es sah aus, als ob es ein Knie oder einen Ellbogen bedecken würde. Vielleicht war es Doug Hansen, der, am Fixseil befestigt, wohl in der Nähe von Hall sein mußte.

Weiter unten, auf 8230 Meter, setzte sich Ed wieder nieder, und er fragte Scott Fischer, was denn passiert sei. Auch David war sehr erschüttert. »Scott befand sich an einem so einsamen Ort, und es war traurig, ihn dort zu sehen. In nur einer Stunde wäre er im Lager gewesen.«

Weder Ed noch David waren in der Lage, Halls oder Fischers Leichen von der Route fortzubewegen. »Robs Frau Jan und Scotts Frau Jean hatten mich gebeten, ein paar Erinnerungsstücke an sie mitzubringen«, berichtete Ed. »Rob trug eine Uhr und Scott seinen Ehering an einem Lederband um den Hals. Aber es war für mich zu nah und zu persönlich; ich konnte sie nicht stören. Ich hatte immer gedacht, ich würde mit ihnen zusammen alt werden, und war davon ausgegangen, daß sie, sollten sie jemals in eine solche Situation geraten, lebend davonkommen würden. Noch nie war ein naher Freund von mir irgendwo gestorben, schon gar nicht in den Bergen – und hier waren zwei gute Freunde von mir – tot. Ihre Gesichter waren mit Schnee bedeckt – Gott sei dank, denn ich wollte mich an sie erinnern, so wie ich sie kannte. Lebend.«

Beim Abstieg wurde Araceli lethargisch und setzte sich schließlich nieder, ohne sich bewußt zu sein, daß ihr Sauerstoff oberhalb des Hillary Step ausgegangen war. »Es war schrecklich und

ED VIESTURS, HVR UND DIE VO₂ MAX

»Die Freude, mit Ed Viesturs zu klettern, besteht mitunter darin, daß man weiß, mit einem höheren Wesen unterwegs zu sein«, sagte David Breashears, der selbst ein hervorragender Bergsteiger ist. »Ed besitzt die seltene Gabe, in großer Höhe außerordentlich geschickt vorzugehen.«

»Ed hat sich seine Eltern mit Bedacht ausgesucht«, erklärte Dr. Robert »Brownie« Schoene, Medizinprofessor an der Universität von Washington. »Ein Großteil seiner Fähigkeiten ist genetisch bedingt. Aber jeder, der mit Ed geklettert ist, wird Ihnen bestätigen, daß er sich einfach gut bewegt. Er ist klug und vorsichtig, aber kühn genug, um großartige Kletterleistungen zu vollbringen.«

Seit Ende der siebziger Jahre hat Dr. Schoene, selbst ein versierter Bergsteiger, die Leistungsfähigkeit von Ausdauerathleten und Hochgebirgskletterern untersucht und war 1981 Mitglied der amerikanischen medizinischen Forschungsexpedition am Mount Everest. Bevor Ed für die »Everest«-Film-Expedition Seattle verließ, untersuchte Schoene ihn im Lungen-Funktions- und Leistungslabor der Universität von Washington. Wie vorherzusehen, erreichte Ed bei allen Tests hervorragende Werte.

Um seine Reaktion auf Hypoxie zu bestimmen, atmete Ed während der Entspannungsphase in ein Mundstück aus, das die ausgeatmete Luftmenge maß. Über zehn Minuten hinweg wurde die ihm zugeführte Menge an Sauerstoff reduziert, was zu Hypoxämie, das heißt einem niedrigen Sauerstoffgehalt im Blut führte – der wiederum seine Atemfrequenz erhöhte. Eds »hypoxische Ventilationsreaktion«, kurz HVR, war hoch, was bedeutet, daß die von ihm eingeatmete Luftmenge beträchtlich zunahm, wenn der Sauerstoffgehalt reduziert wurde.

»In gemäßigten Höhen von 3000 bis 4000 Metern, wo der vorhandene Sauerstoffgehalt nur 60 bis 70 Prozent des auf Meereshöhe gemessenen beträgt, verringert eine gute HVR die Anfälligkeit für einige Erscheinungen der Höhenkrankheit und kann die Leistungsfähigkeit vergrößern«, stellte Schoene fest. »Aber oberhalb von 6000 Metern, wo der Sauerstoffgehalt sehr gering ist, ist die richtige Atmung von wesentlicher Bedeutung, um sicherzustellen, daß genügend Sauerstoff von den Lungen ins Blut und ins Gewebe gelangt.«

Schoene fand heraus, daß Mittel- und Langstreckenläufer im Gegensatz zu Elite-Bergsteigern meist verringerte, beziehungsweise niedrige HVRs aufweisen. Für sie ist das nützlich: In niedrigen Höhen herrscht Sauerstoffüberfluß, und es ist für sie ökonomischer, weniger zu atmen, weil das Atmen Arbeit bedeutet und Energie verbraucht.

Auf dem Gipfel des Everest werden 30 Prozent der Sauerstoffaufnahme eines Bergsteigers für die physische Aktivität des Atmens aufgewendet. »Das bedeutet, daß 30 Prozent der Energie eines Kletterers einfach zum Überleben verbraucht wird«, erklärt Schoene. »Auf Meereshöhe verbraucht ein normaler Mensch bei großer Anstrengung nur 7 Prozent seiner Energie für das Atmen. Darüber hinaus entzieht das Atmen in großer Höhe anderen Organen – einschließlich des Gehirns – viel Blut und Sauerstoff, was zur Verringerung zerebraler Funktionen führt.

Die aerobe Aufnahmefähigkeit, das »VO₂ max«, dagegen ist die maximale Sauerstoffmenge, die ein Mensch nach großer Anstrengung aufnehmen kann, und ist ein Hinweis auf die aerobe Fitneß. Schoene und andere haben herausgefunden, daß die sich in niedrigen Höhen bewegenden Ausdauerathleten ein hohes VO₂ max haben. »Deshalb gehen die Leute davon aus, daß Elite-Bergsteiger ebenfalls ein sehr hohes VO₂ max haben, weil die Leichtigkeit der Sauerstoffaufnahme beim Aufsteigen abnimmt«, hob Schoene hervor. »Aber manche Kletterer bestreiten dies, insbesondere Reinhold Messner, der erste Mensch, der den Everest ohne Sauerstoffzufuhr bestieg. Messners VO₂ max liegt höher als normal, ist aber nicht außergewöhnlich. Der Zusammenhang zwischen VO₂ max und der Leistungsfähigkeit als Bergsteiger ist gewissermaßen ein Rätsel.«

Eds VO₂ max erwies sich beim Test als sehr hoch, und jetzt ist er Werbeträger für eine Firma, die einen Energieriegel mit dem passenden Namen »VO₂ Max« herstellt.

Außerdem hat Ed einen hohen anaeroben Grenzwert. Diese Grenze ist der Punkt in einem progressiven Leistungstest, über den man höchstens noch ein paar Minuten hinaus weitermachen kann. Oberhalb dieser Grenze kommt es zur Übersäuerung, das heißt, in den Muskeln wird zuviel Säure gebildet. Der anaerobe Grenzwert wird als Prozentangabe des VO₂ max ausgedrückt, und der Durchschnittswert liegt bei 55 Prozent. Der anaerobe Grenzwert von Hochleistungssportlern – vor allem bei Ausdauersportarten – liegt im Bereich von 90 Prozent und ist vergleichbar mit dem des Gabelbocks. Ed bewegt sich bei 87 Prozent seines VO₂ max, was bedeutet, daß er sich problemlos über lange Zeit bei einem hohen Prozentsatz (80 bis 85 Prozent) seiner maximalen Energieleistung verausgaben kann. Er ist aerobisch fit und kann sich auf einem hohen Prozentsatz seines Leistungsmaximums belasten (bei Ausdauersportarten ist der anaerobe Grenzwert ein besserer Leistungsindikator als der HVR-Wert). Wie der HVR und VO₂ max kann auch die anaerobe Grenze durch Training erhöht werden, aber nicht viel.

Doch auch andere Faktoren setzen Ed und andere Extrembergsteiger in die Lage, sich in den Bergen gut fortzubewegen, so zum Beispiel eine effiziente biomechanische Veranlagung. Nach den tragischen Todesfällen vom Mai 1996 haben viele Leute den Vorschlag gemacht, Bergsteiger zu testen – vor allem die Klienten –, bevor ihnen eine Besteigung des Everest empfohlen werden kann. »Ich weiß nicht, ob der Test, den wir durchführen, einmal Standard wird, um zu entscheiden, ob Leute bergsteigen sollen oder nicht«, stellt Schoene fest. »In extremer Höhe erfolgreich zu klettern, erfordert eine mysteriöse Mischung von Fähigkeiten, die die Wissenschaftler nur zum Teil definieren können. Ich rate den meisten Leuten, einfach auf ihren Körper zu hören.«

gefährlich«, sagte sie. Robert mußte sie zum Aufstehen und Weitergehen anspornen.

Jamling war an ihrem Lagerplatz der Sauer-
stoffreserven beim Südgipfel und steckte ihr eine
neue Flasche in den Rucksack. »Ich hatte das
Gefühl: ›Juhu! Endlich wieder Sauerstoff! Los,
laßt uns gehen!‹« erzählte Araceli. »Jamling und
ich sausten wie der Blitz den Berg hinunter. Als
wir drei Stunden später am Südsattel ankamen,
erzählte mir Jamling, daß er den Regler auf drei
Liter pro Minute eingestellt hatte. Ich sagte:
›Was? – Also deshalb waren wir so schnell!‹«

»Der Südsattel schien nun kein kalter und
lebensfeindlicher Ort mehr zu sein, und ich war
glücklich, dort anzukommen«, schrieb Araceli in
ihr Tagebuch. Araceli und Sumiyo umarmten
sich, und Sumiyo gab ihr Tee. Dann legte sich
das Team völlig erschöpft zum Schlafen nieder.

David war erleichtert. »Für mich war der Tag
erst in dem Moment erfreulich, als wir alle
wieder auf dem Südsattel waren und in unseren
Schlafsäcken lagen. Wir waren für unsere Geduld
und unsere Hartnäckigkeit belohnt worden, und
es waren uns zwei Tage schönes Wetter be-
schieden. Für mich war es eine schwere Expedition gewesen. Auf dem Gipfel zu stehen – das
war wegen denen, die weniger als zwei Wochen
zuvor dort gestanden hatten und es nicht zurück geschafft hatten, ein beängstigender Moment. Ich bin reif, heimzufahren und mich zu
erholen.«

»Ed hat großartige Arbeit beim Spuren geleistet«, erkannte Robert an, »und es ist erstaunlich,
daß er es ohne Sauerstoff geschafft hat. Die ganze
Nacht über sahen wir nur einen winzigen weißen
Punkt sich weit vor uns bewegen – das war Ed.«
Er lächelte zufrieden. »Wir waren eine tolle Gemeinschaft und hatten alle ein gutes Verhältnis
zueinander, wie Brüder und Schwestern – obwohl es bei diesen auch nicht immer reibungslos
klappt!« lachte er.

»In dieser Nacht hätte ich gern die Gedanken
von allen gelesen und ihre Träume gekannt«,
schrieb Araceli später. »Die Sherpas, wie sie den
Göttern danken, die sie beschützt haben ... Ed,
der an Paula denkt; wahrscheinlich würden in
dieser Nacht beide Schlaf finden ... David und
Robert, wie sie jede ihrer Entscheidungen und
Schritte Revue passieren lassen und nun endlich
glücklich sind und sich gegenseitig gratulieren ...
Jamling, der in Kindheitserinnerungen schwelgt
und den sein Traum, den ihm nun die Götter
gewährt haben, nämlich den Gipfel zu erreichen,
wärmt ... und Sumiyo, die gegen die Traurigkeit
ankämpft, nach Hause zurückzukehren, ohne
ihren Traum verwirklicht zu haben, aber deren
starker Wille sie bereits den nächsten Versuch ins
Auge fassen läßt ...«

DIE HÖCHSTE WETTERSTATION

Am nächsten Morgen war es über dem Südsattel
klar. Araceli schlief fest, und Ed mußte sie wach-
schütteln. Es gelang dem Team, seine Erschöpfung
zu überwinden, gegen den Sauerstoffmangel anzukämpfen, sich auf den Aufbruch vom Lager
vorzubereiten und dann die GPS-Geräte und die
Wetterstation aufzustellen.

Sich in Zeitlupentempo bewegend, schleppten
sie die Instrumente zu einer recht abgelegenen
Stelle hinüber. Sie schlossen die sechs Sensoren
an das Aufzeichnungsgerät an und nutzten die
Kamerastative zum Stützen des Anemometers,
das Windgeschwindigkeit und -richtung mißt.
Ein weiteres Stativ stützt die Temperatursensoren
und die Übertragungsantenne. Das Team stellte
die Sonnenkollektoren auf und beschwerte sie
mit großen Steinen.

Dann bauten sie das GPS-Gerät auf, richteten
es ein, aktivierten es und führten Messungen
durch. Die Daten des GPS sollten genutzt werden, um mögliche Abweichungen der Lage und
Höhe des Südsattels zu bestimmen, auf dem ein

Jahr zuvor schon solche Messungen durchgeführt wurden. Aus diesen Daten errechnete Roger Bilham später, daß sich der Südsattel jährlich um 4 Millimeter hebt und pro Jahr um 18 Millimeter auf Indien zubewegt.

Wetterstationen in Ballons können in größere Höhen aufsteigen, doch die vom Team aufgestellte Station, die bei Temperaturen von minus 55° C und Windgeschwindigkeiten von 240 km/h getestet wurde, wird neue Daten über die außergewöhnliche Monsun-Hochgebirgs-Wüsten-Lage des Mount Everest liefern. »Außerdem wird es uns über das Wetter hoch oben auf dem Berg informieren und – bei richtiger Auswertung – den Berg für Kletterer ein wenig sicherer machen«, erklärte Roger.

Zwar hätte man die Wetterstation auch direkt auf dem Gipfel aufstellen können, doch es ist

Es war »ein wichtiger Moment in der Geschichte des Everest«, als David Breashears die Gipfelszene mit seiner IMAX-Kamera – auf 90 Sekunden Film – verewigte.

schwierig, irgend etwas ganz oben am Mount Everest zu befestigen, weil sich das im Winter bildende Eis im Sommer löst und fortgeweht wird. »Darüber hinaus gehen Bergsteiger davon aus, etwas im Grenzbereich der menschlichen Leistungsfähigkeit vollbracht zu haben, wenn sie den Gipfel erreichen«, fügte Roger hinzu. »Es könnte eine große Enttäuschung sein, dort eine Wetterstation vorzufinden.«

DIE RÜCKKEHR INS BASISLAGER

Jamling konnte beim Aufbau der Wetterstation nicht helfen. Als er vom Gipfel zum Südsattel zurückkam, schlief er ein wenig, und als er dann erwachte, merkte er, daß er schneeblind war. Schneeblindheit, verursacht durch zuviel ultraviolettes Sonnenlicht – in der Regel durch Reflexion durch den Schnee verstärkt – führt zu einer der Konjunktivitis ähnlichen Irritation der Hornhaut. Während des Aufstiegs hatte Jamlings Sauerstoffmaske seine Schneebrille beschlagen, deshalb hatte er sie größtenteils nicht aufgezogen.

»Das war für mich die beängstigendste Sache beim Aufstieg gewesen – wie würde ich wieder herunterkommen? Ich nahm Augentropfen, und Sumiyo half mir, aber ich mußte mit geschlossenen Augen meinen Rucksack packen und mich auf den Aufbruch vorbereiten.«

Am nächsten Morgen konnte Jamling die Augen für ein paar Sekunden öffnen, aber sie tränten rasch. Der Sirdar Lhakpa Dorje half ihm zum Lager II hinunter. »An der Lhotse-Flanke riskierte ich einen kurzen Blick, um nach irgend etwas Gefährlichem über mir Ausschau zu halten, dann blickte ich auf den Weg vor mir und stürmte mit geschlossenen Augen vorwärts. Ich betete und dachte an meinen Vater.« Im Lager II verbesserte sich sein Zustand. Jamling erwähnte die Schmerzen nur beiläufig, doch Schneeblindheit ist äußerst schmerzhaft.

»Die Rückkehr ins Basislager war für mich wie ein Fest«, sagte Araceli. »Manche tranken Bier, aber ich hatte die ganze Zeit von Coca-Cola geträumt. Ich aß soviel Schokolade, daß ich zu satt für das Abendessen war. Allein in meinem Zelt, überdachte ich nochmal alles, was wir geschafft hatten, und weinte vor Glück, daß wir in Sicherheit waren.«

Am Tag, als das Team das Basislager verließ, am 29. Mai, versammelten sich Sherpas und Bergsteiger beim *lhap-so* und entzündeten wieder die Wacholderräucherstäbchen. Zusammen mit den Teammitgliedern dankten sie den Göttern für die sichere Besteigung und beteten, diese mögen ihnen eine Chance für eine Rückkehr gewähren. Dann senkten sie die Stange der *Thar-chok*-Gebetsfahne, und ein ehemaliger Mönch las ein Gebet. Im Basislager war es ungewöhnlich ruhig geworden.

Doch es sollte sich noch eine weitere Tragödie ereignen. Am gleichen Tag funkte Bruce Herrod, ein Engländer aus dem südafrikanischen Team, noch zu der sehr späten Zeit von 17 Uhr vom Gipfel herunter. Danach hat man nie mehr etwas von ihm gehört. Herrod war das elfte Everest-Opfer dieser Saison.

Brad Ohlund war außer sich. »Warum haben die Südafrikaner nichts aus dem gelernt, was gerade erst vor wenigen Tagen passiert ist? Ich bin wütend, daß sie den Gipfelaufstieg eines Bergsteigers so spät noch gestatteten und einen weiteren Menschen sterben ließen.« Die überlebenden Mitglieder des südafrikanischen Teams kamen auf dem Rückweg durchs Basislager. Es wurde genickt, und ein paar »Hallos« wurden ausgetauscht, aber denen, die sich noch im Basiscamp befanden, fiel es schwer zu gratulieren.

DIE HEIMKEHR EINER HELDIN

»Araceli! Araceli!« rief eine begeisterte Menge, als Araceli Segarra, die erste Spanierin, die den Gipfel des Mount Everest erklommen hatte, am 9. Juni am Flughafen El Prat in Barcelona ankam. Sie stand im Zentrum der Aufmerksamkeit und wurde vom katalanischen Präsidenten Jordi Pujol empfangen.

»Ich erhielt Fanbriefe, die einfach an ›Araceli, Everest-Besteigerin, Spanien‹ adressiert waren.« Sie sah aus, als habe sie gerade eine Erholungskur hinter sich und meinte scherzhaft: »Im Basislager hatte ich mehr Erholung, dort konnte ich schlafen, ohne daß die ganze Zeit das Telefon klingelte! Ich bin ganz heiser geworden, weil ich die Geschichte der Expedition wieder und wieder erzählen mußte. Zwar interessierten sich manche Reporter nur für die Toten, aber für mich war es eine Erleichterung, daß die Tragödie vom 10. Mai in Spanien nicht so im Mittelpunkt stand wie in den USA. Wenn etwas sicher und erfolgreich durchgeführt wird, interessiert es keinen, aber ich versuchte, die guten Seiten unserer Geschichte zu vermitteln.«

EINE PARADE IN DARJEELING

Auch Jamling wurde – ein Drittel des Weges rund um die Welt von Spanien entfernt – ein Heldenempfang bereitet. »In Katmandu schenkten mir Geshé und Chatral Rimpoche eine besondere Sammlung von geheiligten Gegenständen für meinen Altar«, erzählte Jamling, »die nun meine Familie und mich beschützen.« Von Katmandu reiste Jamling nach Indien, und an der Grenze zwischen Nepal und Westbengalen empfingen ihn mehrere hundert Verwandte und Freunde. Sie hängten ihm *katas* um den Hals und reichten ihm Tee und Kekse. Auf die Motorhauben mehrerer Autos waren Schilder geklebt, die ihn zu Hause willkommen hießen.

Die gewundenen Straßen von Darjeeling, etwa eine Stunde von der Grenze entfernt, waren mit Fahnen geschmückt. Jamling wurde in einer Parade durch die am Berg gelegene Stadt zum Haus seiner Familie geleitet, wo ihn eine Menge von Sherpas, mit *katas* geschmückt, an der Schwelle erwartete. Sie überreichten ihm als Willkommensgruß ein *chema* – Reis und *tsampa* auf einem unterteilten Tablett. Er nahm jeweils ein wenig davon und warf es in die Luft, wie es bei Hochzeiten gemacht wird. Bier und chang flossen reichlich. »Sie ließen mich eine ganze Flasche Bier leeren, bevor ich mein eigenes Haus betreten durfte.« Der herzliche Empfang entwickelte sich rasch zu einem ausgelassenen Willkommensfest.

»Die Sherpas von Darjeeling waren stolz auf mich und stolz, daß ich dem Namen meines Va-

Rechts: Am Morgen nach ihrem Gipfelsturm liegt Araceli lässig in Lager IV. Wie die meisten Gipfelbesteiger bewegt sie sich wie in Zeitlupe, ihr Geist und ihr Körper spüren die negativen Auswirkungen des Flüssigkeits- und Gewichtsverlustes und des niedrigen Sauerstoffgehalts in großer Höhe.

FOLGENDE SEITEN:

Mit Umarmungen und Gratulationen werden die siegreichen Helden bei ihrer Rückkehr im Basislager empfangen.

ters Ehre gemacht habe, aber ich habe sie vor allem stolz auf sich selbst gemacht. Sie waren froh, daß ich den Everest bestiegen und in Amerika Erfolg gehabt hatte und dennoch beschlossen hatte, zu ihnen, zu meinen Wurzeln, zurückzukehren.«

Jamling ging sogleich zum Hausaltar. Die *Thangka*-Rolle seines Vaters mit dem Bild der Göttin Miyolangsangma schmückt den Altar, und er warf sich dreimal zu Boden, die herkömmliche Art, das Gebet um Glück und eine sichere Reise zu beschließen, das er gesprochen hatte, bevor er das Haus verließ. »Ich glaube, daß der Erfolg und letztlich auch die Sicherheit unserer Expedition zum Teil den Gebeten, den Pujas, dem Entzünden der Butterlampen und den Audienzen bei Lamas zu verdanken ist«, meinte er nachdenklich. »Ich fühle mich gläubiger als vor der Besteigung. Chomolungma hat ein Licht in mir entzündet.«

Er räumte ein, daß er seine Ziele der Hochgebirgsbergsteigerei nun weitgehend erreicht habe. Er hatte den Berg für sich selbst und zu Ehren seines Vaters erklommen und wollte jetzt zu Hause in Darjeeling bei seiner Frau und seinem Kind bleiben und das von seinem Vater gegründete Wander- und Bergsteigergeschäft führen.

Nach seiner Everest-Expedition unternahm Jamling zusammen mit 350 000 anderen gläubigen Buddhisten in Salugara, Westbengalen, eine Kalachakra-Weihe (»Rad des Lebens«), die von Seiner Heiligkeit, dem Dalai Lama, vorgenommen wurde, der Jamling, Soyang und ihre Tochter segnete.

Jamling war im Herbst 1996 in Darjeeling, als er erfuhr, daß Lobsang Jangbu, Scott Fischers

Sirdar, in einer Lawine umgekommen war, die drei Bergsteiger an der Lhotse-Flanke erfaßt hatte. »Lobsang ließ sich vor jeder Expedition von Geshé Rimpoche segnen. Doch Rimpoche ist im Juli verstorben, kurz nach unserer Frühjahrsexpedition, deshalb hat sich Lobsang im Herbst ohne Rimpoches Segen an die Besteigung des Everest gemacht. Dabei ist er umgekommen.«

Elizabeth Hawley, die berühmte Everest-Statistikerin, informierte Robert in Katmandu, daß er derjenige sei, dessen Zeitabstand zwischen zwei Everestbesteigungen – da seine erste Besteigung 18 Jahre zurückliege – am größten sei.

Roberts Familie und seine Mitarbeiter in seiner österreichischen Heimatstadt Graz waren vorübergehend, als das Team noch am Berg war, in Panik. Die österreichischen Zeitungen hatten gerade getitelt »Bergsteiger aus der Steiermark am Everest verschollen«. Der Artikel bezog sich auf einen namentlich nicht genannten Bergsteiger, der in einem Zelt auf 8200 Metern Höhe am Everest verschollen ging. Ein Österreicher aus Roberts Heimat, der Steiermark, war an der Nordseite des Berges umgekommen, aber die Identität des Bergsteigers wurde erst zwei Tage später bekanntgegeben.

Als Robert Österreich im März verließ, hatte er nur wenigen Leuten mitgeteilt, daß er auf den Everest wollte. Er fürchtete, Pressemitteilungen könnten Erwartungen hinsichtlich seines Erfolgs wecken und unerwünschten Druck erzeugen. Er kehrte ohne großes Tamtam nach Österreich zurück und genoß eine ruhige Woche, bevor ihn die Presse aufspürte und Berichterstattungen über seine Besteigung in den Medien erschienen.

Auch Göran Kropp hatte etwas Einmaliges vollbracht – seine Anläufe und seine Besteigung des Everest waren gewiß die allerungewöhnlichsten. David hob die überzeugende, reine und untadelige Einstellung des Schweden hervor. Bei seinem ersten Soloversuch kehrte Kropp um, als er auf dem Südgipfel, so schrecklich nahe am Ziel,

in starken Wind und tiefen Schnee geriet. Seine unerschütterliche Begeisterung wurde davon nicht getrübt, und er räumte unumwunden ein, daß er für seine folgenden Gipfelstürme Unterstützung und einen Kletterpartner bräuchte. Kropp sagte, er plane, auf einer anderen Route, über Rußland, mit dem Rad nach Hause zu fahren.

DIE RÜCKKEHR INS LEBEN

Kurz bevor Beck Weathers am 13. Mai vom Everest evakuiert wurde, hörte Dr. David Shlim, der Direktor des medizinischen Zentrums CIWEC in Katmandu, daß die Arme von Weathers bis zu den Ellenbogen Erfrierungen aufwiesen. »Aber als Weathers in unserer Klinik ankam, war sein Gesamtzustand bemerkenswert gut«, sagte Dr. Shlim. »Das war also der Mann, von dem ich seit zwei Tagen hörte – zuerst als eindeutig tot, dann als zu krank, um das Risiko einer Rettung wagen zu können. Vierundzwanzig Stunden später kam er ohne Hilfe in meine Klinik hereinspaziert.«

Makalu Gau befand sich im unteren Hauptuntersuchungsraum, er konnte wegen seiner erfrorenen Füße nicht gehen, deshalb zogen sich Shlim und Beck ins Untersuchungszimmer im Obergeschoß zurück. Als erstes wollte Beck seine Frau anrufen. Shlim wählte für ihn die Nummer, und Beck unterhielt sich herzlich mit der sehr glücklichen und erleichterten Peach Weathers.

»Am beeindruckendsten waren Becks Charme, seine Sorge um die anderen und sein Desinteresse an den Medien«, stellte Shlim fest. »Zunächst weigerte er sich, Interviews zu geben, und hob hervor, daß die wirkliche Story die Männer zu bieten hätten, die ihn vom Südsattel und der Lhotse-Flanke heruntergeholt hätten – Todd, Peter, Ed, Robert und David.«

Aber einen Monat nach Becks Rückkehr nach Dallas wurde klar, daß seine Hände nicht wieder durchblutet werden würden. Die Chirurgen operierten nach neuesten mikrovaskulären Methoden, um so viel von seinen Armen zu retten wie nur möglich, und führten Hauttransplantationen durch. Trotzdem war sein rechter Arm bis zur Höhe seines Uhrenbands abgestorben – jenem, das er nicht mit dem Mund entfernen konnte –, deshalb mußte der Arm bis zur Mitte des Unterarms amputiert werden. Die Finger der linken Hand waren bis zu den Gelenken abgestorben, auch der Daumen. Die Chirurgen durchtrennten das Gewebe zwischem dem Daumenstumpf und dem Rest der Hand und gaben ihr somit eine eingeschränkte Funktionsfähigkeit. Beck kann den Daumen seitwärts gegen seine Hand drücken und Aufgaben erledigen, wie beispielsweise ein Blatt Papier greifen.

Auch Becks Nase war durch Erfrierung zerstört. Unter Verwendung von Knorpelgewebe seiner Ohren, etwas Haut und einem Stück Rippe bauten die Ärzte die Nase – zunächst falsch herum – an seiner Stirn wieder auf. Sobald die Durchblutung der Nase gesichert war, drehten sie diese in die richtige Position.

Anstelle seiner rechten Hand trägt Beck nun eine myoelektrische Prothese, die von den Muskeln seines Unterarms elektrische Impulse weitergibt, um einen Greifhaken zu öffnen oder zu schließen, der es Beck ermöglicht, sich eine Tasse Kaffee einzuschenken und hochzuheben. »Als ich diese Everest-Tour ins Auge faßte, dachte ich am Anfang an die wahnsinnigen Kosten und sagte: ›Weißt du, diese Sache wird mich einen Arm und ein Bein kosten,‹« scherzte Beck. »Nun, wie Sie sehen, habe ich das heruntergehandelt.«

»Wenn man erst einmal tot war, sieht für eine Weile alles zunächst recht gut aus«, stellte Weathers ruhig fest. »Aber es wird nicht viel besser, wenn man zu seiner Familie nach Hause kommt. Der Preis, den ich bezahlt habe, ist eine Sache, aber der Preis, den meine Familie bezahlt, eine ganz andere. Ich konnte zurückkommen

SIND FÜHRUNGEN AM EVEREST SINNVOLL?

Die so ausführlich publizierten Todesfälle vom Mai 1996 haben die Aufmerksamkeit in beispielloser Weise auf die Grenzen und Verantwortlichkeiten von geführten Bergbesteigungen gelenkt.

Viele meinen, daß es aus den gleichen Gründen keine Führungen auf den Everest geben sollte, aus denen es in der Schweiz – mit einer hundertjährigen Bergführererfahrung – im allgemeinen keine Führungen durch die Eigernordwand gibt: Es ist einfach zu gefährlich, sowohl für die Bergführer als auch die Klienten bzw. Kunden.

David Breashears begleitete im Jahr 1985 den 55jährigen Dick Bass auf den Gipfel des Everest. Seitdem haben Everest-Klienten immer wieder den Erfolg von Bass als Ansporn für sich selbst genannt. Breashears hebt jedoch hervor, daß die Konstitution von Bass keineswegs durchschnittlich war; er trug sein Gepäck selbst und kletterte an Stellen ohne Seil, an denen selbst erfahrene Bergsteiger Schwierigkeiten haben. »Dick ist sehr selbstbewußt – er ist ein Kraftpaket, eine Naturgewalt«, sagt Breashears respektvoll. »Aber für andere«, fügt er hinzu, »ist das Erreichen des Gipfels wie der Gewinn einer olympischen Goldmedaille – ohne jahrelang trainiert zu haben, um überhaupt zur Olympiade fahren zu dürfen.«

»In der Lage zu sein, die Kosten von 65 000 Dollar zu zahlen, macht einen nicht erfahrener«, meint Robert Schauer und bringt damit berechtigte Bedenken gegenüber völlig unerfahrenen Klienten zum Ausdruck. Die Klienten sind jedoch ganz verschieden, von unerfahrenen Trophäenjägern bis hin zu routinierten Himalaja-Bergsteigern, die jemanden suchen, der sie ausstattet und ihnen die Genehmigung beschafft. Außerdem sollte man sich daran erinnern, daß drei der fünf Toten, die am oder kurz nach dem 10. Mai an der Südseite des Berges umkamen, erfahrene Bergführer waren. »Diese Todesfälle waren nicht auf Handlungen der Klienten zurückzuführen«, sagt der Klient Lou Kasischke, der direkt unterhalb des Südgipfels umkehrte.

Kasischke hebt hervor, daß der Everest, wenn alles glattgeht, durchaus zu besteigen ist. Wenn aber etwas schiefläuft – und Fehler werden sogar von den Besten leicht und schnell gemacht –, sind Tote zu beklagen. Es ist den Führern absolut unmöglich, oberhalb des Südsattels jemanden zu retten, einer Stelle, an der jeder Bergsteiger nur noch auf sich selbst gestellt ist. Nach Lager IV ist die Zeit für jede Art von »Coaching« durch den Führer vorbei.

Und Bergführer werden nicht dafür bezahlt, Risiken auf sich zu nehmen. Sie werden für ihre Beurteilung, welche Risiken zu vertreten sind, bezahlt. Denn in den Bergen sind Urteilsvermögen und Einstellung der Bergsteiger entscheidend. In extremer Höhe kann es schwierig sein, seine physische Kondition, Wetterveränderungen, die Auswirkungen von Verspätungen und anderen Faktoren rational einzuschätzen. Dennoch vermieden drei der Klienten von Rob Hall, die nach ihrer eigenen Einschätzung der Lage handelten, eine lebensbedrohliche Situation, indem sie sich zur Umkehr entschlossen. »Manchmal bieten Bergsteiger ihre letzten physischen und psychischen Energiereserven auf, um den Gipfel zu erreichen, und überlassen es den Führern oder anderen, sie wieder hinunterzubringen«, meint Pete Athans.

Der Bergführer Jim Williams ist der Meinung, daß es Zeit sei, die Verantwortung, die Führer übernehmen, wenn sie Geld für eine Dienstleistung annehmen, einer kritischen Prüfung zu unterziehen. Denkbar wäre für ihn, daß die Bergführergemeinschaft Protokolle verfassen läßt. Tom Hornbein und andere meinen, daß statt Regulierungen eher die Ausbildung der Kletterer gefördert werden sollte. Die Durchsetzung von Bestimmungen, so meint er, wäre in der Praxis äußerst problematisch.

Ed Viesturs sagt, daß er seine eigenen Regeln für die Leute, die er führt, verschärfen wird. »Beim Führen muß man mit den Klienten streng sein. Ständig beurteile ich ihre Kondition und ihre Einstellung und stelle sicher, daß jeder die Regeln kennt. Was Umkehrzeiten anbelangt, bin ich unnachgiebig, deshalb müssen sie sich innerhalb kürzester Zeit an den Aufstieg von einem Lager zum nächsten machen. Und der Tag des Gipfelsturms ist noch um vieles härter als alle anderen, deshalb gehören Leute, die an den Tagen davor Schwierigkeiten hatten, nicht auf den Gipfelgrat.« Ed betont, die Tatsache, daß die Leute Geld bezahlen, habe seine Entscheidungen beim Aufstieg noch nie beeinflußt.

Pete Athans hebt hervor, daß die Klienten ihn bezahlen, damit er die besten Entscheidungen trifft, aber das bedeute manchmal, ihnen den Gipfel zu verwehren. Sein Gefährte Todd Burleson kommt zu dem Schluß: »Ich meine, es ist besser, wenn alle zwar enttäuscht, aber heil nach Hause zurückkehren, als daß ein Mensch ums Leben kommt.« Und es ist genau diese Art von Entscheidung, die die meisten Klienten erwarten.

»Das Bergsteigen ist nicht mehr nur ein Sport, es hat sich zu einem Geschäft und für manche zur einzigen Einnahmequelle entwickelt«, stellt Charles Houston fest. »Je riskanter, desto lukrativer.« Er ist der Meinung, daß dieses Hasardspiel vielleicht die Risiken erklärt, die manche Führer und Klienten – möglicherweise aus unterschiedlichen Gründen und trotz großer Schwierigkeiten mit dem Wetter oder Gelände – auf einem so gefährlichen Berg wie dem Everest auf sich zu nehmen bereit sind.

Breashears nimmt an, daß das Drama in zwei oder drei Jahren vergessen sein wird. Seine Einschätzung, daß nämlich die Leute weiterhin dieselben Risiken eingehen und unweigerlich dieselben Fehler machen würden, erwies sich als richtig: Im Frühjahr 1997 kamen am Everest an einem einzigen Tag fünf Bergsteiger ums Leben – alle nicht geführten Expeditionen angehörend: Die meisten von ihnen waren noch spät am Aufstieg. »Ich halte mich für einen vorsichtigen Bergsteiger«, sagte er. »Ich gehe ungern unnötige Risiken ein, und deshalb lebe ich vielleicht länger. Du kannst dich nicht selbst oder andere für einen Berggipfel aufgeben.«

und ihnen alles sagen, was ich zuvor nicht sagen konnte, nämlich, wieviel sie mir bedeuten.«

»Beck hat einen unglaublichen Willen«, meinte David verblüfft. »Er wußte, daß er den größten Teil seiner Hände verlieren würde, aber er beschloß einfach, daß er weiterleben wollte. Er ist unser Wunder, die wirklich faszinierende Geschichte der ganzen Tragödie – zusammen mit den selbstlosen Helden unter den Bergsteigern, den Sherpas, den Leuten im Basislager und dem Hubschrauberpiloten, die für die Rettung alles aufs Spiel setzten.«

EIN HELDENHAFTER PILOT
Als Führer seiner Einheit von Hubschrauberpiloten der königlich nepalesischen Armee meinte Oberstleutnant Madan K. C., wenn irgend jemand eine Rettung bei Lager I versuchen müßte, dann sollte er es sein. Obwohl die meisten seiner Einsätze in Nepal Rettungsflüge sind, sagte K. C., daß nur wenige Gerettete den Piloten gedankt hätten, und kein einziger hätte einen Brief geschrieben. Peach Weathers war die Ausnahme, und die Briefe, in denen sie K. C. aufrichtig dafür dankte, daß er ihr ihren Mann zurückgegeben hat, trugen dazu bei, eine dauerhafte Verbindung zwischen beiden Familien zu knüpfen.

Anfang 1997 wurde K. C. zum jährlichen Treffen der Helicopter Association International nach Südkalifornien eingeladen. Beck und Peach Weathers gehörten ebenfalls zu den Gästen, und als sie am Flug-

Auch durch zahlreiche Operationen und monatelange Rehabilitationstherapie konnten Becks Hände nicht gerettet werden; man gab ihm aber eine neue Nase und verbesserte die Funktionsfähigkeit seiner beeinträchtigten Gliedmaßen.

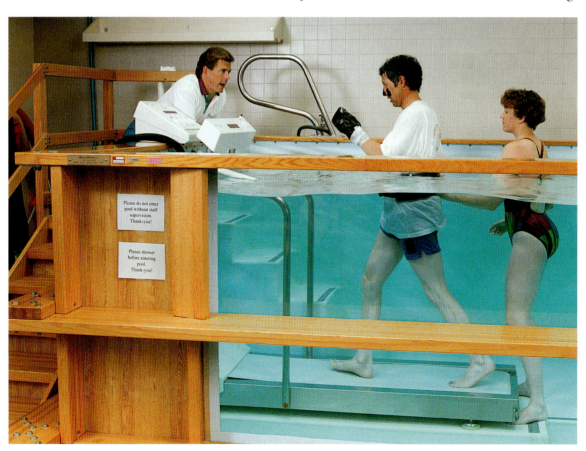

hafen in Anaheim ankamen, wartete ein Hubschrauber, der mit dem identisch war, mit dem Beck gerettet wurde, um ihn vom Flughafen zum Kongreßzentrum zu bringen. Beim Bankett sah er Madan K. C. zum ersten Mal wieder, seit er seinen Hubschrauber nach der Rettung verlassen hatte, und beide waren den Tränen nahe. Madan wurde mit dem Robert E. Trimble Memorial Award für herausragende Leistungen im Dienst ausgezeichnet und erhielt eine Standing Ovation.

»Madan hat dies nicht aus dem Wunsch nach Ruhm getan«, sagte Beck. »Bis der Hubschrauber in Katmandu gelandet war, hatte keiner von uns eine Ahnung, daß irgend jemand das mindeste Interesse an dieser Geschichte zeigen würde.«

Im April 1997 wurde eine weitere Ehrung beim Smithsonian Institution's National Air and Space Museum abgehalten, und Beck wurde ausersehen, Madan den Aviation Week and Space Technology Laureate Award zu überreichen. Auch in Katmandu wurde K. C. geehrt, und zwar mit der höchsten Auszeichnung Nepals, dem Orden »Stern von Nepal«, der ihm von seiner Majestät, dem König, überreicht wurde. »Es war keine wirkliche Tapferkeit«, sagte der charismatische K. C. ganz bescheiden. »Es handelte sich nur um die Ausübung meines Dienstes.«

»Durch harte Arbeit, die richtige Einschätzung und jede Menge Glück, haben wir es geschafft«, überlegte Brad Ohlund. »Aber nicht ohne deutlich daran erinnert zu werden, welch unbedeutende Stellung der Mensch in der Natur einnimmt. Was meine eigene Beteiligung betrifft, fühlte ich mich, obwohl ich nie über das Basislager hinausgestiegen bin, privilegiert, herausgefordert und zugleich demütig gemacht.«

Der Filmemacher Greg MacGillivray war voll des Lobes. »Wir sind alle stolz auf das Team und auf die Entschlossenheit, den Mut, die Geschicklichkeit und das gute Urteilsvermögen der Mitglieder. Sie haben nicht nur den Gipfel erreicht, sie hatten die Geduld, dies sicher zu tun.«

»Das Leben in den Bergen bringt den Charakter derer, die dorthin reisen, ans Tageslicht«, sagte Jim Litch, der Arzt der Erste-Hilfe-Station von Pheriche. »Vielleicht ist das einer der vielen Gründe, warum wir Berge besteigen – um unseren wahren Kern zu erkennen, nicht verhüllt und gebändigt wie wir es sind, wenn wir mit den Zwängen von Technologie und Konsum leben.«

»Berge sind gefährlich, und es wird weitere Tote geben«, stellte Dr. Tom Hornbein fest, »und da der Andrang zunimmt, ist es, als würden mehr Kegel am Ende der Bowlingbahn aufgestellt: Es gibt mehr zum Umstoßen.«

Beck Weathers bedauert, zum Everest gereist zu sein, und er gestand leise, als würde er sich schämen, seine frühere Unwissenheit ein – daß er nämlich das, wonach er suchte, die ganze Zeit besessen habe: ein Zuhause, Gesundheit, eine Familie und Freunde. Wie andere, die die eisige Haut des Everest berührt haben, kam er vielleicht doch mit einer Erkenntnis zurück, die sonst nirgends zu erlangen ist. »Eine Verlockung des Everest besteht darin, daß die Entscheidungen, die man dort trifft, endgültig und schwierig sind und man damit leben muß«, überlegte er. Seine Augen leuchteten, als hätte ihn der Geist von Chomolungma wieder in ihren Bann geschlagen. »Mit Sicherheit wird es immer mehr gute Frauen und Männer geben, die bereit sind, ihr Leben für das Privileg, an einem der außergewöhnlichsten und schönsten Orte der Welt zu sein, zu riskieren und zu verlieren.«

FOLGENDE SEITEN:
Diese Silhouette des Himalaja, in den Schimmer des gleichzeitigen Sonnenuntergangs und Mondaufgangs getaucht, zeigt (von links) den Everest, den Lhotse, den Ama Dablam und den Makalu; drei dieser vier Gipfel zählen zu den fünf höchsten der Welt.

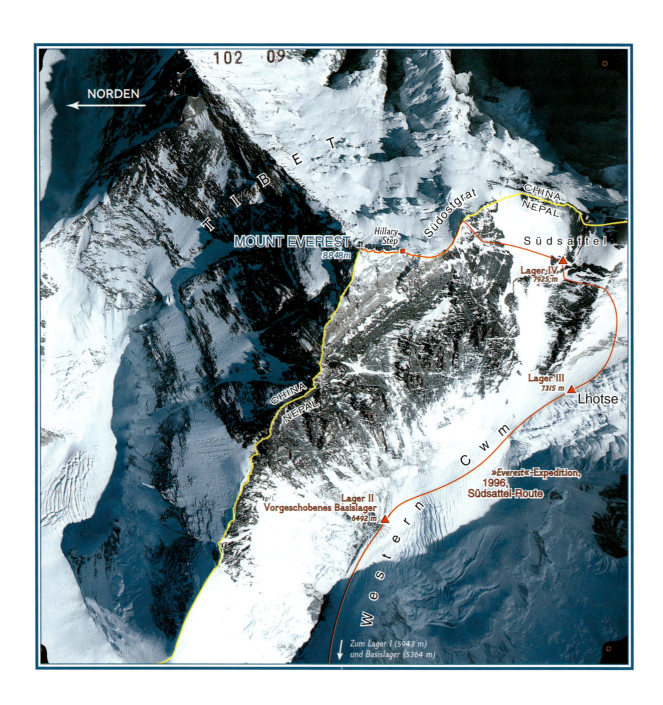

DIE HÖCHSTE PYRAMIDE DER ERDE

Der Mount Everest hebt drei breite Wände oder Flanken den Elementen entgegen: die Nord-, die Südwest- und die Kangshung-Wand. Die Route des »Everest«-Filmteams folgte eng der des Vorbilds: der Erstbesteigung von 1953 durch Hillary und Tenzing.

NACHWORT

IN EINER TRETMÜHLE LAUFEN – ABER NUR DURCH EINEN STROHHALM ATMEN KÖNNEN...

VON DAVID BREASHEARS

Unter all den vereisten Abhängen des Mount Everest ist die Lhotse-Flanke oder -Wand nicht besonders schwierig. Als Steilhang aus hartem, bläulichem Eis zieht sie sich gut 1100 Meter an der Seite des Berges hinab und verlangt kaum mehr als kundigen, geübten Umgang mit dem Fixseil. Es erstaunte mich, als ich erfuhr, daß jemand genau dort zu Tode gekommen war. ¶ Es war während meiner zehnten Everest-Expedition, am Spätnachmittag des 9. Mai 1996. Der Funkruf kam von Jangbu Sherpa, dem Führer meines Kameraträger-Teams, der auf einen verletzten taiwanischen Kletterer in 7200 Meter Höhe beim Lager III gestoßen war. Der Bergsteiger, der in eine Gletscherspalte gestürzt war, klagte über keine ernsteren Beschwerden.

Aber als Jangbu und zwei andere Sherpas ihm beim Abstieg über die Lhotse-Flanke halfen, brach er zusammen. »Wir glauben, er ist tot«, rief Jangbu über Funk. Ich wies Jangbu an, am Hals des Bergsteigers den Puls zu fühlen, seine Gletscherbrille abzunehmen und sie ihm direkt unter die Nase zu halten, um festzustellen, ob er noch atmete.

»Nein, er ist tot.«

Abergläubisch und nicht willens, den Leichnam zu bewegen, setzten die Sherpas ihren Abstieg fort und ließen den Toten, gut 500 Meter oberhalb von mir und an das Fixseil gebunden, zurück. Ich beschloß, ihn herunterzuholen. Ed Viesturs und Robert Schauer gingen mit mir. Ed, ein amerikanischer Bergsteiger, unternahm seine vierte Everest-Besteigung, die dritte ohne Sauerstoffflaschen. Robert, ein österreichischer Kameramann, war zum zweitenmal auf dem Berg. Sie gehörten zu dem von mir geleiteten Team, das einen Film über das Besteigen des Mount Everest drehte.

Wir brauchten zwei Stunden, um den Toten zu erreichen. Ich rang in der dünnen Luft nach Atem, stieß die Spitzen meiner Steigeisen in den Abhang und ließ mich erst einmal in mein am Fixseil hängendes Gurtzeug fallen, um etwas auszuruhen. Meine Augen waren auf die über mir baumelnde Gestalt geheftet. Ich fühlte mich ausgelaugt und von Traurigkeit überwältigt. Die Augen des toten Kletterers waren weit aufgerissen, sein Mund stand offen, sein Gesicht war aschfahl. Später erfuhr ich, daß er Chen Yu-Nan hieß, 36 Jahre alt und Stahlarbeiter in der Stadt Kaohsiung gewesen war. Als ich zu ihm hinüberreichte, um seine Augen zu schließen, fiel mir ihr verwirrter Blick auf, als sei er über sein plötzliches Sterben bestürzt gewesen.

Ein paar Tage zuvor hatte ich am Eisbruch, einem ungeheuren, riesigen Durcheinander übereinandergestürzter Eisblöcke am Khumbu-Gletscher, Chen und seine Gefährten beobachtet, wie sie ängstlich ihre Füße auf die Sprossen einer über eine Gletscherspalte gelegten Aluminiumleiter setzten. Ihre Ungeschicklichkeit zeigte, wie unerfahren sie sein mußten. Bis vor kurzem hatte ich die meisten Bergsteiger am Everest gekannt, zumindest ihrem Ruf und Namen nach. Sie alle gehörten zu der eng verbundenen Gemeinschaft, in der auch ich aufgewachsen war. Aber jetzt waren die Routen am Berg überfüllt von Amateuren und Klienten im Schlepp von Bergführern – von Leuten, die bis zu 65 000 Dollar hingeblättert hatten, um sich den Berg hinauf- und herabführen zu lassen.

Viel hat sich verändert seit 1983, als ich zu einem Team gehörte, das die ersten Videobilder vom Gipfel des Mount Everest übertragen sollte. Damals war unsere aus fünf Bergsteigern bestehende Gruppe die einzige am Südsattel. 1996 hingegen teilten sich 14 Expeditionen – unter anderen Südafrikaner, Nepalesen, Norweger, Spanier, Schweden und Taiwaner – Fixseile, Lager und die sich unter allen ausbreitende Besessenheit, den Gipfel erreichen zu müssen. Das Basislager, das einst ein behelfsmäßiger Auffangraum in 5364 Meter Höhe war, hatte sich in ein geschäftiges Dorf mit mehr als 300 Leuten verwandelt; es war vollgepackt mit Küchenzelten, Verpflegungszelten, Satellitenschüsseln, Kisten, Videorecordern, Opfergaben von brennendem Wacholder, tuckernden Generatoren und Hunderten von Gebetswimpeln, die im Wind flatterten. Weiter oben in 7925 Metern Höhe ist der Südsattel zum höchstgelegenen Müllplatz der Erde geworden, wo mehr als tausend leere Sauerstoffflaschen neben zerfetzten Zelten, zurückgelassenen Öfen und anderem Abfall herumliegen.

Über 150 Menschen – darunter viele ausgezeichnete Bergsteiger – sind im Lauf der Jahre am Everest umgekommen. Sie sind von Felsabhängen gestürzt, wurden von Lawinen mitgerissen oder erlagen ihrer Erfrierungen, der Erschöpfung oder der Höhenkrankheit. Viele ihrer Leichen sind immer noch dort oben. 1985 sammelte ich die Körperteile von zwei Bergsteigern ein, die im Jahr zuvor gestorben waren. Ihre Leichen waren oben am Berg hartgefroren und dann zerbrochen, als sie auf den Gletscher darunter fielen.

Das letzte Jahr, 1996, war am tragischsten. An den Tagen, die auf Chens Zusammenbruch folgten, starben acht weitere Bergsteiger im Schneesturm, fünf auf der Südseite und drei auf der Nordseite. Zwei von ihnen waren meine Freunde Rob Hall und Scott Fischer, beide begabte, tüchtige Bergführer, die den Everest sehr genau kannten.

Auf eine dunkle, geheimnisvolle Weise haben die tödlichen Gefahren dieses Ortes nur noch die Faszination verstärkt, die der Berg auf die Welt und die Phantasie der Menschen ausübt. Weil die Gefahren so offenkundig sind, symbolisiert der Everest für viele Menschen das Ziel äußersten Ehrgeizes und höchster persönlicher Leistung. Thomas Hornbein, der 1963 an der ersten amerikanischen Besteigung teilnahm, beschrieb den Everest einmal als »eine große Metapher für menschliches Streben, für das Mythische und für eine Welt, die Teil von uns allen ist«. Das erklärt auch, warum ansonsten vernünftige Leute eine gehörige Summe Geld bezahlen, um auf den Gipfel gelangen zu können.

Selbst altgediente Himalaja-Kletterer wie ich können sich dem starken Sog dieses Berges nicht entziehen. Die tödliche Gefahr ist verführerisch, denn sie erinnert uns daran, daß wir leben. »Die Tatsache, daß entweder man selbst oder einer der Begleiter ums Leben kommen kann«, sagte Sir Edmund Hillary einmal, »hält einen nicht nur nicht davon ab, es zu tun, sondern ist eher sogar einer der Umstände, die einen antreibt«. Für mich sind es aber auch die Kälte, die Ermüdung und die Herausforderung extremen Kletterns,

die mich reizen. Es ist das Knirschen des Schnees am Morgen bei minus 35°C und das Quietschen des Schnees an einem Morgen bei minus 45°C. Es ist, daß man um eine Ecke biegt und sieht, wie das rosafarbene Granit des Nachbarberges Makalu in den ersten Sonnenstrahlen der Morgendämmerung leuchtet.

Der Everest übt eine gewaltige psychische Anziehungskraft aus, und er zieht einen in seine Umlaufbahn. Als George Leigh Mallory und das britische Erkundungsteam sich 1921 aufmachten, um eine Route den Berg hinauf zu finden, war das nicht mehr als das Anbringen einiger Koordinaten auf einer Landkarte. Drei Jahre später kletterten Mallory und sein Partner Andrew Irvine von der tibetischen Seite herauf und verschwanden in den Wolken in der Nähe des Gipfels. Sie wurden nie mehr gesehen. Durch die britische Presse erlangten die beiden unsterblichen Ruhm – und so wurde über den Mythos des Everest noch eine weitere Schicht des Geheimnisvollen gelegt.

Als am 29. Mai 1953 Tenzing Norgay und Hillary als erste Bergsteiger den Gipfel erreichten, begann die Sache mit dem Everest sich zum Rummel eines internationalen Wettlaufs zum »dritten Pol« zu entwickeln. Zehn Expeditionen waren gescheitert, und 13 Menschen waren umgekommen. Im Jahr zuvor waren Tenzing und ein schweizerischer Bergsteiger kurz vor dem Gipfel zum Umkehren gezwungen. Die Nachricht von dem aufsehenerregenden Erfolg des britischen Teams wurden nach London gefunkt, als man sich dort auf die Feierlichkeiten zur Krönung von Königin Elizabeth II. vorbereitete. »Die Krönung des Ruhms: Everest bezwungen!« verkündete die *Daily Mail*.

Tenzings Sohn Jamling gehörte zu unserem Team. Trotz der Ermahnungen seines Vaters, sich das Klettern nicht zum Beruf zu wählen, ist Jamling ein erfahrener Bergsteiger und Organisator von Expeditionen in Darjeeling in Indien gewor-

Ein junger Mönch in Tengboche folgt David Breashears' Aufforderung, einen Weitwinkel-Blick durch die Kamera auf den Eingang seines Klosters zu erhaschen.

den. Er hatte nie zuvor den Everest bestiegen, und er war entschlossen, sich den Lebenstraum zu erfüllen und den Gipfel zu erreichen – zu Ehren seines Vaters, der 1986 gestorben war.

Ich kann mich erinnern, wie ich als Junge in der Wohnung unserer Familie ein Buch aus dem Regal nahm und das berühmte Foto aufschlug, das Tenzing zeigt, wie er auf dem Gipfel steht. Irgend etwas zündete in meinem elf Jahre alten Hirn, als ich den dicken braunen Daunenanzug und die Überstiefel des Sherpas anstarrte, den Eispickel und die Wimpel, die er jubelnd und triumphierend emporhielt. Ich war über alle Maßen von der unförmigen Sauerstoffmaske beeindruckt, die sein Gesicht verbarg. Was für ein Ort mußte das sein, überlegte ich, wo ein Mensch Sauerstoff bei sich tragen mußte, um überleben zu können!

Heute kenne ich den Berg als einen Naturraum, der keine Fehler zuläßt. Nach dem Orkan im Mai 1996 stiegen Mitglieder unseres Filmteams zum Lager III auf, um fast einem Dutzend Überlebenden zu helfen und dann eine Hubschrauber-Rettungsaktion in der Nähe des Lagers I zu organisieren. Dann, wieder im Basislager, waren wir emotional ausgelaugt. Als wir an einer informellen Trauerfeier für die umgekommenen Bergsteiger teilnahmen, wehte am Gipfel des Mount Everest die wimpelartige Wolkenfahne, die vom Jetstream herrührt. Nachts lagen wir in unseren Zelten und hörten den Wind in der Höhe toben – wie eine Boeing 747 beim Abheben. Als Jamling mit seiner Frau telefonierte, äußerte sie große Befürchtungen, weil er noch einmal hinaufgehen wollte. Paula, Ed Vicsturs Frau, die unsere Angelegenheiten im Basislager verwaltete, war ebenfalls sehr besorgt. Sie hatte die letzten Funksprüche vom Gipfelgrat gehört, und sie wußte, daß Ed ohne Sauerstoffflasche über die Stelle hinaus klettern würde, an der Hall mit Sauerstoffflasche gestorben war. Und doch wußten wir als

Profis alle, daß wir die Verpflichtung übernommen hatten, den Film zu machen.

Am 22. Mai brach ein Dutzend von uns kurz vor Mitternacht vom Südsattel auf. Wir kletterten mit Hilfe unserer Stirnleuchten und im faden Licht der Sterne. Ed trat einen Pfad für uns im knietiefen Schnee fest – eine herkulische Anstrengung! Weil wir unter der körperlichen Beeinträchtigung durch die dünne Luft in der extremen Höhe litten, hatten wir während der letzten drei Tage kaum länger als ein paar Stunden geschlafen und nicht mehr als ein paar Cracker gegessen. Unsere Körper waren dehydriert. Da der kostbare Sauerstoff vom Gehirn, vom Herzen und von anderen lebenswichtigen Organen in Anspruch genommen wurde, verfärbte sich unsere Haut blau. Das Klettern in Höhen über 7800 Meter ist – sogar mit Sauerstoffflaschen – so, als würde man in einer Tretmühle laufen, aber nur durch einen

Strohhalm atmen können. Alles sagt dir: Kehr um! Alles sagt: Es ist kalt. Und es ist unmöglich. – Nach zwei Stunden des Kletterns kamen wir an Scott Fischers Leichnam vorbei. Später fanden wir Rob Hall. Wir stiegen weiter. Bis 11 Uhr am Morgen erreichten wir den Gipfel.

»Höher hinauf geht's nicht mehr«, funkte Ed glücklich an Paula.

Während die anderen feierten, stellten Robert und ich die Kamera auf. In der eisigen Luft fädelte ich mit bloßen Händen den Film in die komplizierte Führung ein, dann sah ich auf und erblickte das Foto aus meiner Kindheit, das vor mir lebendig geworden war. Jamling nahm die gleiche Pose ein wie sein Vater vor 43 Jahren und hielt den Eispickel hoch über seinen Kopf. Ich dachte mit Rührung daran, wie viele Reisen ich zu diesem Berg gemacht hatte – allein inspiriert durch diese Szene.

Im Winter 1996 kehrten Breashears und Brad Ohlund mit der IMAX-Kamera nach Katmandu zurück, um einige zusätzliche Luftaufnahmen aus dem Helikopter zu drehen – mit Lt. Col. Madan K.C.

Die Stürme, die sich um den Mount Everest und den Lhotse bilden, sind furchterregend. Flugzeugpiloten können hier kaum fliegen. Aber einer nahm David auf 8100 Meter Höhe in einer einmotorigen Pilatus Porter mit, nachdem David sich mit der Kletterausrüstung, die er und sein Team am Everest benutzt hatten, auf dem Boden des Flugzeugs festgehakt hatte. »Als wir über den Lhotse-Nuptse-Grat flogen, schob ich die Tür ein wenig auf – ein ohrenbetäubender Sturm von minus 55 °C Kälte schlug mir entgegen«, erzählte Breashears. »Damit die Kameralinse nicht beschlug, drehte der Pilot freundlicherweise die Heizung ab, und das bedeutete, daß wir die Tür jeweils nur drei Minuten lang offen lassen konnten. Einmal mußte ich mein Stativ ohne meine Fausthandschuhe einrichten – und sofort wurde die Haut meiner Hände kalkweiß.«

Um die Tragfläche des Flugzeugs bei den Filmaufnahmen nicht ins Bild zu bekommen, neigte der Pilot das Flugzeug um 30 Grad, wodurch die Tragfläche nach oben ging. Deshalb mußte der Pilot in einem riskanten Manöver sofort das Ruder voll nach rechts drehen und halten, als die Maschine seitlich abschmierte und infolge der Materialbeanspruchung heftig rüttelte.

Im folgenden Frühjahr kamen Breashears und Ed Viesturs mit Pete Athans, Jangbu Sherpa und David Carter zum Everest zurück, um ihn abermals zu besteigen. Sie erreichten den Gipfel und kehrten am 23. Mai 1997 wohlbehalten zurück – ein Jahr nach der Ersteigung des Jahres 1996.

EVEREST-CHRONIK

ZUSAMMENGESTELLT VON ELIZABETH HAWLEY

Elizabeth Hawley ist Korrespondentin für die Nachrichtenagentur Reuters und lebt schon viele Jahre in Katmandu. In einschlägigen Himalaja-Bergsteigerkreisen gilt sie als die zuverlässigste Datenquelle aller Himalaja-Besteigungen. Sie arbeitet auch als Geschäftsführerin der Himalaja-Gesellschaft, und obwohl sie die amerikanische Staatsbürgerschaft hat, ist sie in Nepal als ehrenamtliche Konsulin für Neuseeland tätig.

Zur Zeit arbeitet Elizabeth Hawley mit dem erfahrenen Himalaja-Trekkingführer und Computerspezialisten Richard Salisbury an der Geschichte aller Besteigungen im nepalesischen Himalaja-Gebiet.

Diese Angaben geben den Stand vom 20. Januar 1997 wieder.

	EXPEDITIONEN	ERFOLGREICHE EXPEDITIONEN
INSGESAMT:	391	167
VON NEPAL AUS:	214	20
VON TIBET AUS:	176	46

(Eine Expedition stieg gleichzeitig von beiden Seiten aus hoch.)

676 Menschen aus 43 Nationen, davon 39 Frauen, haben auf dem Everest-Gipfel gestanden; 90 Bergsteiger sind öfter als einmal hinaufgestiegen, darunter 55 nepalesische Sherpas, 2 indische Sherpas und 31 Bergsteiger, die weder Sherpas noch Nepalesen waren – eine davon, Santosh Yadav, war Inderin.

Insgesamt gab es 846 Einzelbesteigungen. In den 38 Jahren zwischen Mai 1953 und Ende 1991 fanden 395 Aufstiege auf den Everest statt, knapp die Hälfte aller bisher erfaßten 846 Besteigungen; der ganze Rest, also mehr als die Hälfte aller Aufstiege, wurde in den fünf Jahren zwischen Ende 1991 und Ende 1996 absolviert.

Die größte Anzahl von Gipfelstürmern an einem einzigen Tag, nämlich dem 10. Mai 1993, betrug 40 Menschen, und alle gingen die Route, die über den Südsattel und den Südostgrat hochführt. Im Frühling 1993 wurden die meisten Gipfelbesteigungen in einer einzigen Saison absolviert: 90 insgesamt, wobei 81 auf der nepalesischen Seite aufstiegen.

131 erfolgreiche Expeditionen wählten die »Standardrouten« auf den Everest: 98 stiegen von Nepal über den Südostgrat hoch; 33 von Tibet über die Nordflanke.

Eines der Teams stieg von Tibet auf und auf der nepalesischen Seite ab; Bergsteiger eines anderen Teams nahmen von beiden Seiten gleichzeitig auf den Standardrouten den Gipfel in Angriff, um dann auf der jeweils anderen Seite wieder abzusteigen.

Die Gesamtzahl der Bergsteiger, die über den Südostgrat zum Gipfel stieg, beträgt gut die Hälfte, nämlich 445, einschließlich 32 Frauen.

60 Gipfelstürmer, einschließlich acht Sherpas und zwei Frauen, gaben an, keinerlei künstlichen Sauerstoff während der gesamten Zeit ihrer Besteigung eingesetzt zu haben. Die ersten, die auf diese Weise den Gipfel erstiegen, waren Reinhold Messner aus Italien und sein österreichischer Partner Peter Habeler am 8. Mai 1978.

VERSCHIEDENE HÖCHSTLEISTUNGEN

Der einzige vollständige Alleingang bislang wurde von Reinhold Messner am 20. August 1980 über den Nordsattel zur Nordwand und über das Große Couloir geschafft.

Die größte Anzahl an Aufstiegen, die alle von einer Person – nämlich Sherpa Ang Rita – absolviert wurden, beträgt 10. Sein erster Aufstieg gelang im Mai 1983, und der jüngste fand im Mai 1996 statt, als er 49 Jahre alt war – und alle ohne zusätzlichen Sauerstoff. Der schnellste Aufstieg wurde von dem Italiener Hans Kammerlander am 24. Mai 1996 geleistet. Er brauchte dafür auf der Standardroute über den Nordsattel 16 Stunden und 45 Minuten, und zwar von 17 Uhr am 23. Mai bis 9.45 Uhr am Morgen des 24. Mai. Der Aufstieg wurde ab dem Basislager auf 6400 Metern gestoppt.

Ramon Blanco, ein Spanier, der seit vielen Jahren in Venezuela lebt, ist der älteste Gipfelbesteiger: Bei seinem Aufstieg am 7. Oktober 1993 war er 60 Jahre alt. Als Jüngster gilt der Nepalese Shambu Tamang, der bei seinem Aufstieg am 5. Mai 1973 16 Jahre alt war. Der jüngste Nichtnepalese ist Bertrand Roche, 17 Jahre alt am 7. Oktober 1990. Er bildet gleichzeitig die eine Hälfte der ersten Vater-und-Sohn-Besteigung. Erstmals bestieg ein Sohn eines Everest-Besteigers am 10. Mai 1990 den Gipfel: Peter Hillary aus Neuseeland. Andrej und Marija Stremfelj, heute Slowenen, haben als erstes Ehepaar am 7. Oktober 1990 gemeinsam den Gipfel erklommen. Die ersten Brüder, die miteinander, am 25. September 1992, den Gipfel erstiegen, stammen aus dem spanischen Baskenland und heißen Alberto and Felix Inurrategi. Der Österreicher Robert Schauer von der »Everest«-Filmexpedition hält den Rekord für die längste Zeit zwischen zwei Gipfelbesteigungen: 18 Jahre.

Am 26. September 1988 gelang dem französischen Bergsteiger Jean Marc Boivin der erste Paraglide-Flug vom Gipfel. Fast 2400 Meter schwebte er herunter und landete nach 11 Minuten im Lager II im Western Cwm. Im September 1992 fuhr Pierre Tardivel auf seinen Skiern in 3 Stunden 3200 Meter vom Südgipfel hinunter – die höchste Skiabfahrt, die je gemacht wurde.

TODESFÄLLE AM EVEREST

Auf dem Everest gab es 148 Tote aus 22 Nationen, einschließlich 4 Frauen.

Ursache und Ort der Todesfälle:

97 Bergsteiger starben auf der nepalesischen Seite, davon 19 im Khumbu-Eisbruch.
Durch Lawinen, herabstürzende Séracs (Eistürme) oder Eisplatten-Abbrüche: 57, von denen sich 36 auf nepalesischer Seite ereigneten.

Abstürze: 35, davon 26 in Nepal.

Wegen Krankheit, Erschöpfung oder Unterkühlung: 34, 19 davon in Nepal.
Während des Abstiegs vom Everest-Gipfel: 31, darunter 3 Frauen.
Aus unbekannter Ursache, wahrscheinlich wegen Abstürzen: 21, davon 16 in Nepal.

Tote nach Nationalität:

Nepal: 50, davon 44 Sherpas. 41 dieser Todesfälle ereigneten sich auf nepalesischer Seite, von denen wiederum 39 Sherpas betroffen waren.
Indien: 9 indische Sherpas, 2 davon auf nepalesischer Seite, sowie 14 Nicht-Sherpas.
Japan: 13
Großbritannien: 9
China, mit Tibet: 8
USA: 6
Polen: 5
Tschechoslowakei (ehem.): 5

Unfälle mit der größten Zahl an Todesfällen

10. Mai 1996: Zwei Neuseeländer, zwei Amerikaner und eine Japanerin sterben auf der Südseite wegen Unterkühlung und aus unbekannten Ursachen.
27. Mai 1989: Fünf polnische Bergsteiger sterben durch eine Lawine in der Nähe von Lho La.
9. September 1974: Ein Franzose und fünf nepalesische Sherpas werden von einer Lawine getötet.
5. April 1970: Sechs nepalesische Sherpas einer japanischen Expedition sterben durch Eisplatten-Abgänge im Khumbu-Eisbruch
7. Juni 1922: Fünf indische Sherpas sterben durch eine Lawine.

ZUSAMMENFASSUNG ALLER TODESFÄLLE AM MOUNT EVEREST IM FRÜHJAHR 1996

Nordsattel-Route:

Everest-Expedition der indisch-tibetischen Grenzpolizei am 10./11. Mai:
Tsewang Smanla, 38, Indien
Tsewang Paljor, 28, Indien
Dorje Morup, 47, Indien
Reinhard Wlasich, 45, Österreich, ungarische Everest Expedition, am 19. Mai

Südsattel-Route:

Chen Yu-nan, 36, chinesisch-taiwanische Everest-Expedition am 9. Mai
Scott Fischer, 40, USA, Leiter der Mountain Madness Everest Expedition, 10./11. Mai
Ngawang Sherpa, Nepal, Mountain Madness Everest Expedition
Rob Hall, 35, Neuseeland, International Friendship Everest Expedition (IFEE), 10./11. Mai
Andrew Harris, 31, Neuseeland, IFEE, 10./11. Mai
Yasuko Namba, 47, Japan, IFEE, 10./11. Mai
Douglas Hansen, 42, USA, IFEE, 10./11. Mai
Bruce Herrod, 37, Großbritannien, Johannesburg Sunday Times Expedition, 25. Mai

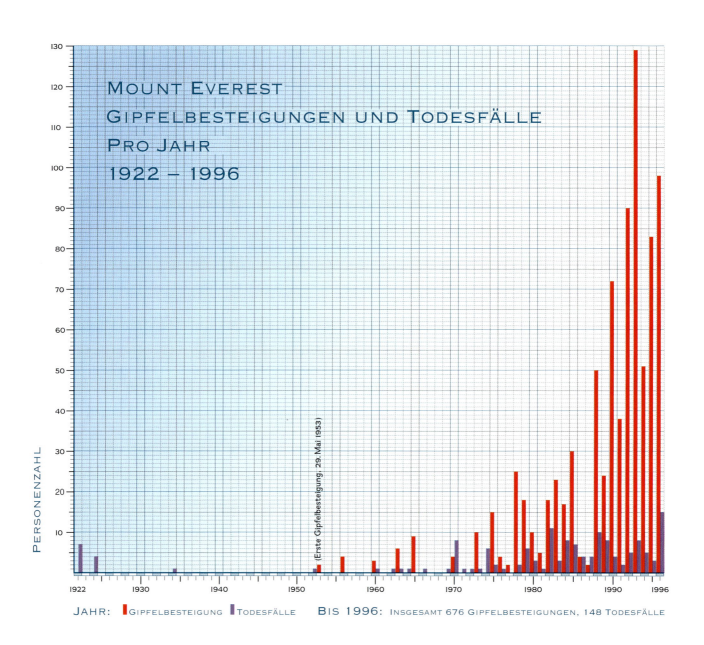

DER MOUNT EVEREST AUF EINEN BLICK

Die zunehmende Kommerzialisierung des Everest hat in den achtziger und neunziger Jahren zu einem sprunghaften Ansteigen der Zahl der Gipfelbezwinger geführt. Auch die Zahl der Todesfälle ist gestiegen, aber diese Kurve verläuft viel flacher. 1996 starben 15 Kletterer an dem Berg – mehr als in irgendeinem anderen Jahr. Doch wenn man diese Zahl mit der Gesamtzahl der Gipfelbezwinger (98) vergleicht, war die Todesgefahr in diesem Jahr – relativ betrachtet – deutlich geringer als beispielsweise 1970, einem Jahr, in dem nur vier Menschen den Gipfel erreichten, aber zweimal so viele umkamen.

DAS FILMTEAM DER »EVEREST«-EXPEDITION 1996

BERGSTEIGER UND AUFNAHMETEAM

David Breashears,
Newton, Massachusetts, USA. Expeditionsleiter und Koregisseur, Koproduzent und Kameramann des »Everest«-Films.

Robert Schauer,
Graz, Österreich. Zweiter Kameramann.

Ed Viesturs,
Seattle, Washington, USA. Stellvertretender Leiter.

Jamling Tenzing Norgay,
Darjeeling, West-Bengalen, Indien. Bergführer.

Araceli Segarra,
Katalonien, Spanien. Bergsteigerin.

Sumiyo Tsuzuki,
Tokio, Japan. Bergsteigerin.

Team im Basislager
Brad Ohlund,
USA. Fotografischer und technischer Berater.

Paula Viesturs,
USA. Leiterin im Basislager.

Elizabeth Cohen,
USA. Produktionsleiterin der Expedition.

Audrey Salkeld,
England. Journalistin.

Sherpas
Wongchu Sherpa,
Sherpa-Sirdar, Chyangba.

Lhakpa Dorje Sherpa,
Sirdar der Berg-Sherpas, Chitregaun.

Berg-Sherpas
Jangbu Sherpa, Chyangba.
Muktu Lhakpa Sherpa, Dingjing.
Thilen Sherpa, Dingjing.
Dorje Sherpa, Hosing.
Durga Tamang, Deusa Bogal.
Karsang Namgyal Sherpa, Thame.
Rinji Sherpa, Chyanga.
Ngima Tamang, Gautala.
Ang Pasang Sherpa, Thame.
Ngawang Yonden Sherpa, Pangboche.
Gombu Chhiri Sherpa, Chitre.
Lhakpa Gyalzen Sherpa, Ghat.
Kame Sherpa, Bakam.
Chhuldim Sherpa, Namche-Basar.
Nima Dorje Tamang, Piringding.
Lhakpa Gyalje Sherpa, Chyangba.
Pasang Phutar Sherpa, Gautala.

Weitere Sherpas
Chyangba Tamang, Singati Chhap.
Lhakpa Sherpa, Kerung.
Ngima Sherpa, Chyangba.
Rinji Tamang, Jantar Khani.
Phuri Sherpa, Tingla.

MACGILLIVRAY FREEMAN FILMS, LAGUNA BEACH, KALIFORNIEN

Produktionsteam
Greg MacGillivray,
Koregisseur und Produzent.

Steve Judson,
Koautor, Koregisseur, Produzent und Cutter.

Alec Lorimore,
Produzent.

Kathy Burke Almon,
Produktionsleiterin.

Debbie Fogel,
Production Controller.

Buchproduktion
Linda Marcopulos,
Projektleiterin.

Matthew Muller,
Leiter der 15/70-Bildreproduktion.

Chris Blum,
Bildrechercheur.

Filmproduktions- und Distributions-Team:
Janna Emmel   Myles Connolly
Teresa Ferreira   Robert Walker
Bill Bennett   Alice Casbara
Kirsten Bennett   Cheryl Real

Beratung der »Everest«-Filmexpedition 1996:
Cynthia Beall,
Professorin für Anthropologie und Anatomie, Case Western Reserve University.

Roger Bilham,
Professor für Geologie, University of Colorado, Boulder.

James F. Fisher,
Professor für Anthropologie und Direktor des Asian Studies Carleton College.

Kip Hodges,
Professor für Geologie und Dekan des Undergraduate Curriculum, Massachusetts Institute of Technology.

Dr. med Charles S. Houston

Peter Molnar,
Senior Research Associate, Massachusetts Institute of Technology.

Audrey Salkeld,
Historikerin, Autorin.

Lhakpa Norbu Sherpa,
Ehem. Oberaufseher, Sagarmatha-Nationalpark.

Bradford Washburn,
Ehrenamtlicher Leiter, Museum of Science, Boston.

Broughton Coburn

Das 15/70 (IMAX®) Bild ist zehnmal größer als das herkömmliche 35-mm-Kinofilm-Format und dreimal so groß wie ein 70-mm-Breitwandfilm. Die nebenstehenden Abbildungen zeigen einen Größenvergleich dieser Filmformate bei der Projektion auf eine Kinoleinwand.

REGISTER

Fettgedruckte Ziffern verweisen auf Abbildungen

Ama Dablam, Nepal **86-87**, 88, **240-241**
American Himalayan Foundation 61, 78, 132
Ang Dorje Sherpa 173-174
Ang Rita Sherpa 226, 248
Arnold, Jan 170, 177, 226
Asan Tol, Katmandu, Nepal 39, 40, **40**, 104
Athans, Peter »Pete« 27, 154, 171-177, 179, 180, 185-187, 191, 193, 196, 206, 236, 237, 247

Basislager, Mount Everest **6-7**, **12-13**, 108, **109**, 139-140, 161-162, 166-170, 176-177, 185, 189-191, 205-206, 215, 218, 225, 231-232, **234-235**, 244, 246; Diebstahl 135, 137, 171; Küche und Gemeinschaftszelte 113, **113**, **124-125**; *siehe auch* »*Lhap-so*« (Kultstätte)
Bass, Dick 155, 237
Beidleman, Neal 166, 178, 190
Bilham, Roger **26**, **27**, 33, 58, 65, 68-69, 99, 100, 104, 113, 140-145, 204, 230-231
Bishop, Barry 132, **133**, 135, **135**
Bishop, Brent 132, 135
Bodnath (Stupa), Katmandu, Nepal 46, 48, 50-51, **50-51**
Breashears, David 13-24, **24**, **25**, 28-39, 52, 61, 65, 68, 74, 76, 88-89, 104-105, 112, 118-119, 134-140, 147-148, 152-155, **156-157**, 162-163, 171-174, **175**, 193, 197-198, 202, 205-206, 209-210, 214-215, 236-238, 243-247; beim Filmen **34**, **144**, **230**, **246**; Gipfelaufstieg 216, 218, 220, 225-226, 229, **230**
Breitenbach, Jake 132
Buddhismus 36, 41, 69, 85, 233; Gottheiten 45, 68, 76, 81, 85, 112, 115; Lamas 85, 92-93, 115, **118**, 202, 226; Mönche **45**, 74-77, 93, 115, **246**; Tempel **45-51**; Trauerrituale 92-93; *siehe auch* Miyolangsangma (Gottheit)
Bukrejew, Anatolij 166-167, 175-177, 178, 196-197
Burleson, Todd 171-177, 179, 180, 185, 193, 197, 205, 206, 236, 237

Changba Sherpa 99, 100, 101, 112
Chomolungma, China-Nepal 52, 225; *siehe auch* Everest, Mount, China-Nepal
Clark, Liesl 69, 99, 192, 204
Coburn, Broughton 13, 17
Cohen, Elizabeth »Liz« 100, 215, 220, 225
Cotter, Guy 20, 169-170, 171, 174, 185, 205

Dalai Lama 112, 226, 233
Darjeeling, Indien 232-233, 245
Dorje Lhakpa, Nepal 40, **42-43**
Dosenfleisch (»Spam«) 15, 17, 101, 148
Dudh-Kosi-Tal, Nepal 53, 57, 60, 61
Duff, Malcolm »Mal« 132, 139, 205-206

Erdbeben 142, 143, 144-145; großes Erdbeben von Bihar (1934) 40, 78, 85, 144; Katmandu, Nepal 40, 44, 142, 144
Erfrierungen 170, 174, 176, 179, 180, 184, 196, 203, 236
Everest, Mount, China-Nepal **2-3**, **8-9**, **11**, **22**, **30-31**, **204**, **240-241**, **242**; Abfall 206, **207**, 214, **216-217**; Bergsteiger **150-151**; geologische Verwerfungen 138; Gipfel **198-199**, **227**; Gipfelübersicht 140; Höhe 24, 26-27, 143; Karte der Expeditionsrouten 56-57, 102-103; Statistiken 10, 38, 233, 248-249, 250; Südostgrat **219**, **221**, **222-223**; Todesopfer 14, 23, 28, 38, 92-93, 104-105, 132, 153, 155, **156-157**, 169, 177, **188**, 189, 200, 202, 220, 226, 231-232, 233, 237, 243-245, 249, 250; Tourismus 81-82; Wetter 23, 152, 161-162, 204, 206
»*Everest*«-Filmexpedition (1996) **234-235**, 250; Drehbuch 13-15; Filmen 16, 24, **24**, 34, **34**, 40, 45-46, 88-89, 134-135, **144**, 220, 226, 247; Gipfelaufstieg **216-229**, 246-247; IMAX-Ausstattung 24, 28, 34, 104, 144, 152, 215; Karte der

Expeditionsroute 56-57; Kosten 38-39; Teamaufstellung 251

Fischer, Scott 19-20, 36, 38, **38**, 39, 108-109, 111, 147, 161-162, 166, 169, 174-177, 180, 191-193, 196, 197, 226, 244, 247
Fisher, Jim 53, 90-91

Gelbes Band (geologische Formation), Mount Everest 138, **138**, **158-159**, 210, **212-213**
Geshé Rimpoche 48-49, 112, 118, 202, 232, 233
GPS (Global Positioning System) 14, 26-27, 33, 140-141, 142, 230; Empfänger 27
Groom, Mike 163, **163**, 166, 178, 196

Habeler, Peter 154, 201, 248
Hall, Rob 19-20, 36, 39, **39**, 108-109, 137, 139-140, 147, 153, 178, 180, 191-193, 196, 197, 220, 226, 244, 247; Gipfelaufstieg 161-162, 166-170, 173-174, 177
Handelsstraßen: Himalaja 74, 85
Hansen, Douglas »Doug« 20, 161-162, 167-168, 192, 196, 197, 226
Harris, Andy 162, 168, 169, 174-175, 191
Harris, Martin 204, 209
Hawley, Elizabeth 233, 248
Herrod, Bruce 231
Hillary, Edmund 15, 32, 33, 37, 53, 77, 88, 90, 91, 103, 106, **106**, 107, 108, 127, 220, 225, 245
Hillary Step, Mount Everest **18**, 19-20, 107, 121, 147, **164-165**, 172, 173, 193, 220, **224**, 225
Himalaja, Asien 28, **58-59**, 85, **240-241**; Alpenglühen **194-195**; Entwaldung 82, **82**; Erosion **58-61**, 140; Formation 58, 143; geologische Verwerfungen 138; Plattentektonik 58, 61, 141, 143; Übersicht 24, 26
Himalayan Trust 53, 88, 91, 248
Hinduismus 39, 41, 52; Tempel **45-49**
Hornbein, Tom 36, 193, 196, 197, 237, 239, 245

Houston, Charles S. 39, 52, 119, 127, 131, 159, 200, 201, 237
Hubschrauber: Abbruch 185; Filmen 247; Rettung 180, **182-183**, 185-187, **186**, 238-239
Hunt, Ingrid 176, 177
Hunt, John 106-107; Zitat 131

IMAX-Filme 24; *siehe auch* »*Everest*«-Filmexpedition
Indien: Erdbeben 144-145; Plattentektonik 141-143
Irvine, Andrew »Sandy« 35, 105, 108, 161, 191, 201, 245

Jangbu Sherpa 52, 53, 89, 92, 93, 220, 225, **243-244**, 247
Jerstad, Lute **133**
Jetstream 204
Judson, Steve 35, 40, 61, 88-89, 93, 95, 119, 137

K2 (Bergspitze), China-Pakistan 36, 39, 108, 127, 173, 191
Kamler, Ken 180, 184, **184**, 185, 196
Kangtega, Nepal **98**
Karten 27; Everest-Expeditions-routen 102-103; Sagarmatha-Nationalpark 84
Kasischke, Lou 192, 196, 198, 237
Katmandu, Nepal 28-29, **39-49**, 185, 187, 202; Bhaktapur, Trabantenstädte **42-43**; Markt **54-55**; Tänzer **52**

Khatri Chhetri (K. C.), Madan 180, **182**, 185-187, **238-239**, 247
Khumbu (Region), Nepal 61, 65, **66-67**, **70-71**, **81-91**, **96-97**; Tourismus 81-82, 85, 90-91
Khumbu-Eisbruch, Nepal 100, 106, 127, **128-129**, **130**, 131-132, 134, **136-137**, 137, 202, **203**, 205, 244
Khumjung, Nepal 61, **62-63**; Kloster 37
Kowalchuk, Kevin 34, 135
Krakauer, Jon 16, 154, 161, 168, 171, 173, 177, 178, 197
Kropp, Göran 112, 155, 159, 206, 218, 226, 236
Kusum Kanggru, Nepal **254-255**

Lager II, Mount Everest 141, **141**,

REGISTER

146-147, 174, 185, 206-207;
Gemeinschaftszelt **175**
Lager III, Mount Everest 174,
180-181, 210; zerfetzte Zelte
206, **207**
Lager IV, Mount Everest **216-217**
Langmoche, Nepal: Überschwemmung (1985) 60, **60**
Lawinen 60, 92, 93, 100, 104, **105**,
131, 143, 155, 233, 244, 249
Leichen 155, **156-157**, 185, **188**,
189, 214, 218, 220, 226
Lhakpa Dorje (Sherpa) 225, 231
»*Lhap-so*« (Kultstätte) **114**, 115, 147,
155, 218, 231; Trauerfeierlichkeit
190, 190-191, 246
Lhotse (Gipfel), Himalaja **30-31**,
204, **240-241**
Lhotse-Flanke, Mount Everest **133**,
148, **158-159**, 171, 174, 180-181,
185, 210, 231, 243-244; Todes-
opfer 153, 155, **156-157**
Litch, Jim 134, 203, 205, 239
Lobsang Jangbu Sherpa 196, 233
Lukla, Nepal 53, 90

MacGillivray Freeman Films 15, 16,
17, 100, 202
MacGillivray, Greg 16, 24, 28,
29, 239
Mackenzie, Caroline 169
Makalu (Gipfel), Himalaja **219**,
240-241
Mallory, George Leigh 35, 105,
108, 154, 161, 191, 201, 245;
Zitat 23
Martínez, Jesùs 220, 226
Messner, Reinhold 154, 198, **199**,
201, **201**, 228, 248
Ming-Ho, »Makalu« Gau 153, 155,
161-162, 169, 175, 180,
184-187, 236
Miyolangsangma (Gottheit) 32, 65,
74, 78, **79**, 81, 85, 127, 198, 232
Moschustier 82, 84

Namba, Yasuko 148, 161, 167, 169,
173, 178, 197, 200, 203, 214
Namche-Basar, Nepal 60, 61, 91,
91, 140, 141
National Geographic Society 27, 132
Nepal: Entwaldung 82, **82**, 84, 88;
Tourismus 81-82, 85, 90-91
Newar (Volk) 41

Norgay, Jamling Tenzing 15, 16, 17,
32, **33**, 37, **37**, 44-49, 53, 69,
74, 74, 76-78, 80, 89, 92, 101,
104, 112-113, 115, 118, **126**, 140,
152, 155, 198, 202, 207, **211**,
245-246; Gipfelaufstieg 218,
220, 225-226, **227**, 229, 231;
Rückkehr 232-233
Norgay, Soyang 37, 48, 49, 202,
225, 233, 246
Norgay, Tenzing 15, 32, 33, 37,
37, 74, 80-81, 103, **106**,
106-107, 155, 220, 225-226,
245; auf dem Everest-Gipfel 37
Nuptse-Lhotse-Flanke, Himalaja:
Bergsteiger 2-3

Odell, Noel 105; Zitat 161
Ohlund, Brad 34, 35, 104, 190,
206, 215, 225, 231, 239, 247

Phortse, Nepal: Kartoffelfelder **86-87**
Pittman, Sandy Hill 36, 197
»Puja«-Zeremonien« 115,
116-118, 137, 139, 202, 233

Renault, Thierry 218, 225, 226
Rhesusaffen **45**, 45-46, **47**
Rice, Bob 204
Roberts, Gil 132

Sagarmatha, China-Nepal 52;
siehe auch Everest, Mount, China-
Nepal
Sagarmatha-Nationalpark, China-
Nepal 61, 81-82, 84, 88;
Karte 84
Salkeld, Audrey 13, 35, 46, 57, 93,
100-101, 104-105, 108, 111, 139,
159, 161-162, 171, 177, 191,
201
Satelliten *siehe* GPS (Global Positioning System)
Sauerstoff 122-127, 228
Sauerstoff in Flaschen 20, 107,
118-119, 153, 154, 173, 196-
197, 205, 215, **216-217**
Sauerstoffmangel 95, 119, 122-123,
126, 127, 154, 166, 180, 200,
201, 228
Schauer, Robert 16, **25**, 29, **29**,
32-33, 101, 134-135, 139, 140,
147-148, 152-153, 155, 174,
180-181, 187, 192, 193, 205,

215-220, 225-226, 229, 233,
236, 237, 244, 247, 249
Schneeleoparden 82, 84
Schoene, Robert »Brownie« 120, 228
Schoening, Klev **163**
Schoening, Pete 36, 38, 191
Segarra, Araceli 16, 32, 32, 52, 101,
108, 134, **144**, **145**, 147-149,
153, 162, 174, 185, 191, 203,
210, 214-215, 232, **233**;
Gipfelaufstieg 216, 218, 220,
225-226, 229-232
Sherpas 214; Ausbildung 61, 88,
90-91; Dumji-Fest 69, **70-71**;
Erhaltung 88; Expeditionsplan
251; Hirten 82, 85; Kind **64**;
Lebensversicherung 93; Lohn 35,
93, 95; Physiologie 119-120,
126; Steinhaufen als Gedenk-
stätten **94-95**; Todesopfer 155,
202, 249; Träger **110-111**; Trauer-
feierlichkeiten 92-93; *siehe auch*
Buddhismus; Norgay, Jamling
Tenzing; Norgay, Tenzing
Shipton, Eric 77, 106
Shlim, David 90, 154, 187, 200,
236, 239
Südafrikanische Expedition (1996)
139, 171, 173, 205, 206, 231-232
Südgipfel, Mount Everest 19-20,
121, 159, 162, 167-170, 220,
222-223, 226, 229; Erstbesteigung 107
Südsattel, Mount Everest 103, 107,
120, 141, **146-147**, 163, 166,
168, 169, 171-178, 193, 200,
210, 214-215, 229-231; Abfall
216-217, 244
Swayambhunath (Mönchskloster),
Katmandu, Nepal 44-47, **49**

Taiwanische Expedition (1996)
111-112, 139, 152, 243-244;
Todesopfer 153, 155, **156-157**,
160, 243-244; *siehe auch*
Ming-Ho, »Makalu« Gau
Tawoche, Nepal **21**
Tengboche Kloster, Nepal 53, 74,
76, **76**, 77-78, 80-81; Buddha-
Statue **78**; »Mani-Rimdu-
Zeremonie« 80, **80**, 81, **81**;
Mönche 74, **75**, 77, **246**
Tenzing, Nima und Pema
Chamji 68-69

Thilen Sherpa 139, 225
Tibet 78, 82, 85, 204; Everest-
Expeditionen 28, 38, 106, 201;
Plattentektonik 141-142, 143
Todd, Henry 108, 139
Tsuzuki, Sumiyo 16, 32, 35, 35,
44-45, 101, **136**, 148-149, 152,
185, 203, 205, 214-215, 229, 231

Viesturs, Ed 16, 19-20, 28, **28**, 29,
89, 92, 104, 108-109, 134,
147-149, **152-157**, 159, 162-163,
167-168, 170, 174-175, **175**, 177,
182, 186-187, 192, 196, 202,
207, **212-213**, 214, 237, 244;
Gipfelaufstieg 215-216, 218, 220,
225-226, **228**, 229, 246-247
Viesturs, Paula 20, 29, 32, 38, 46,
111, 162, 166, 167-171, 176,
191-192, 205, **205**, 215-216,
246-247
Vögel 57; Indische Wildgänse 120;
Geier 76, 92 Raben (*gorak*); **12**,
13, 100, 115, 132
Vorgeschobenes Basislager, Mount
Everest siehe Lager II, Mount
Everest

Warren, Charles 104
Washburn, Bradford 15, 27
Weathers, Peach 169, 176, 185,
236, 239
Weathers, Seaborn »Beck« 169, 173,
176-187, 196, 200, 236, 238,
238, 239
Western Cwm, Mount Everest 131,
146-149, 206; Bergsteiger 4-5;
Lawine (1974) 93; Leichen 155;
»Whiteout« 160
Wetterstation 14, 33, 35, 230-231
Wick, Emil 53
Williams, Jim 192, 197, 206, 237
Wilson, Maurice 104
Wilton, Helen 20, 166, 167, 169-170
Wongchu Sherpa 35, 112, 113, 115,
118, 169, 190, 215, 225
Woodall, Ian 139, 171

Yaks 61, **66-67**, 68, 69, 81, 85, 89,
92, 95, **96**; Kreuzungen 53, 69;
Braten **113**
Yeti 76-77
Yu-Nan, Chen 153, 155, **156-157**,
160, 166, 185, 243-244

BILDNACHWEIS

Neal Beidleman/WOODFIN CAMP
163, 164-165, 188

Barry C. Bishop
133

David Breashears
240-241, 254-255

Broughton Coburn
70-71, 75

Grant Dixon/HEDGEHOG HOUSE NEW ZEALAND
8-9

Scott Fischer/WOODFIN CAMP
18, 38, 39, 172

Edmund Hillary
© Royal Geographic Society
37 (rechts)

Nena Holguin
201

Luther G. Jerstad
135

Dr. Ken Kamler
184

Gary McCue
91, 204

Reinhold Messner
198-199

National Geographic Maps
242

Nepalesische Regierung
60

Galen Rowell
82, 82-83

Royal Geographic Society
106

Dick Smith/Courtesy AUSTRALIAN GEOGRAPHIC
11

SWISSAIR PHOTO & SURVEYS
242

William Thompson
42-43, 58-59

Gordon Wiltsie
2-3, 30-31, 41, 52, 54-55, 64, 72-73, 80, 86-87, 90

MACGILLIVRAY FREEMAN FILMS
David Breashears
Einband, 6-7, 12-13, 17, 26, 27, 29, 32, 33, 37 (links), 40, 45, 49, 62-63, 66-67, 74, 77, 78, 94-95, 96-97, 98, 109, 110-111, 116-117, 123, 126, 136-137, 145, 146-147, 149, 154, 203, 227, 238, 246, 254-255

Jamling Norgay
79, 221

Robert Schauer
4-5, 21, 24, 34, 46-47, 50-51, 76, 113, 118, 128-129, 138, 141 ,144 150-151, 156-157, 158-159, 160, 167, 168, 175, 179, 186, 190, 205, 207, 210-211, 212-213, 214, 216-217, 222-223, 224, 234-235

Araceli Segarra
105, 130, 177, 180, 182-183, 208, 230

Sumiyo Tsuzuki
25, 69, 114, 121, 124-125, 194-195

Ed Viesturs
22, 28, 35, 219, 233

Paula Viesturs
81

EVEREST
Gipfel ohne Gnade

VON BROUGHTON COBURN

VERÖFFENTLICHT VON DER NATIONAL GEOGRAPHIC SOCIETY

Reg Murphy, President and Chief Executive Officer
Gilbert M. Grosvenor, Chairman of the Board
Nina D. Hoffman, Senior Vice President

HERAUSGEGEBEN VON DER BUCHREDAKTION DER NGS

William R. Gray, Vice President and Director
Charles Kogod, Assistant Director
Barbara A. Payne, Editorial Director

MITARBEIT AN DIESEM BUCH

Kevin Mulroy, Project Editor
Charles Kogod, Illustrations Editor
Michael J. Walsh, Art Director
Anne E. Withers, Researcher
Margery G. Dunn, Consulting Editor
Tom Melham, Picture Legend Writer

Carl Mehler, Senior Map Editor
Joseph F. Ochlak, Map Researcher
Louis J. Spirito, Map Production
Tibor G. Tóth, Map Relief
Richard S. Wain, Production Project Manager
Jennifer L. Burke, Illustrations Assistant
Kevin G. Craig, Editorial Assistant
Peggy J. Candore, Staff Assistant
Anne Marie Houppert, Indexer

HERSTELLUNG UND QUALITÄTSÜBERWACHUNG

George V. White, Director
John T. Dunn, Associate Director
Polly P. Tompkins, Executive Assistant

Titel der amerikanischen Originalausgabe:
Everest · Mountain Without Mercy
© 1997 by National Geographic Society, Washington, D.C.

Deutsche Ausgabe:
3. Auflage 1999
© 1998 **Steiger Verlag**
Ein Imprintverlag der Weltbild Verlag GmbH, Augsburg
Alle Rechte vorbehalten.

Redaktion der deutschen Übersetzung: Frank Auerbach
Aus dem Amerikanischen übertragen von Frank Auerbach, Evelyn Köhler, Gertrud Marotz, Theresia Übelhör, Gerlinde Wiesner.
Umschlaggestaltung: KA•BA factory, Augsburg
Satz: Typework Layoutsatz und Grafik GmbH, Augsburg
Druck und Bindung: Appl, Wemding

Printed in Germany
ISBN 3-89652-143-8

Im Abendlicht schimmernd erhebt sich der Kusum Kanggru über die Baumsilhouetten neben einer Haupttrekkingroute in der Nähe der Stadt Khumjung, nicht weit vom Behelfsflughafen von Syangboche entfernt.

DANKSAGUNG UND
WEITERFÜHRENDE LITERATUR

Ohne die hervorragende Zusammenarbeit der Bergsteiger, des Filmteams, der Belegschaft des Basislagers und die wissenschaftlichen Berater der »*Everest*«-Filmexpedition 1996 wäre dieses Buch nicht möglich gewesen.

Insbesondere möchte ich Greg MacGillivray, Alec Lorimore, Teresa Ferreira, Kathy Almon, Myles Connolly und Matthew Muller von MacGillivray Freeman Films für ihre Hilfe, ihren Weitblick, ihre Geduld und die großzügige Unterstützung danken. Ausgesprochen hilfreich waren mir Linda Marcopulos mit ihrer unermüdlichen Begeisterung, Ermunterung und Liebe zum Detail – in juristischen ebenso wie in grammatikalischen Fragen – und Steve Judson für seinen umsichtigen und erfahrenen Umgang mit dem Manuskript.

Ich danke David Breashears und der Arcturus Motion Pictures sowie den Redakteuren der National Geographic Society, Kevin Mulroy and Charles Kogod, für ihre Geduld und Beratung.

Ebensosehr schätze ich die unbeirrbare Hilfe von Liesl Clark bei NOVA, Audrey Salkeld, Howie Masters bei ABC-TV, Dr. med. Ken Kamler, Lou Kasischke, Terry Krundick und der Belegschaft der Teton County Library, Kevin Craig bei National Geographic, Bob Rice von Bob Rice's »Weather Window« und meiner Frau Didi Thunder; ihnen gebührt besonderer Dank.

Viele andere trugen ebenfalls mit ihrem Wissen, ihren kritischen Beiträgen und Anregungen zum Entstehen des Buches bei, so zum Beispiel Ian Alsop, Stan Armington, Pete Athans, Myra Badia, Christian Beckwith, Ellen Bernstein und die Encyclopedia Brittanica, Inc., Brent Bishop, Todd Burleson, Brian Carson, Lisa Choegyal, Kate Churchill, Jeanette Connolly, Kanak Mani Dixit, Jenny Dubin, Janna Emmel, Dr. med. Peter Hackett, Elizabeth Hawley, Dr. med. Thomas Hornbein, Thomas H. Jukes, Richard J. Kohn, Kevin Kowalchuk von der Imax Corporation, Paul LaChappelle, Wendy Lama, Dr. med. James Litch, Rick Mandahl, Dave Mencin, Wangchuk Meston, Hemanta Raj Mishra, Bruce Morrison, Brad Ohlund, Brian Peniston, Tom und Sue Piozet, Gil Roberts, Dr. med. David Schensted, Jeremy Schmidt, Dr. med. Robert Schoene, Klev Schoening, Pete Schoening, Ang Rita Sherpa, Mingma Sherpa, Phurba Sonam Sherpa, Wongchu Sherpa und Peak Promotions, Dr. med. David Shlim, Erica Stone, Susy Struble, Norbu Tenzing, Barbara Thunder, Peach Weathers, Dr. med. Seaborn »Beck« Weathers, Brian Weirum, Jim Williams und Jed Williamson. Bei allen, die ebenso selbstlos zu diesem umfassenden Projekt beigetragen haben und die ich hier versäumt habe aufzuzählen, möchte ich mich entschuldigen.

DER AUTOR

BROUGHTON COBURN *absolvierte 1973 das Harvard College und verbrachte danach 17 Jahre in Nepal und Tibet; allein drei Jahre davon in Khumbu. Unter anderem arbeitet er an einem Kinderbuch, das sich an seinem vorhergehenden Roman orientiert – auf Deutsch unter dem Titel: »Aama. Eine Pilgerreise in den Westen« erschienen –, und er schreibt einen im Himalaja angesiedelten historischen Abenteuerroman. Zur Zeit lebt er mit seiner Frau Didi und ihrer Tochter Phoebe in Wilson, Wyoming, USA.*

WEITERFÜHRENDE LITERATUR

Franz Bätz, **Berg der Götter**; Rüedi Baumgartner, **Trekking und Entwicklung im Himalaya**; Daubmann/Lange/Rohde, **Mit Edmund Hillary durch den Himalaya**; Wolf Donner, **Nepal**; Peter Gillman, **Everest**; Gerd W. Essen und Tsering T. Thingo, **Die Götter des Himalaya**; Anagarika Govinda, **Einsichten eines Pilgers im Himalaya**; Edmund Hillary, **Ich stand auf dem Everest**; Jon Krakauer, **In eisige Höhen**; Walter Limberg, **Untersuchungen über Besiedlung, Landbesitz und Feldbau in Solu-Khumbu**; Roberto Mantovani: **Mount Everest**; Reinhold Messner: **Everest**; Hilde Senft und Willi Senft, **Die Alpin-Tibetaner**; Trenker/Dumler, **Die höchsten Berge der Welt**.

Zusätzlich finden sich Artikel über den Himalaja und das Bergsteigen in **National Geographic** und anderen Zeitschriften.